Mathieu Avanzi
avec la complicité d'Alain Rey et d'Aurore Vincenti

COMME ON DIT CHEZ NOUS

Le grand livre du FRANÇAIS de nos RÉGIONS

LeRobert

Responsable éditoriale : Anne Andrault
Édition : Charlotte Lebot
Correction : Nathalie Rachline
Illustrations : Le Bureau des Affaires Graphiques,
Chloé Hart, Flora Monnin, Maxime Lefort
Couverture : Le Bureau des Affaires Graphiques
Conception graphique et réalisation : Le Bureau des Affaires Graphiques, Chloé Hart
Fabrication : Stéphanie Parlange
Cartographie : Mathieu Avanzi

Éditions Le Robert, 92 avenue de France, 75013 Paris
ISBN 978-2-32101-477-5

N° d'éditeur : 10255404
Dépôt légal : octobre 2020

Achevé d'imprimer en Espagne par Macrolibros en septembre 2020

INVITATION AU VOYAGE

Ce n'est pas seulement à une lecture que Le Robert vous invite, chères et chers, mais à une promenade, à un voyage à travers les régions de France, avec des centaines de mots-étapes. Certaines de ces manières de dire sont courantes « par chez vous », d'autres non. Mais toutes sont révélatrices d'une manière de ressentir le monde et nous-mêmes.

Un voyage à travers les régions de France, donc, les vraies, non pas celles que découpe l'administration, avec ces désignations froides, sèches, bizarres, comme *Hauts-de-France*, *Grand Est*, *PACA*..., mais bien ces anciens noms qui inspirent, de *Picardie* à *Provence*, de *Bretagne* à *Lorraine* et *Alsace*. Ces noms, comme *Île-de-France, Auvergne, Languedoc* nous parlent ; on y habite, on y va en vacances, on les parcourt. Ce sont des « chez nous » ou des ailleurs, mais très proches, qui chuchotent leur histoire, qui illustrent une langue multiple ; ce sont les voix de la France, et de ses voisins francophones.

Ce livre est un « voyage sentimental », belle expression inventée par un grand écrivain anglais, un voyage où les paysages, les monuments, les gens s'expriment. Des mots français, courants ici, connus par-là, ou bien étrangement nouveaux pour les promeneurs que nous sommes, nous arrêtent au passage. Et ils sont portés par des voix qui ont chacune leur accent, leur musique, qui transmettent l'esprit d'un lieu, qui révèlent des secrets.

Comment faire mieux, pour cette invitation, que de réunir deux jeunes linguistes, certes savants, mais surtout sensibles. Sensibles aux musiques vocales, aux paroles plus encore qu'aux livres. **Aurore Vincenti**, avec son expérience de la radio, sa culture, a déjà montré son talent par un dictionnaire des argots modernes, *Les Mots du bitume*. Nous l'avons incitée à s'éloigner du bitume des trottoirs, dans les banlieues du Grand Paris, pour prendre la grand-route.

Quant à **Mathieu Avanzi**, sa connaissance des parlers français, de leur géographie, son talent de cartographe du langage en faisaient le compagnon idéal de ce « tour de France » des manières de dire.

Par les mots et les phrases qui s'entendent près ou loin de chez vous, nos deux explorateurs de la parole française révèlent de manière vivante, et non livresque, l'extraordinaire variété de cette langue, en évoquant celle des voix humaines, celle des traces d'un passé gallo-romain, et aussi germanique, celte, basque, occitan extraordinairement varié et qui a façonné cette langue multiface.

Un jour, allant en voiture de Biarritz à la belle ville basque de Donostia, plus connue sous son nom espagnol, San Sebastián, j'entendis notre chauffeur qualifier de « patois » la langue euskara, que nous appelons « basque ». Patois, vraiment, une langue qui se parlait déjà avant l'ère chrétienne, avant que les premiers Celtes venus d'Europe centrale ne viennent peupler la Gaule ? Attention aux mots : une langue, plaisantait Albert Dauzat paraphrasant Max Weinreich, c'est un patois avec une armée. Et un dialecte, c'est un ensemble de patois pris au sérieux, et c'est la matière même de la langue qui les absorbe.

Le dialecte de l'Île-de-France, adopté par de petits rois germaniques, a pris le pouvoir sur tous les autres, le picard et le normand, le lorrain et le champenois, au Nord, le provençal, l'occitan, le gascon, le béarnais, au Sud, et sur les langues qui ne venaient pas du latin. Mais, comme pour la cuisine « fusion », quand elle est bonne, ce qui est assez rare, tout n'est pas fondu dans un goût, une saveur unique. Les différents éléments s'expriment, c'est une polyphonie où l'on peut percevoir chaque voix.

Sans y prendre garde, chaque « chez nous » parle un français particulier. Parfois, une grande ville a ses propres façons de dire : le marseillais est bien distinct des autres usages de Provence, le « bordeluche » de ceux d'Aquitaine. Le lyonnais, qu'a décrit au XIXe siècle le pittoresque savant Nizier du Puitspelu (alias Clair Tisseur) dans son *Littré de la Grand'Côte,* ne se confond pas avec les autres dialectes de cette zone, qui englobe le français de Suisse, le savoyard, le franc-comtois. Quant au parler parisien, bien identifié naguère, il a cédé la place à l'usage des « banlieues », « cités » ou « quartiers », au choix, qui ne ressemble à aucun autre.

Notre tour de France, révélateur des voix humaines, des sentiments, des passions, du ressenti de chaque lieu, d'un « vivre-ensemble » propre, s'adresse tout autant à celles et ceux qui sont né(e)s hors de France qu'aux indigènes de ce territoire. Il suffit de connaître du français pour en percevoir les variations dans l'Hexagone et en Corse, et celles de la Wallonie, de la Suisse romande et même du Canada, qui a hérité des régionalismes de l'ouest de la France.

Le Tour de France, d'ailleurs, celui du vélo, part souvent hors Hexagone. Car les façons de dire ignorent les frontières d'État, et certains mots de Savoie sont aussi ceux de Suisse. Des frontières, les façons de dire en ont d'autres, dessinées par les cartes de Mathieu Avanzi.

Ainsi, ce livre incite à percevoir, à ressentir, à découvrir ou à retrouver. Pour nous, apprendre, c'est surprendre. Je trouve ce recueil gai et sérieux, allègre et profond ; il faut en remercier les deux auteurs, ou plutôt l'autrice et l'auteur, autre manière de dire, plus moderne.

Alain Rey

AVANT D'EMBARQUER

Cet ouvrage est consacré aux particularités régionales qui caractérisent le français d'un bout à l'autre de l'Hexagone.

Nous y passons en revue surtout des mots et des expressions, car ce sont les phénomènes les plus fréquents et ceux que l'on remarque surtout quand on s'aventure en dehors de sa région d'origine. Mais ce ne sont pas les seules particularités des français régionaux. Aussi, nous avons pris soin de traiter également de phénomènes qui relèvent de l'agencement des mots dans la phrase (et qu'on considère, souvent à tort, comme des « fautes ») ou qui touchent à la prononciation du français (et qui participent à tout ce qui constitue l'accent d'une personne).

Chacun des régionalismes traités dans cet ouvrage est abordé sous l'angle de son histoire (d'où vient tel ou tel régionalisme ?) et de sa géographie (où utilise-t-on tel ou tel régionalisme ?). Nous avons fait nos choix après avoir dépouillé de nombreuses sources bibliographiques et en utilisant les résultats de plusieurs dizaines d'enquêtes conduites en ligne, y compris ceux de l'enquête menée par les Éditions Le Robert. Lors de la sélection des entrées, nous n'avons pas cherché à atteindre l'exhaustivité, mais plutôt à proposer un panorama des régionalismes les plus représentatifs du français de nos régions.

Pour que la lecture soit la plus fluide et la plus agréable possible, nous n'avons pas mentionné les sources dans le texte (une bibliographie est disponible p. 234) ni défini chacun des termes scientifiques à l'intérieur des pages (un glossaire des termes est proposé p. 232). Pour les curieux, pour ceux qui veulent en savoir plus, nous avons glissé au début de l'ouvrage quelques lignes sur les problèmes que pose l'analyse des régionalismes du français (méthode d'enquête, de cartographie, définition et typologie). À la fin de ce voyage, nous avons introduit quelques points de repère pour mieux comprendre l'histoire du français, les rapports qu'entretient le français avec les langues régionales, et la genèse des régionalismes.

Avant d'embarquer pour ce tour de France des mots « de chez nous », tournez la page et découvrez ceux qui ont été élus « régionalismes préférés des Français » par les participants à l'enquête du Robert !

Les régionalismes préférés des Français !

Cet ouvrage a été construit sur la base d'enquêtes auxquelles des milliers de francophones ont participé. Peu avant la mise au point du livre, une enquête spéciale a été conduite sous l'égide des Éditions Le Robert, afin de compléter les matériaux recueillis dans le cadre du programme de recherche « Français de nos régions ». À la fin de cette enquête, nous avons demandé aux internautes de voter pour les mots ou les expressions qu'ils jugeaient les plus emblématiques de leur région... Nous avons retenu ceux qui avaient obtenu le plus grand nombre de votes, pour les regrouper sur cette carte (tous ces mots sont racontés en détail dans l'ouvrage).

KENAVO

C'est LE régionalisme emblématique de Bretagne, utilisé même par les gens qui ne parlent pas breton pour prendre congé de quelqu'un (« au revoir »).

BOUJOU

Cette forme dialectale normande correspond au français *bonjour* (*bou* = « bon » + *jou* = « jour »). Elle est utilisée en français régional sans adaptation, d'où le verbe *se boujouter*, « se dire bonjour en se faisant la bise ».

DRACHE

Ce mot vient du néerlandais *draschen* (« pleuvoir à verse », emblématique du Pas-de-Calais) et il est de plus en plus utilisé en dehors de sa région d'origine !

S'EMPIERGER

Se prendre les pieds dans un obstacle.

ÇA GEHT'S (MOL) ?

Cette expression signifie « ça va (une fois) ». Elle est un doux mélange de français (*ça*) et d'allemand (*geht's* : « va ça »), soit, mot à mot : « Ça va ça ? » *Mol* est un ajout qui signifie « une fois » (dans le sens de « bien »).

ÊTRE GAUGÉ

Cette expression signifie « être trempé de chez trempé », notamment en parlant de chaussettes qui couinent dans des chaussures après qu'on a marché dans une flaque d'eau bien boueuse...

PEUCHÈRE

Exclamation marseillaise intraduisible, qui exprime la compassion comme la pitié (de l'occitan *pécaïre*, « pécheur »).

PÉGUER

Signifie « coller légèrement » (verbe occitan formé sur *pega*, « la poix »), et s'emploie pour parler des doigts après qu'on a mangé un fruit trop mûr ou de soda sur une table ou sur du carrelage.

CHOCOLATINE

Et voici une création gasconne tout à fait française, qui fait un malheur sur les réseaux sociaux depuis 2013 !

DRÔLE

Au féminin, *drôlesse* ou *drôlière* : c'est l'enfant dans le Poitou !

PIVE

C'est le nom donné en Franche-Comté à la pomme de pin, c'est aussi le nom d'une monnaie locale.

VOGUE

Dans l'ex- région Rhône-Alpes, les vogues se déroulent de mai à octobre. Elles sont associées aux fêtes patronales et à la venue des forains et de leurs attractions.

PINZUTU

C'est la façon dont les Corses appellent les Français du continent, notamment les Parisiens, venus passer leurs vacances sur l'Île de Beauté (au pluriel : *pinzuti*).

ÉCARTER SON LINGE

Dans le centre de la France, on n'étend pas son linge, on ne le pend pas non plus : on l'écarte !

DRACHE
BOUJOU
S'EMPIERGER
ÇA GEHT'S MOL ?
KENAVO
BOUINER
ÊTRE GAUGÉ
PIVE
VOGUE
DRÔLE
ÉCARTER SON LINGE
CHOCOLATINE
PÉGUER
PEUCHÈRE
PINZUTU

LES COULISSES DE Comme on dit chez nous

LA MÉTHODE DU QTT*

* Questionnaire tout-terrain.

Depuis la naissance de la géographie linguistique (p. 230), les spécialistes ont utilisé la technique dite « du questionnaire » pour récolter des données puis représenter sur des cartes les zones où sont parlés une langue et ses dialectes.
Traditionnellement, les spécialistes ont surtout récolté leurs données « sur le terrain », c'est-à-dire en se rendant directement auprès des témoins.

C'est mieux quand ce sont les autres qui font

Cette méthode de terrain est la plus connue. Mais elle n'est pas la seule possible. Bon nombre de dialectologues n'ont jamais été en contact direct, ou si peu, avec les témoins auprès desquels ils ont récolté des informations. Tout simplement parce que les questionnaires remplis par ces témoins ont été « auto-administrés » : les participants les recevaient en mains propres, par la Poste ou par le biais d'un tiers (un instituteur, par exemple). Ils les remettaient complétés aux chercheurs par ce même biais.

LE PROJET « FRANÇAIS DE NOS RÉGIONS »

Aujourd'hui, les blogs, les réseaux sociaux et autres médias en ligne ont remplacé la Poste et les instituteurs, pour le plus grand bonheur des chercheurs en sciences sociales ! Pour le français, les initiateurs du projet « Français de nos régions » (Mathieu Avanzi et André Thibault, Sorbonne Université) sont les premiers à avoir exploité ce filon lors de la mise en place, en 2015, des premières enquêtes. Ce projet a permis de recueillir les réponses de dizaines de milliers de locuteurs, au moyen de plusieurs dizaines de questionnaires administrés dans toute la francophonie d'Europe et d'ailleurs. Bien que les questionnaires aient évolué au fil du temps, ils présentent tous à peu près la même structure.

LES ARCHIVES DE LA PAROLE

Ferdinand Brunot, un linguiste parisien, rêvait d'un atlas linguistique phonographique, c'est-à-dire sonore. Assisté par l'un de ses anciens élèves, Charles Bruneau, il utilise un phonographe pour enregistrer des locuteurs de français établis dans les Ardennes. De cette mission couvrant une aire de 100 kilomètres au nord-est et à l'est de Charleville-Mézières et incluant les Ardennes belges, il rapporte 166 documents sonores enregistrés dans 35 villages. Les fichiers ont été numérisés et sont écoutables sur le site Gallica.

Quelques étapes essentielles de l'enquête

1 Il est demandé aux participants de renseigner leur profil sociolinguistique : pays et code postal de la localité où ils ont passé la plus grande partie de leur jeunesse, année de naissance et sexe.
On laisse la possibilité d'indiquer, dans un champ libre, les éventuels facteurs ayant pu influencer leur connaissance du français : déménagements, origine des parents, résidences secondaires, etc.

2 Ensuite, les participants doivent répondre à des questions sur la dénomination de certains objets de la vie de tous les jours, ou de certaines situations. Il y a aussi des questions relatives à des expressions, à la construction de certaines phrases ou à des variantes de prononciation. Les questions s'accompagnent d'illustrations et sont suivies de choix de réponses possibles.

Un exemple : pour les dénominations de cette célèbre viennoiserie rectangulaire, constituée d'une pâte feuilletée similaire à celle du croissant, enroulée sur une ou plusieurs barres de chocolat, les réponses possibles étaient : « chocolatine », « couque au chocolat », « croissant au chocolat », « pain au chocolat », « petit pain », « petit pain au chocolat » et « autre » (cette dernière option permettait aux participants d'indiquer une réponse à laquelle nous n'avions pas forcément pensé).

3 Parfois, les participants doivent simplement indiquer s'ils utilisent ou non l'une des variantes d'un mot.

COMMENT LES CARTES DE CE LIVRE ONT-ELLES ÉTÉ ÉTABLIES ?

En nous appuyant sur le pays et le code postal de la localité où les participants ont passé la plus grande partie de leur jeunesse, nous avons pu calculer, pour chaque arrondissement de France et de Belgique et pour chaque district en Suisse, le pourcentage d'internautes ayant déclaré utiliser telle variante de tel mot, expression ou prononciation. Nous avons ensuite reporté les résultats sur une carte, en faisant varier la teinte des points proportionnellement aux pourcentages obtenus. Des méthodes d'interpolation statistique ont ensuite été utilisées pour obtenir une représentation lisse et continue de l'espace entre les points du réseau.

chaler

Aire d'emploi et vitalité du verbe *chaler*, « prendre quelqu'un sur le porte-bagage de son deux-roues », avant interpolation. Au total, le réseau comporte 348 points en France, 22 en Belgique et 37 en Suisse.

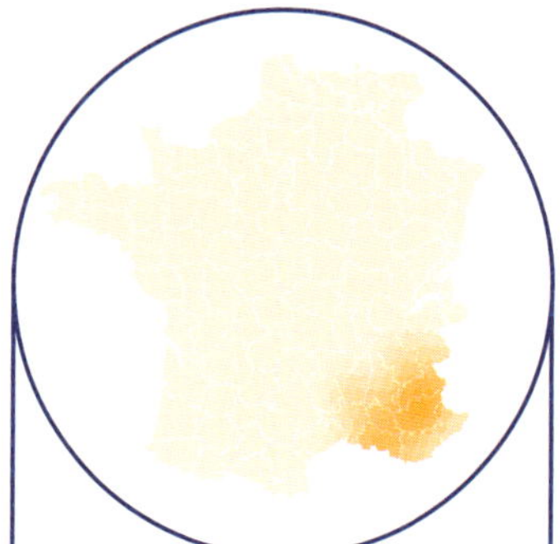

Aire d'emploi et vitalité du verbe *chaler*, « prendre quelqu'un sur le porte-bagage de son deux-roues », après interpolation.

0% 50% 100%

QU'EST-CE QU'UN RÉGIONALISME ?

De Rennes à Marseille en passant par Limoges et Lyon, on ne parle pas tout à fait le même français, même si on se comprend et qu'on communique sans peine. Qui n'a jamais été surpris, lors d'un déplacement en dehors de sa région d'origine, d'entendre un mot ou une expression qui ne fait pas partie de son répertoire, ou dont la prononciation n'est pas celle à laquelle il est habitué ? Les linguistes appellent « régionalismes » ces particularités linguistiques qui colorent localement le français que l'on parle d'un bout à l'autre de la francophonie. Traditionnellement, on définit un régionalisme linguistique comme un « particularisme qui n'existe avec une certaine fréquence que dans le français pratiqué à l'intérieur d'un sous-ensemble du territoire d'une langue donnée, et qui n'est pas (ou guère) répandu hors de ce territoire ». Donc, c'est ce qui se dit dans un coin du pays, alors que la langue courante ne connaît pas ou n'utilise pas le mot ou l'expression.

Voici trois types de particularismes linguistiques :

- **lexical** : un mot, une locution ;
- **grammatical** : une expression, une tournure de phrase ;
- **phonique** : une prononciation, une accentuation.

n'avoir rien dormi

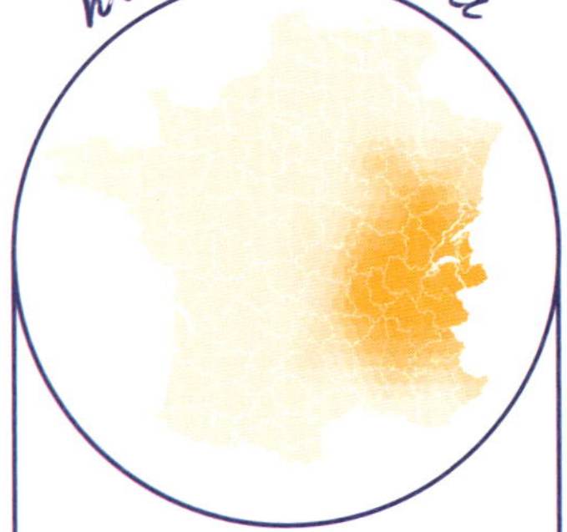

Ça se dit près de chez nous !

À l'échelle de la francophonie d'Europe, l'utilisation de la formule *n'avoir rien dormi*, dans le sens de « ne pas avoir fermé l'œil, ne pas avoir dormi du tout », est un régionalisme répandu de Bourgogne au Dauphiné en passant par la Suisse romande, borné sur son flanc est par la région de Lyon. Il n'est pas attesté ailleurs, où il est considéré comme une faute.

0% 50% 100%

sucre

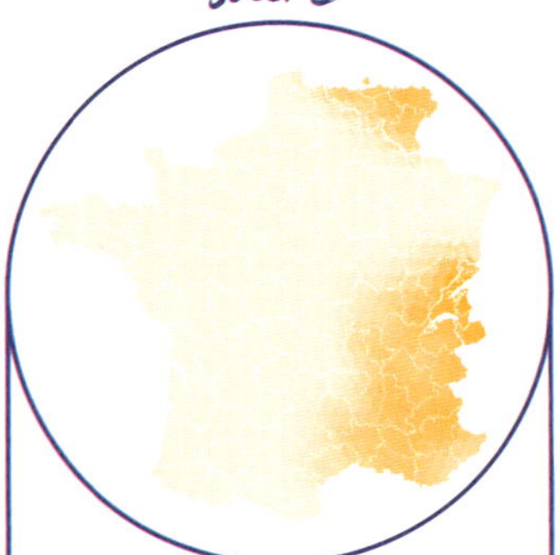

Ça se dit près de chez nous !

À l'échelle de la francophonie d'Europe, l'utilisation du mot *sucre* pour désigner ce qu'on appelle ailleurs un « serre-fil » ou un « domino » est un régionalisme employé en Belgique, en Suisse et dans tout le sud-est de l'Hexagone, ainsi que dans le nord de la Corse.

0% 50% 100%

QUELQUES PETITS PROBLÈMES

Évidemment, cette définition pose de nombreux problèmes...

1 Quand c'est la zone

Un premier problème concerne l'existence de zones discontinues. De nombreux régionalismes sont connus non pas à l'intérieur d'une zone géographiquement compacte et bien délimitable, mais à l'intérieur de plusieurs zones compactes et bien délimitables.

2 Quand c'est très connu

Le deuxième problème est d'ordre mathématique. À partir de quel pourcentage de couverture du territoire considère-t-on une variante comme régionale ? Les particularismes locaux du français s'étendent le plus souvent sur des aires relativement réduites à l'échelle de la francophonie d'Europe. Mais c'est loin d'être une règle, et il existe de nombreux cas de particularismes s'étalant sur des surfaces incluant jusqu'à 75 % du territoire où l'on parle français en Europe !

beugner

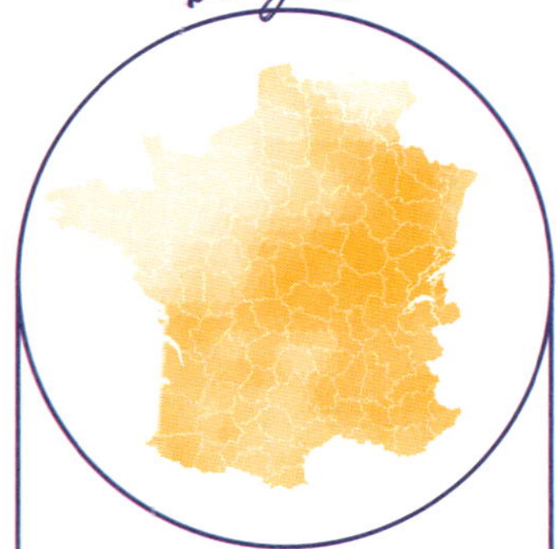

Ça se dit près de chez nous !

Le verbe *beugner* (créé sur le mot *bugne***, variante locale de *beignet***) est si répandu qu'il est plus rapide d'en décrire la géographie en pointant les régions où il n'est pas utilisé ! En l'occurrence, il n'y a guère que dans le quart nord-ouest de l'Hexagone et en Wallonie que ce verbe n'est pas utilisé.

0% 50% 100%

[persil]

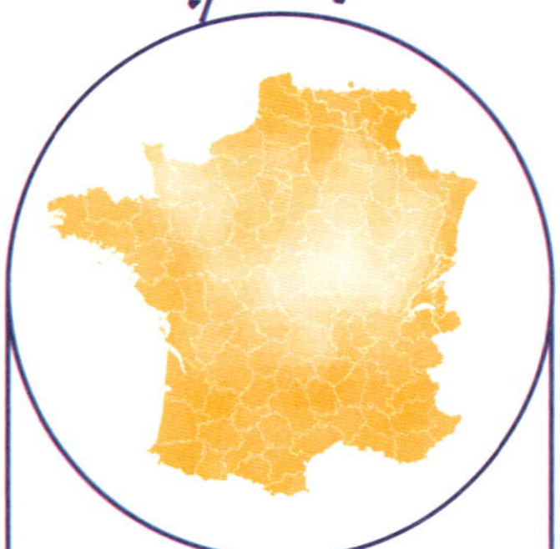

Ça se dit près de chez nous !

La plupart des dictionnaires enregistrent la prononciation du mot *persil* sans *l* final comme standard [persi], car l'aire où les locuteurs ne prononcent pas cette consonne englobe Paris et l'Île-de-France. Pourtant, à l'échelle de la francophonie d'Europe, ces locuteurs ne sont pas majoritaires : dans toute la périphérie de la francophonie d'Europe (Midi, Ouest, Bretagne, Grand Nord, frange orientale, Suisse romande et région lyonnaise), on dit [persil], en faisant bien entendre le *l* final.

0% 50% 100%

3 Quand ça se dit partout, sauf à Paris

Enfin, un dernier problème, qui découle immédiatement du précédent, touche au statut de Paris et de l'Île-de-France dans la délimitation des phénomènes linguistiques que l'on qualifie de « régionaux », ou non. Puisqu'il est convenu que c'est à Paris et dans l'Île-de-France que l'on parle le français « de référence » on doit considérer que les usages qui ne sont en circulation que dans cette zone sont régionaux, même s'ils s'étendent sur des aires plus vastes.

EN BREF

On partira de l'idée qu'un **régionalisme** est un particularisme linguistique employé par des locuteurs vivant dans des zones géographiquement bien délimitées et compactes, zones qui, peu importent leurs surfaces, excluent *a priori* Paris et l'Île-de-France. Cette définition permet d'expliquer pourquoi il n'existe presque pas de régionalismes parisiens (p. 52).

D'OÙ VIENNENT LES RÉGIONALISMES DU FRANÇAIS ?

On croit souvent que les régionalismes du français sont ce qu'il reste de nos patois, dialectes, langues régionales aujourd'hui menacés d'extinction voire disparus. En réalité, il y a plusieurs types de régionalismes ! Ceux que nous venons de nommer, soit les régionalismes par emprunt, mais aussi les régionalismes par archaïsme et les régionalismes par innovation.

Les régionalismes par emprunt

On appelle « régionalismes par emprunt » (ou « emprunts ») ces mots à l'origine étrangers au français, et qui sont passés en français par l'intermédiaire d'un patois, d'un dialecte, d'une langue régionale, d'une langue autochtone, etc. Ces régionalismes sont taillés pour décrire parfaitement le monde qui entoure les locuteurs dialectophones : outils et techniques agricoles, travaux de la vie de tous les jours, phénomènes météorologiques ou cérémonies qui rythment les douze mois de l'année, etc.
Pas étonnant dès lors que, quand les dialectophones se sont mis à causer français, ils aient conservé ou adapté des mots de leur dialecte ou de leur patois pour parler de leurs réalités que le français standard ne permettait pas toujours de nommer.

SE METTRE À LA SOUTE OU À LA CHOTTE

Se *mettre à la soute* et *se mettre à la chotte* expriment spécifiquement l'action de se mettre à l'abri de la pluie, par opposition avec le fait de se mettre à l'abri d'autre chose – du vent, notamment.

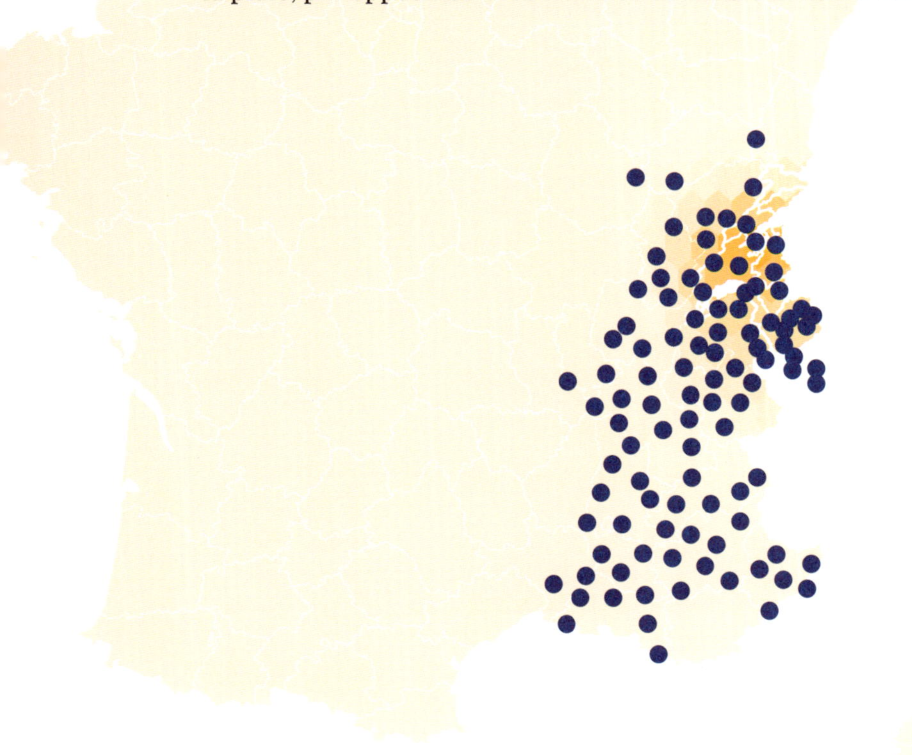

Ça se dit près de chez nous !

Dans les parlers gallo-romans, les locuteurs établis dans une aire s'étirant de la Bourgogne à la Provence disposaient d'une expression propre pour désigner l'action de se mettre à l'abri de la pluie.
En français régional, seule l'expression *se mettre à la chotte* a survécu (en Suisse romande, principalement), les variantes qui se rattachent à l'expression *se mettre à la soute* ne sont plus attestées.

0% 50% 100%

● Attestations de *se mettre à la chotte* en gallo-roman.

D'après ALF 004.

ÉTYMOLOGIE

Soute et *chotte* se rattachent tous deux au même mot, formé sur le latin *substare*, « se tenir dessous », car on s'abrite souvent en dessous de quelque chose.

Ces termes prennent également des sens dérivés. En Suisse, dans le canton du Valais, *chotte* peut être synonyme de « chalet d'alpage ». Dans la région de Morez (Jura français), le mot *soute* peut désigner un gros sapin, sous lequel on peut s'abriter en temps d'orage.
Dans les parlers gallo-romans, ces deux formes connaissaient tout un éventail de variantes phonétiques dont il est impossible de dresser une liste exhaustive : *se mettre à la sioûte, à l'assaulte, à l'éssoute*, etc.
Des verbes existent également :

- *s'achotter, s'assuiter, s'assouster* = « se mettre à l'abri de la pluie » ;
- *chotter* = « cesser de pleuvoir ».

D'ESCOUBO À ESCOUBE

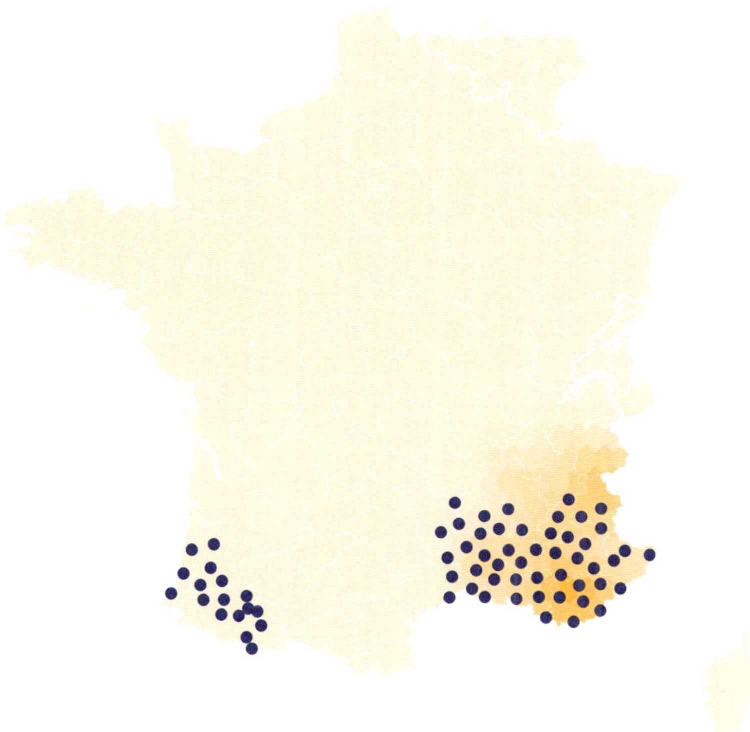

Ça se dit près de chez nous !

Dans les variétés d'occitan parlées à la fin du XIXe siècle, *escubo* était connu en Gascogne et en Provence, mais dans le Languedoc, ce sont des équivalents du français *balai* qui étaient en circulation. En français régional, le mot est principalement attesté à Marseille bien qu'il soit encore connu par certains locuteurs âgés dans l'ensemble de la Provence.

0% 50% 100%

● Attestations de *escubo* en gallo-roman.

D'après ALF 107.

ÉTYMOLOGIE

Escoube et *escubo* dérivent, comme le français *écouvillon*, d'un nom créé sur le latin *scopare*, « balayer ». La présence d'un *e* non étymologique, dit aussi « prosthétique », est typique des parlers du sud de la France.

Dans les dialectes d'oc, plus précisément dans les dialectes provençaux et du sud de la Gascogne, de nombreuses variantes à rattacher au mot *escubo* désignaient ce qu'on appelle communément en français un « balai ».
Dans le français régional du XXIe siècle, *escoube* s'est maintenu dans la région de Marseille, mais n'a pas survécu dans la bouche des francophones originaires du Sud-Ouest. *Escoube*, comme d'autres régionalismes qui ont des concurrents en français standard, tend à être de moins en moins utilisé, notamment par les jeunes.
Beaucoup d'autres mots dialectaux sont passés en français régional bien qu'ils aient eu un concurrent en français courant. Les domaines de la faune, de la flore et de la vie domestique sont des domaines relativement propices à la survivance des dialectalismes dans le français régional.

Les régionalismes par archaïsme

On appelle « régionalismes par archaïsme » ou « archaïsmes » ces mots ou ces tournures qui ont eu appartenu au français standard à une certaine époque, mais qui, pour des raisons diverses et variées, ont petit à petit disparu des usages du français standard, et qui survivent dans certaines régions de la francophonie d'Europe, en général en périphérie.

Dès la seconde moitié du Moyen Âge, le latin, jusqu'alors seule langue de communication écrite, a été remplacé peu à peu dans cette fonction par le français (le premier texte rédigé en « roman » date de 842, p. 221). Quelques siècles plus tard, l'usage du français, qui est né dans les milieux savants de la zone où on parle la langue d'oïl (p. 221), codifié et normé, gagne d'abord les grandes villes de province, puis finit même par supplanter, jusque dans les campagnes les plus reculées, les différents parlers dialectaux.

Cette expansion du français ne s'est pas faite partout à la même époque ni à la même vitesse. De fait, certaines innovations qui ont eu cours en Île-de-France n'ont jamais eu cours dans les régions les plus périphériques. Ainsi, un objet, un concept ou une idée a pu changer de nom dans un endroit, mais pas forcément dans un autre.

L'HEURE DU DÎNER, UN JOYEUX BAZAR

Aujourd'hui à Paris et dans l'Île-de-France, on « petit-déjeune » (ou on prend le « petit-déjeuner ») peu après s'être levé le matin, on « déjeune » aux alentours de midi, puis on « dîne » en fin de journée. Dans certaines régions de la francophonie d'Europe, tout comme au Canada, on « déjeune » le matin, on « dîne » à midi et on « soupe » le soir. Alors que le premier système est innovant, le second est archaïsant. On vous explique pourquoi.

L'histoire des noms des repas en français n'est pas évidente à retracer, car il faut tenir compte de facteurs tels que le nombre de repas (au Moyen Âge, on estime que les paysans ne faisaient que deux repas principaux par jour) ou les classes sociales (la journée d'un paysan n'était pas organisée de la même façon que celle d'un scribe ou d'un noble).

MÉNAGE À TROIS : DÉJEUNER, DÎNER ET SOUPER

Au Moyen Âge, il existait :
• **disjejunare* pour désigner le premier repas de la journée, nom issu du latin vulgaire (« sortir du jeûne, cesser le jeûne »), qui a donné *déjeuner* et *dîner* ;
• *souper*, verbe formé sur le nom du plat emblématique de la fin de journée, la soupe.
On ne sait pas trop quand s'est opérée une distinction entre le déjeuner (« premier repas de la journée ») et le dîner (« second repas de la journée »), mais on sait que la triade « déjeuner, dîner, souper » était en train de se mettre en place au XVIe siècle.

LA NAISSANCE DU PETIT DERNIER : LE PETIT-DÉJEUNER

On estime qu'au XVIIIe siècle à Paris, l'heure du dîner (c'est-à-dire du repas que l'on prenait à la mi-journée) a commencé à reculer vers la fin d'après-midi, ce qui a eu pour conséquence de retarder l'heure du premier repas de la journée.
Aussi, à partir du XIXe siècle, on a senti le besoin d'opposer le « petit » déjeuner au « grand » déjeuner, et c'est finalement le mot composé *petit-déjeuner* qui s'est imposé dans les dictionnaires du français commun, le mot *déjeuner* désignant, dans le français de Paris, le repas de midi.

ON DÎNE DE PLUS EN PLUS TARD

Au XIXe siècle à Paris, l'« heure du dîner » a reculé jusqu'à l'heure où l'on soupait d'ordinaire, de sorte que, dans cette région, le mot *dîner* a fini par désigner le « repas du soir », le mot *déjeuner* s'étant imposé parallèlement pour désigner le « repas de midi ».

QUAND LES VIEUX ET LES JEUNES PASSENT À TABLE

Petit à petit, cette innovation parisienne s'est diffusée sur l'ensemble des régions de France. Une situation d'homonymie s'est alors installée entre la génération des seniors et celle des juniors :
• Les seniors utilisent l'ancien système (système dit « archaïsant » ou « archaïque ») : *déjeuner, dîner, souper.*
• Les juniors, le nouveau système (système dit « innovant » ou « archaïque ») : *petit-déjeuner, déjeuner, souper.*

Cette homonymie peut créer des situations embarrassantes : si l'on vous invite à dîner, est-ce pour le midi ou pour le soir ? Elle s'est résolue avec la disparition de l'ancienne triade en France. La Belgique et la Suisse, plus à abri des innovations venues de Paris en raison de leurs systèmes politiques et éducatifs autonomes, n'ont pas suivi la même trajectoire (tout le comme le Canada et les anciennes colonies belges d'Afrique).

Ça se dit près de chez nous !

Si on compare les réponses des internautes plutôt âgés (45 ans et plus) avec celles des plutôt jeunes (25 ans et moins), on peut facilement traquer le changement linguistique en cours. Chez les seniors, on voit qu'il reste de nombreuses traces de l'utilisation du mot *dîner* pour parler du « repas de midi », traces qui ont totalement disparu chez les juniors. En Belgique et en Suisse, le système n'a pas bougé entre les deux générations.

0% 50% 100%

Les régionalismes par innovation

Il existe des régionalismes du français qui ne sont ni des emprunts aux dialectes ou aux langues régionales, ni des survivances d'un état du français commun qui n'a plus cours aujourd'hui. On appelle ces régionalismes des « régionalismes par innovation ». Les processus de création lexicale sont nombreux en français, nous n'en donnons ici que quelques exemples.

INNOVATIONS SÉMANTIQUES

Les régionalismes par innovation touchent à la sémantique du mot, c'est-à-dire à son sens. Ce cas de figure se rencontre quand un mot du français commun reçoit une signification particulière uniquement dans une région donnée.
Depuis les plus jeunes âges du français, le mot *cornet* désigne différents objets qui sont des cornes ou qui en ont la forme, comme un papier roulé en forme de cône. Il peut aussi désigner un contenant, notamment quand il s'agit de quelque chose qui se mange : *un cornet de frites, un cornet de glace* ou *un cornet de pâtes*. Dans l'est de la France et en Suisse, le mot *cornet* est employé en ce sens, mais aussi avec le sens de « contenant formé d'une matière souple pliée, assemblée, et qui est ouvert seulement par le haut », en d'autres termes pour désigner ce qu'on appelle ailleurs un « sac » ou un « sachet », voire une « poche•• » ou un « pochon•• ».

Il n'est pas difficile d'imaginer comment a pu se faire ce glissement sémantique. Dans certains commerces de détail, les produits vendus en vrac ou à la pièce étaient emballés dans des cornets. Par analogie de contenu et de matière, c'est le nom qu'on a dû donner aux premiers sacs en papier, apparus dans les années 1850, soit près d'un siècle avant les sacs en plastique, en 1965. Dans ces régions, le terme *cornet* est resté.

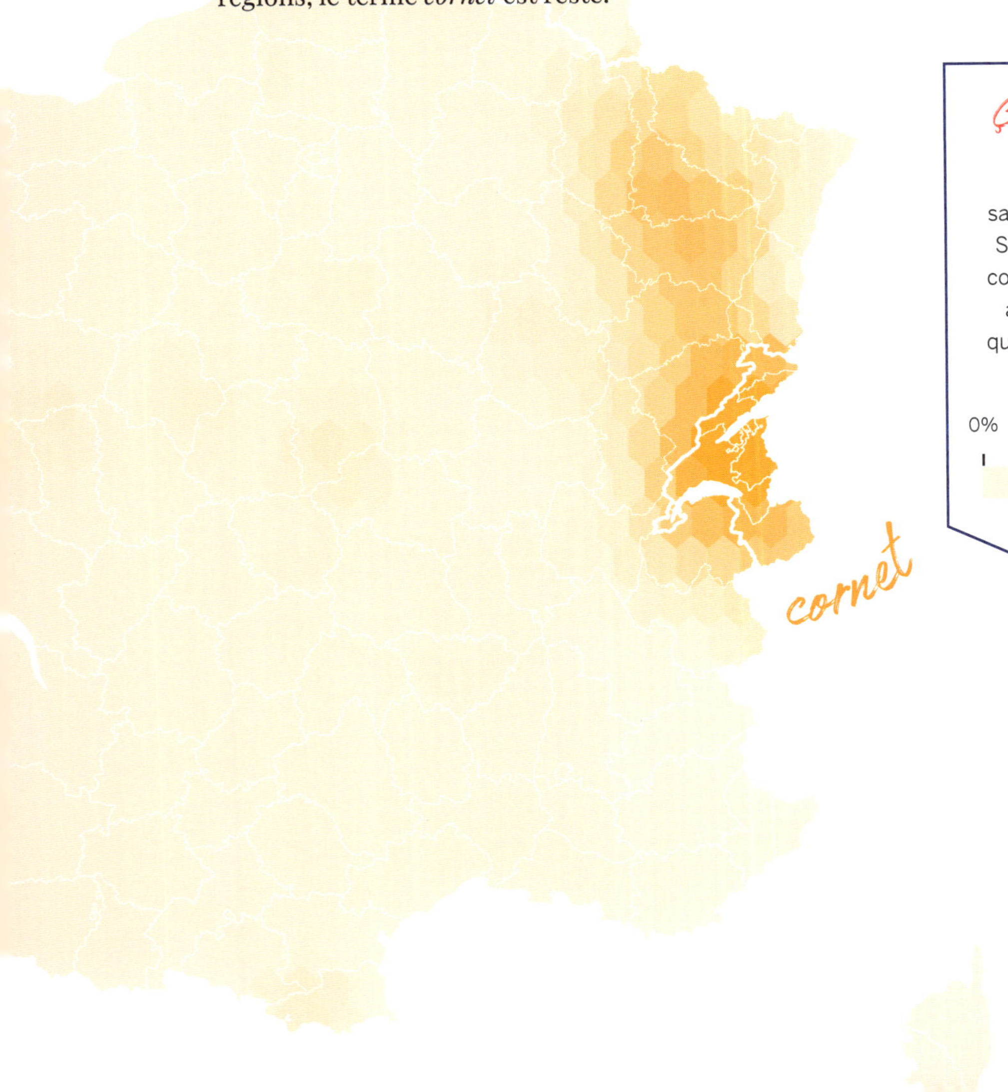

Ça se dit près de chez nous !

Le mot *cornet*, au sens de « sac, sachet » (*poche*••), est très courant en Suisse romande, où il connaît peu de concurrents. En France, il est employé, avec une vitalité moins importante qu'en Suisse, de la Franche-Comté à la Lorraine, mais pas en Bourgogne.

0% 50% 100%

DANS MA BULLE

Le mot *chiclé* (prononcé [tchiclé]) est le nom de la gomme extraite du latex blanc d'un arbre fruitier qu'on appelle « sapotillier ». C'est cette matière qui est utilisée traditionnellement dans la confection du chewing-gum.

INNOVATIONS PAR ANTONOMASE

Certaines innovations ne se font pas à partir de noms communs, mais à partir de noms propres, par un processus d'antonomase.
Mais d'où vient le mot *chiclette* ? Il est passé en français par l'intermédiaire du nom de la marque Chiclets® (fabriquée par Cadbury Adams depuis 1900), exportée en Europe dans les bagages des soldats américains en 1944.

Ça se dit près de chez nous !

Le mot *chiclette* pour désigner du chewing-gum ne connaît presque pas de concurrents en Suisse romande. Il est également utilisé dans toute la moitié occidentale de la Wallonie. En France, il semble ne pas être connu.

0% 50% 100%

LE SAVIEZ-VOUS ?

Le mot *taxiteur* est également en usage à la Réunion. Il n'y a sans doute aucune filiation entre l'usage méridional de l'Hexagone et cet usage outre-mer. Il s'agit donc d'un cas de polygénèse.

INNOVATIONS FORMELLES

Enfin, il existe des mots qui ont été créés plus ou moins en même temps que l'objet, la personne ou la fonction qu'ils désignent. En français commun, il n'existe pas de mot simple pour désigner la personne qui conduit un taxi. La locution *chauffeur de taxi* étant longue, il n'est pas étonnant que les locuteurs du français aient créé, spontanément, des mots plus courts pour nommer ce métier. Dans certains pays d'Afrique subsaharienne, le néologisme *taximan* s'est imposé, alors qu'au Maghreb coexistent les formes *taxiste* (Tunisie) et *taxieur* (Algérie). Dans la région de Montpellier, la variante *taxiteur* semble s'être imposée.

« Le taxiteur Carcassonnais était en route pour transporter des clients conscients de leur incapacité à prendre la route, et qui avaient décidé de laisser leur véhicule en "stand-by" sur le parking de la discothèque. »

Midi Libre,
29 janvier 2012.

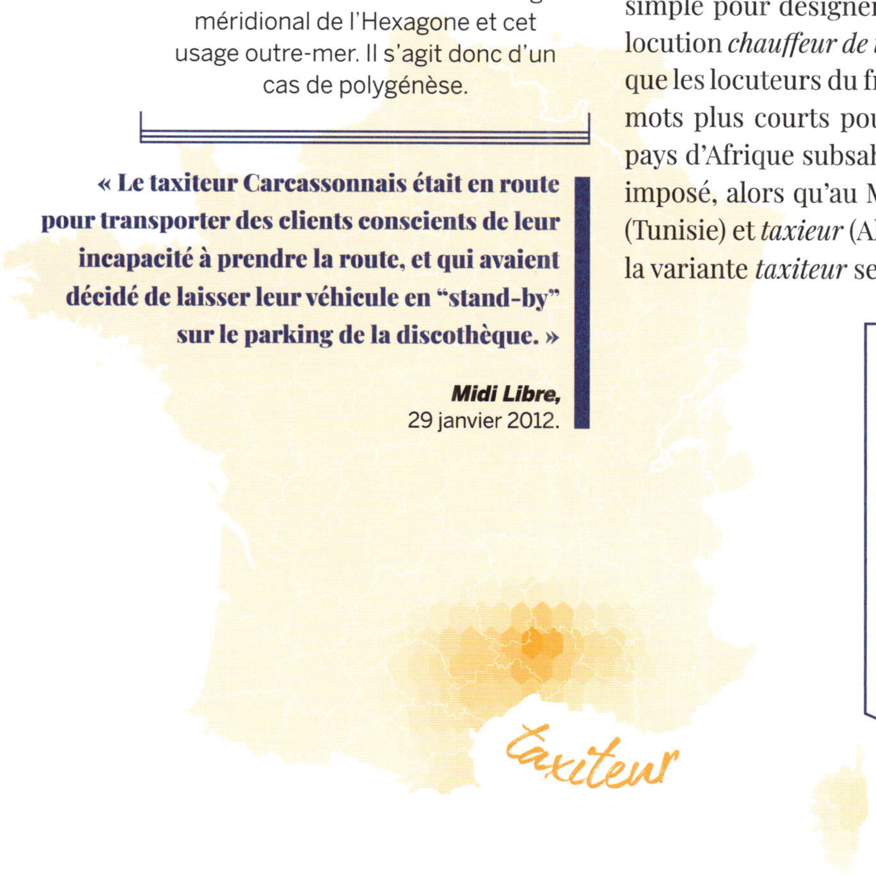

Ça se dit près de chez nous !

Le mot *taxiteur* désigne un chauffeur de taxi dans le Gard (régions d'Alès et de Nîmes), ainsi que dans l'Hérault (Béziers et Montpellier). La forme *taxiteuse* est également attestée dans cette région.

0% 50% 100%

PRÉPAREZ VOTRE VOYAGE

La carte expliquée.

CARTE
Où croise-t-on le mot ou l'expression ?

LES INDISPENSABLES POUR BIEN VOYAGER DANS CE LIVRE.

Les informations principales sur le mot ou l'expression.

De nombreuses anecdotes, des informations culturelles, d'autres mots et expressions liés au mot principal de la page, des citations, ou encore d'autres façons pour dire la même chose ailleurs en France, etc.

Une rubrique spécifique avec des explications linguistiques et étymologiques.

Les mots précédés d'un astérisque (*) sont des mots dont la forme a été reconstituée. Les mots techniques sont définis dans le glossaire p. 232.
Les mots suivis de deux points (••) sont présentés dans l'ouvrage ; pour trouver la page, rendez vous dans l'index p. 236.

POUR ALLER PLUS LOIN
↓
BIBLIOGRAPHIE
P. 234

ITINÉRAIRES

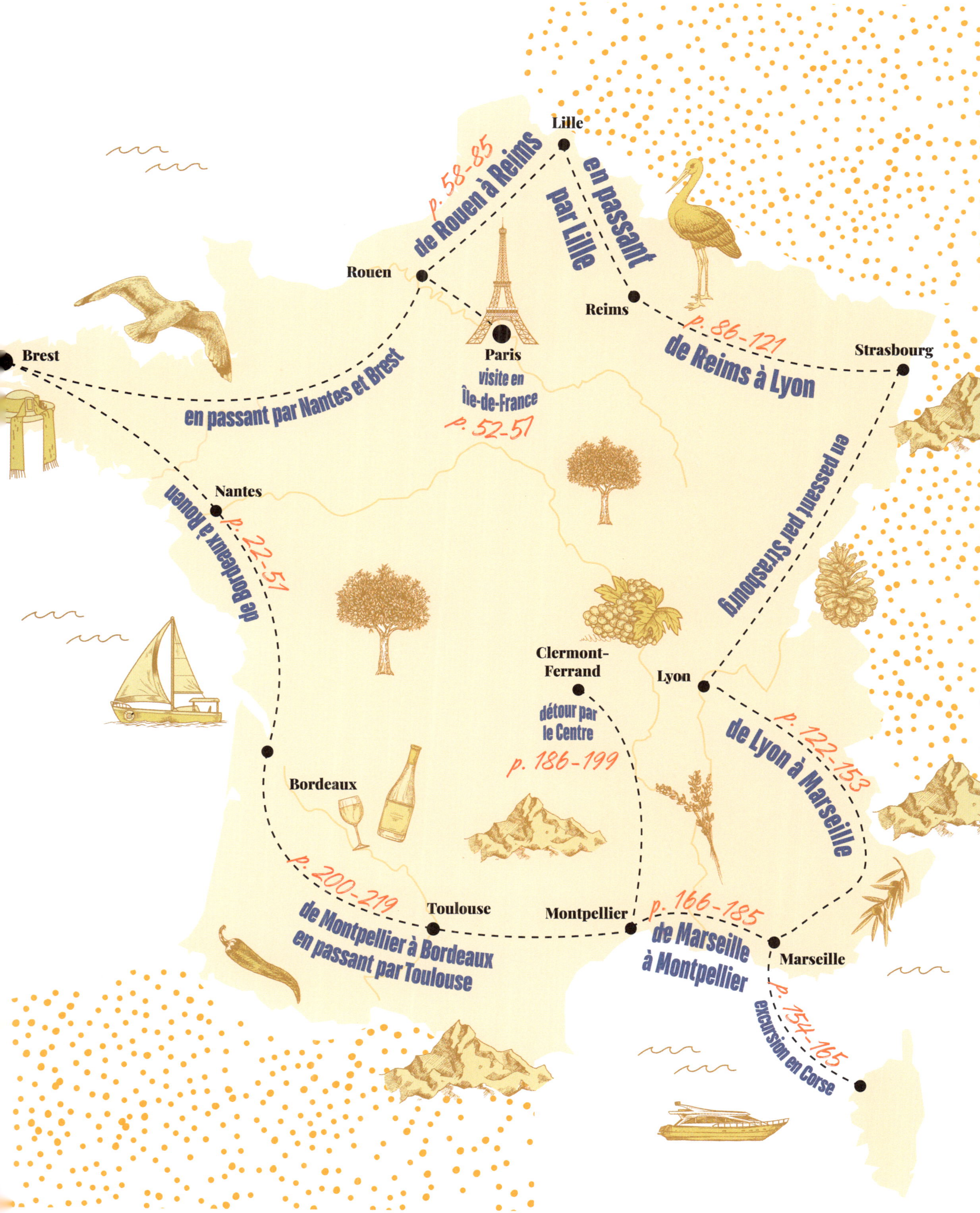
Lille
p. 58-85
de Rouen à Reims
en passant par Lille
Rouen
Reims
p. 86-121
de Reims à Lyon
Strasbourg
Brest
Paris
visite en Île-de-France
p. 52-51
en passant par Nantes et Brest
Nantes
de Bordeaux à Rouen
p. 22-51
en passant par Strasbourg
Clermont-Ferrand
détour par le Centre
p. 186-199
Lyon
p. 122-153
de Lyon à Marseille
Bordeaux
p. 200-219
Toulouse
Montpellier
de Montpellier à Bordeaux en passant par Toulouse
p. 166-185
de Marseille à Montpellier
Marseille
p. 154-165
excursion en Corse

POCHE, POCHON

Ça se dit près de chez nous !

On peut voir que *poche* au sens de « sac, sachet » est employé principalement dans le grand sud-ouest de la France : des Pyrénées-Atlantiques aux Pyrénées-Orientales au sud, jusqu'aux Deux-Sèvres au nord et la Corrèze à l'est.

0% 50% 100%

En français général contemporain, quand on pense à une poche, on imagine tout de suite la partie d'un vêtement où l'on peut mettre les objets que l'on porte sur soi : la poche d'un pantalon, la poche d'une veste. Le mot *poche* est pourtant fondamentalement polysémique, notamment dans l'ouest de la France, où il a conservé des sens qui existaient déjà en ancien et en moyen français. Au Moyen Âge (vers 1180), on trouve l'ancêtre de l'actuel français contemporain *poche* sous la forme « puche », avec le sens de « bourse, petit sac ». Dès le moyen français, le mot est attesté sous la forme « poche » avec le sens général de « sac en tissu », sac dont la contenance et la taille varient selon les époques et les régions.

Le dérivé *pochon* est attesté de part et d'autre du nord de l'aire de *poche*, dans la partie méridionale de la Bretagne à l'ouest, dans les régions du Berry et de la Marche à l'est. Au e siècle, *poche* et *pochon* sont ce qu'on appelle des géosynonymes*.

À partir du XVIIIe siècle, l'usage de *poche* comme synonyme de « sac en tissu » décline. Il survit jusqu'au début du XXe siècle dans la bouche des locuteurs du grand ouest de la France et au Canada, avec un sens proche de celui qu'il avait naguère : « sac de jute, typiquement utilisé pour stocker des denrées alimentaires comme du blé ou des pommes de terre ». Dans le sud-ouest de la France, le mot *poche* a pris un sens particulier par rapport au sens qu'il avait en ancien français. Il ne désigne en effet plus uniquement un sac en toile, mais un sac en plastique ou en papier, que l'on utilise quotidiennement pour transporter divers objets ou denrées, notamment quand on fait ses courses. ■

> **« La chocolatine**, je vous la mets dans une poche ou vous la mangez de suite ? »**

En Vendée et dans les Pyrénées, les anciens parlent encore de « bourse ».

> **« Il rangea sa voiture sur le parking d'une usine d'aliments pour animaux puis chercha dans la boîte à gants un pochon de plastique opaque, fermé par un système de velcro, qu'il posa sur ses genoux sans l'ouvrir aussitôt. »**
>
> **Jean Echenoz,** *Les Grandes blondes*, 1995.

LA *POUCHE* OU LA VIE

De l'ancien bas francique **pokkas* « bourse, sac », la variante médiévale normande *pouche* est passée en moyen anglais, par le biais duquel elle a donné l'anglais moderne *pouch*, qui désigne également un sac, le plus souvent un sac à main. Dans le français régional de Normandie, les variantes *pouche* et *pouque* survivaient encore au milieu du e siècle comme synonyme de « cartable d'écolier ».

QUAND LA POCHE N'A PAS LA LANGUE DANS SA POCHE

Poche connaît de nombreux dérivés régionaux :

Le substantif *pochon* désigne originellement une « petite poche » puisque le suffixe *-on* est un suffixe diminutif. Aujourd'hui, il est surtout employé comme synonyme de *poche* dans les régions du Berry et de la Marche.

Pochée ou *pochetée*, substantif dérivé sur *pochette*, qui désigne aussi bien un sac (de jute, plus particulièrement) que son contenant. On s'en sert comme une unité de mesure pour le blé, dans certaines régions.

On retrouve aussi le mot *poche* avec le sens général de « contenant souple » dans certains domaines spécialisés, comme dans le domaine médical (« une poche de sang », « une poche à urine ») ou culinaire (« une poche à douille »).

* GÉOSYNONYME

Le terme **géosynonyme** désigne le synonyme d'un mot utilisé dans une autre zone géographique francophone.

À QUELLE HEURE DÉBAUCHES- TU ?

Ça se dit près de chez nous !

Sur le plan géographique, le verbe *débaucher*, au sens de « sortir du travail », est propre au français de l'ouest de la France. Il s'emploie sur une aire assez large qui va de la Gironde au sud aux Pays de la Loire au nord. On le retrouve jusque dans les parlers de Touraine et du Centre.

0% 50% 100%

Parmi les régionalismes les plus emblématiques de l'ouest de la France figurent les verbes *embaucher* et *débaucher*, qui renvoient respectivement au moment où l'on commence à travailler et à celui où l'on raccroche le tablier.

Ces verbes sont si usuels dans les départements de l'ouest de la France que beaucoup de locuteurs qui les emploient quotidiennement ne savent pas que dans, le reste de la France, ces verbes ne sont pas employés dans les mêmes contextes, ni construits de la même façon. Ailleurs que dans l'Ouest, on embauche ou on débauche quelqu'un, mais on n'embauche ou ne débauche pas, tout court, ou de quelque part.

PETITE HISTOIRE DE LA DÉBAUCHE

Dans l'histoire du français, on trouve assez tôt des attestations de ces verbes avec des sens proches de ceux qu'ils ont aujourd'hui dans l'ouest de la France. Dès le Moyen Âge, *débaucher* est synonyme de *partir*, puis (à partir du XVIIe siècle) il est attesté avec le sens de « faire quitter à un ouvrier le service de son maître ».

Embaucher est un peu plus récent (XVe siècle), mais, dès ses premières attestations, il est utilisé sous la forme « embaucher quelqu'un » ainsi que « j'embauche chez X », à savoir « je commence à travailler chez X ».

D'un point de vue historique, ces sens particuliers que revêtent les verbes *embaucher* et *débaucher* sont ce qu'on appelle des « archaïsmes* ». ■

	FRANÇAIS STANDARD	FRANÇAIS DE L'OUEST
EMBAUCHER	engager quelqu'un en vue d'un travail	commencer son travail, prendre son *shift*
DÉBAUCHER	détourner quelqu'un d'un travail, d'une occupation, de ses engagements ; provoquer à la défection, à la grève	terminer son travail, sortir du travail (à un moment ou un autre de la journée, selon les professions)

VIVE LA DÉBAUCHE

« On se prend un apéro à l'heure de la débauche ? »
« La débauche : mon moment préféré de la journée. »
Ces formes déverbales (mots dérivés d'un verbe) *embauche* et *débauche* sont fort courantes.

MAIL(LE)

L'expression *aller au maille* figure dans de nombreux recueils de régionalismes en tant qu'expression emblématique de la ville de Bordeaux. Elle signifie « aller au travail », mais à un travail laborieux, peu plaisant, pendant lequel il va falloir trimer.

Plus rarement, on trouve *mail* comme synonyme de « boulot, travail » dans d'autres contextes qu'après le verbe *aller* : on peut ainsi « partir au mail », où alors « avoir du mail à abattre ».

L'expression est souvent orthographiée avec un seul *l* bien qu'étymologiquement *mail* soit ici une forme qui continue le latin *malleus*, (« marteau, maillet »), et qui désigne un petit marteau au manche flexible, dont on se sert pour pousser une boule de buis, dans le jeu éponyme.

ALLER AU MAILLE

La forme est régulièrement signalée comme spécifique au français que l'on parle à Bordeaux et dans sa région. Elle est également courante dans les Pyrénées-Orientales (région de Perpignan) ainsi que dans le nord du Finistère (région de Brest). Cette configuration qui laisse apparaître des zones discontinues permet de faire l'hypothèse que la tournure a naguère été connue plus largement sur le flanc ouest (de la Bretagne aux Pyrénées).

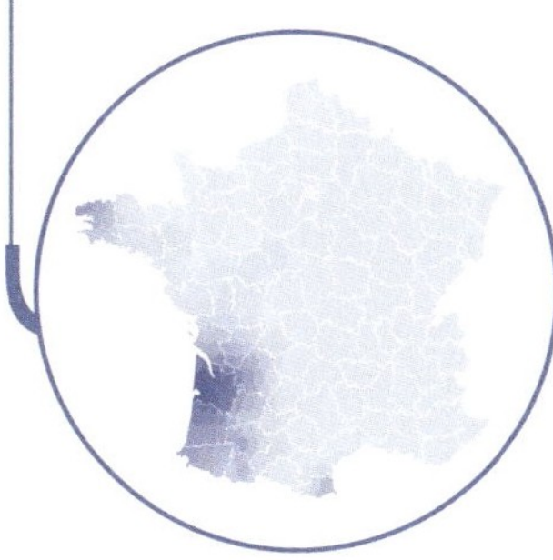

* ARCHAÏSME

Un **archaïsme** est un mot, une expression ou une tournure ancienne qui n'est plus en usage. En français courant, *embaucher* et *débaucher* sont des archaïsmes.

BARRER LA PORTE

Ça se dit près de chez nous !

Tout comme son antonyme *débarrer* (« déverrouiller, ouvrir avec une clef »), *barrer* au sens de « verrouiller, fermer à clef » est relativement vivant dans le Poitou, en Basse-Normandie et plus sporadiquement dans le Pas-de-Calais. Ces aires discontinues ont dû être connectées naguère les unes aux autres, ce qui laisse penser que le mot s'est perdu dans les zones de transition, plus sensibles aux innovations du français diffusé par la capitale.

0% 50% 100%

En français, le verbe *barrer* prend le sens général de « munir d'une barre ». Concrètement, « barrer la porte ou la fenêtre d'une maison », c'est placer une barre devant pour en empêcher l'ouverture. De nos jours, quelques habitations sont encore équipées de ce genre de système un peu daté, qu'on associe souvent, dans l'imaginaire collectif, aux portes de châteaux ou de granges. Dans les régions mises en valeur sur les cartes, cette acception du verbe *barrer* a été étendue aux autres modes de fermeture. Ainsi, le verbe *barrer* y est employé comme synonyme de « fermer à clef », au sens large. C'est ce qui explique que, dans ces régions, on peut *barrer* une voiture avec une télécommande, ou *barrer* une porte à clef.

VIEUX COUP DE BARRE

Jusqu'à la moitié du XXe siècle, les dictionnaires ont consigné ce sens, sans qu'il ne soit accompagné de la mention « vieilli » ou « régional ». Depuis, seul le sens « fermer un passage, une route, l'accès à un champ ou tout autre type de chemin » est signalé sans marque : il est en effet employé partout. Concrètement, on ne sait pas vraiment à quel moment ce glissement de sens a eu lieu, mais on sait qu'il est ancien. Au Canada, ainsi que dans les autres régions outre-mer où le français s'est exporté avec les premiers colons au XVIIe siècle (Louisiane, Saint-Pierre-et-Miquelon, Guadeloupe, Martinique, etc.), les locuteurs emploient quasi exclusivement le verbe *barrer* là où les habitants de la métropole ferment à clef ou verrouillent. Comme la plupart des colons qui ont peuplé ces territoires venaient du grand ouest de la France, on peut être sûr que ce glissement de sens avait déjà eu lieu à l'époque coloniale. ■

« CLENCHE » OU « CLANCHE » ?

La plupart du temps, on trouve le mot orthographié « clenche » parce qu' il se rattache à la famille du verbe *déclencher*.

TIRE LA CHEVILLETTE, LA BOBINETTE CHERRA

Quand on y pense, tout ce qui nous sert à fermer une porte a des allures de barre miniature. Le mot *clé* vient du latin *clavis* qui désigne une clé, une barre ! La « cheville », ou « chevillette » dans *Le Petit Chaperon rouge*, est, étymologiquement, une petite clé. Autre petite clé de la même famille : la « clavicule », qui ressemble fort à une barre reliant le sternum et l'humérus. Le « loquet » ? « Une fermeture de porte se composant d'une tige mobile dont l'extrémité vient se bloquer dans une pièce fixée au chambranle » (*Grand Robert*). Quant à la « clenche », c'est la pièce du loquet qu'on lève et qu'on abaisse sur le « mentonnet » – toujours une petite barre –. On ne va pas vous faire un dessin.

> « Emma tourna la clenche d'une porte, et tout à coup, au fond de la chambre, elle aperçut un homme qui dormait. C'était Rodolphe. Elle poussa un cri. »
>
> **Gustave Flaubert,** *Madame Bovary*, 1857.

CLENCHE

Le mot *clenche* est attesté depuis le début du Moyen Âge dans la partie septentrionale de la Gallo-Romania, sous différentes formes (« clanche », « clinche », « cliche », etc.). Par analogie, le mot *clenche* s'emploie dans les régions périphériques de l'Hexagone (Normandie, Nord, Lorraine, Wallonie) pour désigner l'ensemble du système (la poignée).

C'est quoi ce BOURRIER ?

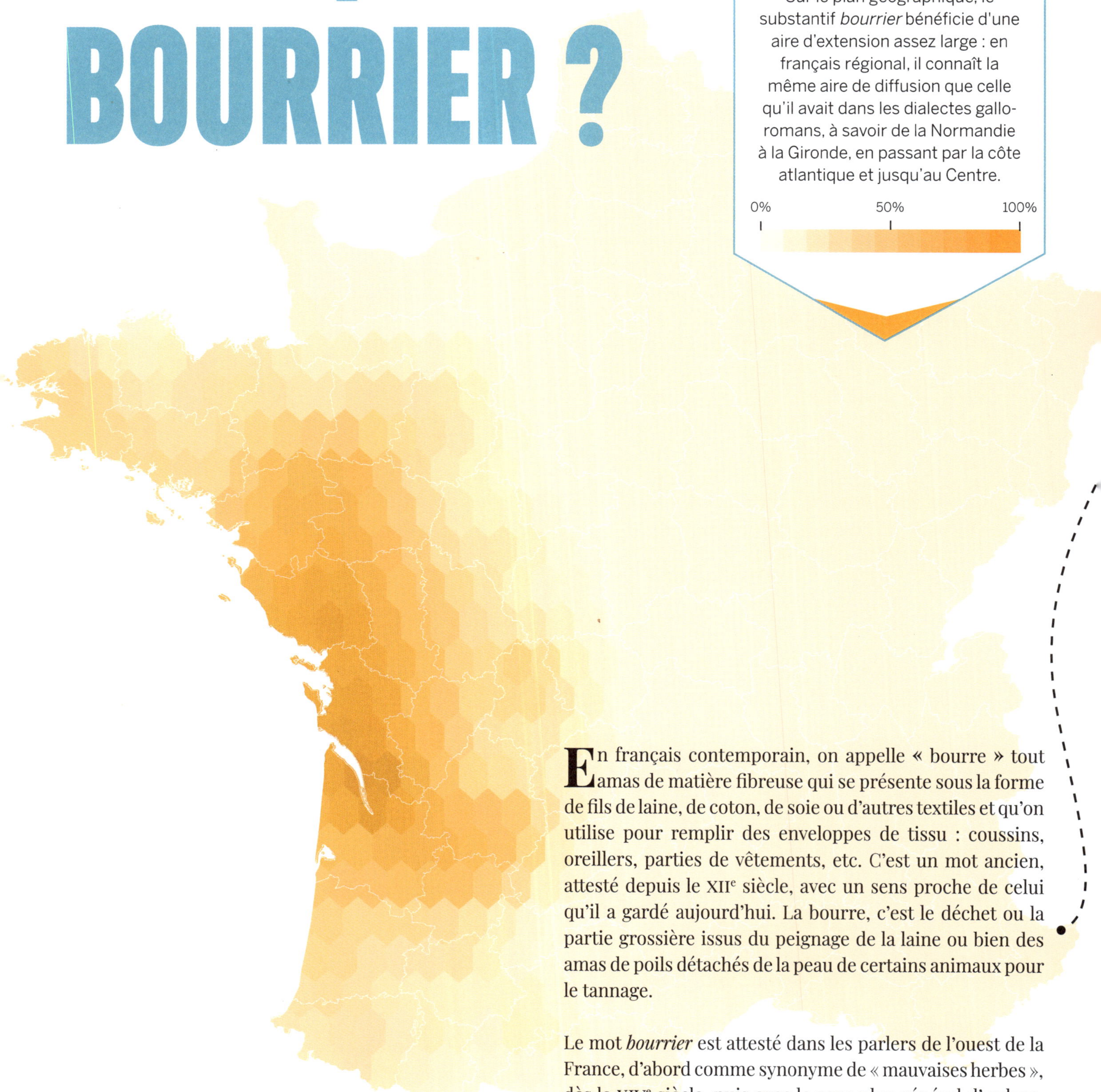

Ça se dit près de chez nous !

Sur le plan géographique, le substantif *bourrier* bénéficie d'une aire d'extension assez large : en français régional, il connaît la même aire de diffusion que celle qu'il avait dans les dialectes gallo-romans, à savoir de la Normandie à la Gironde, en passant par la côte atlantique et jusqu'au Centre.

0% 50% 100%

En français contemporain, on appelle « bourre » tout amas de matière fibreuse qui se présente sous la forme de fils de laine, de coton, de soie ou d'autres textiles et qu'on utilise pour remplir des enveloppes de tissu : coussins, oreillers, parties de vêtements, etc. C'est un mot ancien, attesté depuis le XIIe siècle, avec un sens proche de celui qu'il a gardé aujourd'hui. La bourre, c'est le déchet ou la partie grossière issus du peignage de la laine ou bien des amas de poils détachés de la peau de certains animaux pour le tannage.

Le mot *bourrier* est attesté dans les parlers de l'ouest de la France, d'abord comme synonyme de « mauvaises herbes », dès le XIVe siècle, puis avec le sens plus général d'ordure, déchet, immondices, dès le XVe siècle, et enfin, comme équivalent d'éboueur (XXe siècle).

BOURRIER ET À LA DÉRIVE

Signalons aussi le dérivé *bourrailloux*, formé sur *bourrail* (lui-même de *bourre*), adjectif que l'on utilise pour désigner le poil des animaux, poil rude, assez long et plus ou moins frisé.

Enfin, le dérivé *bourrine* : petite habitation typique des marais veendéens, de plain-pied (pas d'étage, blanchie à la chaux, couverte de roseaux). La bourre désigne dans ce cas la couverture végétale d'une habitation. ■

BOURRE ET BOURRE ET RATATAM

Le mot *bourre* est à la source de nombreux dérivés. La plupart sont consignés dans les dictionnaires sans précisions (vieux, régional, technique, etc.) ; c'est le cas notamment des verbes *bourrer* et *rembourrer* (« remplir, fourrer », « fourrer à nouveau »), mais aussi des substantifs de la même famille, *bourrage* et *rembourrage* (« action de bourrer », « action de bourrer à nouveau »).

On trouve aussi :

Bourru : qui a la rudesse, l'apparence de la bourre et, par extension, malcommode, farouche

Bourrelet : un cylindre de tissu rempli de bourre dont la forme a donné l'emploi anatomique

Bourratif : qui bourre, en parlant d'un aliment

Être à la bourre : se presser, comme on presserait la bourre pour la tasser.

Et bien d'autres encore...

LE BOURRIER SOUS TOUTES LES COUTURES

Aujourd'hui, le mot *bourrier* a gardé son caractère polysémique, et les sens qu'il a acquis au fil des siècles. Il entre même dans la formation de nombreuses expressions :

mettre au bourrier : « jeter aux ordures »

faire les bourriers : « faire les poubelles, en vue d'y récupérer quelque chose de consommable »

caisse à bourrier : « poubelle »

ramasse-bourrier : « pelle à balayures »

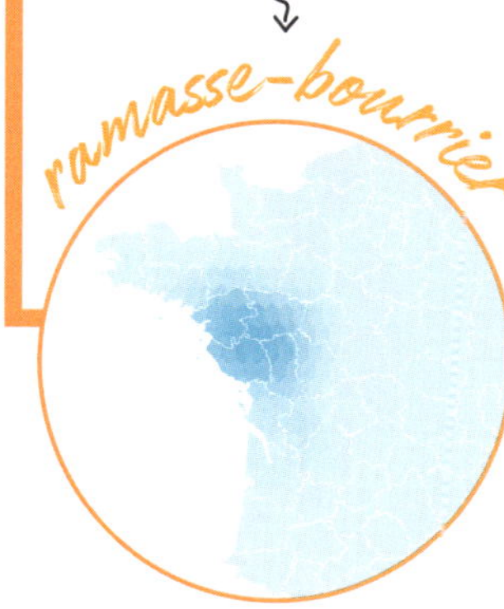

COMPLÈTEMENT BOURRÉ

Dans un registre familier ou argotique, on peut être bourré de quantité de choses : de fric quand on est plein aux as, d'idées fausses quand on nous bourre le mou ou le crâne, de nourriture quand on s'est empiffré de mets bourratifs et qu'on est coufle**, mais aussi et surtout d'alcool ! La cuve est pleine et on dit qu'on est bourré comme une huître, un coing, une danse auvergnate, un pétard, une cantine... Sachez que si vous êtes complètement beurré (comme un Petit beurre de Lu) cela n'a rien à voir avec le beurre ! C'est la paronymie, donc la grande ressemblance entre les mots *beurré* et *bourré*, qui a fait le succès de l'emploi de ce dernier ! De toute façon, quand on est beurré, on ne fait plus la différence...

> **« Max est un vrai pante, parce que Toni-l'Élégant qui a fait l'affaire à ma place est aujourd'hui bourré à craquer, avec château en Sologne, chasses, bateau et tout ? »**
>
> **Albert Simonin,**
> *Touchez pas au grisbi*, 1953.

CAGOUILLE à la charentaise

Ça se dit près de chez nous !

Si l'on compare les régions où le mot *cagouille* est utilisé en français au e siècle avec les régions où ses équivalents étaient employés en dialecte à la fin du e siècle, on peut voir que l'aire qui se dessine en français moderne est beaucoup plus large.

0% 50% 100%

● Attestations de *cagouille* en gallo-roman.

D'après ALF 481.

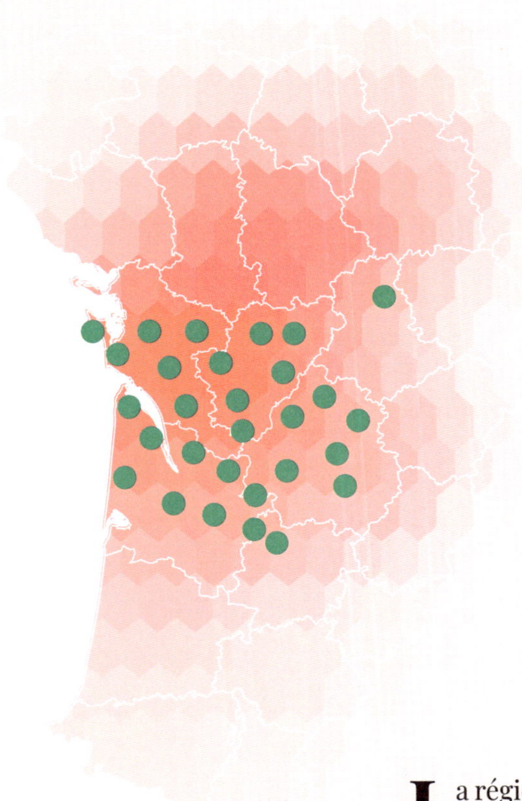

La région des Charentes est le premier producteur de ce gastéropode emblématique de la gastronomie française qu'on appelle assez communément « escargot » ou « petit-gris » (*Helix aspersa*), mais que l'on appelle localement « cagouille ». Pas étonnant que les recettes de cagouilles les plus fameuses soient dites « à la charentaise » ou « à la saintongeaise », soit cuites dans un court-bouillon agrémenté de vin blanc, de tomate, d'ail et de mie de pain. Pas étonnant, non plus, que de nombreux restaurants spécialisés dans la cuisine charentaise arborent le mot *cagouille* sur leurs enseignes !

Sur le plan étymologique, *cagouille* est à rapprocher de l'ancien occitan *cogolha* de même sens, qui continue une forme latine **conchȳlia* (« coquille »). C'est probablement à cette lointaine base latine que se rattachent d'ailleurs le français *escargot* ainsi que les variantes *cagaroulette*, *caricole*, *caracole*, etc., plus ou moins encore vivantes en français régional.

Toutes ces formes ont été formées sur *caragol*, devenu *escargol* avec l'ajout d'un *e* non étymologique en début de mot afin d'en faciliter la prononciation (mots en *-es*, p. 184).

AVEC OU SANS COQUILLE ?

Un peu plus au nord de l'aire de *cagouille*, de part et d'autre du département de la Vienne (plus précisément de l'Indre à la Vendée, dans la région qui correspond au Poitou historique), le petit-gris prend le nom de « luma », aussi orthographié « lumat ». Vous reconnaîtrez sans doute l'ancien français *lima* ou *limat*, à l'origine du français moderne *limace*, nom commun que l'on donne aux gastéropodes… sans coquille ! Pour éviter les ambiguïtés, la limace prend dans ces régions le nom de « loche ».

À VITESSE D'ESCARGOT : LENTEMENT MAIS SÛREMENT

En français, les premières attestations de *cagouille* sont anciennes. Elles remontent au début du e siècle, et sont déjà localisées dans la région actuelle des Charentes. Depuis, le mot ne semble jamais avoir été employé nulle part ailleurs que sur la façade atlantique française. Et le régionalisme est relativement vivace. Il a même fini par gagner du terrain au cours du siècle dernier.

luma

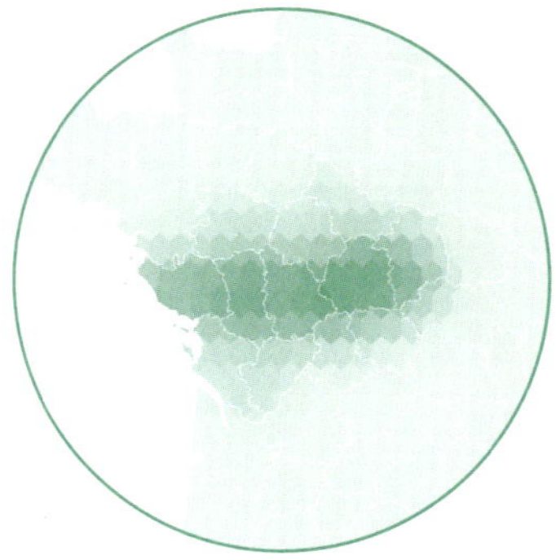

CONCHYLIA

« coquille » en latin

CAGOLHA

« escargot » en ancien occitan

CAGOUILLE

MOU COMME UNE LOCHE

Le mot *loche* désigne, à l'origine, un petit poisson d'eau douce à chair comestible. Le sens de « limace grise », apparu plus tard, a donné lieu à des comparaisons dues au caractère lent et dodu de la bestiole. On peut être « gras comme une loche » ou « mou comme une loche ». Le terme est aujourd'hui employé comme synonyme de *limace* dans la région du Poitou.

LE SAVIEZ-VOUS ?

On appelle amicalement « cagouillards » les habitants des deux Charentes (région qui correspond aux anciennes provinces d'Angoumois, d'Aunis, de Saintonge et en partie du Limousin (Charente limousine).

@

Par plaisanterie, on appelle aussi « cagouille » le signe typographique **arobase @**, en raison de sa ressemblance avec la coquille de l'escargot !

Mettre à la JAILLE

Ça se dit près de chez nous !

L'expression *mettre à la jaille* est connue dans l'ensemble de la Bretagne historique (qui inclut la Haute et la Basse-Bretagne) mais aussi en Vendée et dans le Maine-et-Loire.

En Bretagne, le mot *jaille* désigne le récipient où l'on jette des déchets, la poubelle, ou le lieu où l'on se débarrasse de ses ordures, la déchetterie, le dépotoir. Il s'emploie essentiellement dans des locutions plus ou moins figées (*mettre à la jaille*, *jeter à la jaille*, *être bon pour la jaille)*, mais on le trouve également comme synonyme de *poubelle,* que l'on parle du contenu ou du contenant : « Chez nous la jaille signifie les déchets. »

L'origine du mot est incertaine et a donné lieu à quantité d'hypothèses. Écartons l'idée que *jaille* provienne d'une forme ancienne du français *jetaille*, dérivé d'un substantif *jactalia*, à rattacher au latin *jacere*, « jeter ». Retenons plutôt que le terme apparaît d'abord comme un nom propre. Dès le XIIe siècle, il est associé à des seigneurs gouvernant des terres qui se situent toutes dans la région de Nantes.

DANS LA JAILLE JUSQU'AUX GENOUX

Dans les parlers du nord-ouest de la France, les équivalents dialectaux de *jaille* désignent des endroit boueux, marécageux, mais aussi des mares ou des étangs, en d'autres termes des endroits difficilement exploitables pour l'agriculture ou la construction d'habitations. Dans les campagnes, ces endroits servaient régulièrement de décharges sauvages, et il n'est pas impossible que l'origine de l'expression *mettre à la jaille* provienne de là.

LES DÉRIVES ET DÉRIVÉS DU MOT JAILLE

Jailloux : éboueur, personne qui travaille à l'enlèvement des déchets (*jaille* avec suffixe *-oux*, qui correspond en gallo au suffixe *-eur*, qui permet de désigner un agent, comme dans *travailleur*).
Jailleur : mythomane, menteur.
C'est la jaille : c'est peu ordonné, c'est un mensonge ou quelque chose de superflu.
Faire la jaille : participer à une fête caractérisée par ses excès en tout genre.

BRAILLOUX, BOUÉNOUX, CAUSOUX

Le suffixe latin *-atorem* a donné le français *-eur*, qui sert à former des noms des noms d'agents ou de métiers : le « compteur » est celui qui compte, l'« arroseur », celui qui arrose, etc. En gallo, ce suffixe a abouti à la forme *-oux*, (*-ouse* au féminin) et a permis de former de nombreux mots qui sont encore utilisés dans le français de cette région :
Un brailloux : celui qui braille, c'est-à-dire qui pleure.
Un bouénoux : celui qui *bouène***, qui travaille peu, qui fait du mauvais travail.
Un causoux : celui qui cause beaucoup, une personne bavarde. ■

MONSIEUR POUBELLE

Par une ordonnance du 15 janvier 1884, le préfet de la Seine Eugène René Poubelle (1831-1907) impose l'usage de la boîte à ordures d'immeuble. Dès 1884, il est question de la « boîte Poubelle » que l'on nomme, aujourd'hui, simplement « poubelle ». Un nom propre qui devient commun, c'est un cas d'antonomase !

JETER ET CHOIR

Si *jaille* renvoie à ce qu'on jette, ce dont on se débarrasse, le mot *déchet* a une trajectoire similaire puisqu'il résulte d'une chute. En effet, *déchet* vient du verbe *déchoir*, issu du latin *decidere*, « tomber ». Il y a dans les deux mots un mouvement qui va du haut vers le bas. Cela continue un imaginaire où le haut est subtil, noble, et le bas représente ce qui est grossier et ne mérite pas d'être considéré. Dans la même veine, le mot *déjection*, de la même famille que *jaille*, désigne des excréments. On ne peut pas faire plus bas dans l'échelle de valeurs...

Le suffixe « -EUR » en français = « -OUX » en gallo

Causoux
celui qui cause

FAUX AMIS

Contrairement aux apparences, le verbe *enjailler* (qui signifie « faire la fête, passer du bon temps ») n'a rien à voir avec le mot *jaille* au sens de « déchet », ni avec la locution *faire la jaille*, qui a pourtant un sens assez proche de *s'enjailler*. Ce dernier vient du nouchi, langue hybride parlée en Côte d'Ivoire par la jeunesse urbanisée, en particulier celle d'Abidjan. Il s'est formé sur l'anglais *enjoy*, qui plonge ses racines dans le latin *gaudia*, « joie » !

FAIRE LA JAILLE À LA JAILLETTE !

On retrouve *jaille* dans de nombreux toponymes du nord-ouest de la France :

Saint-Mars-la-Jaille (Loire-Atlantique)

Le hameau la Jaille (Maine-et-Loire et Sarthe)

Le Jaillet (Ain, Drôme)

La Jaillette (Maine-et-Loire)

SURVIVANCES DE

À l'origine, le normand, le picard, le lorrain, de même que les autres parlers dialectaux de l'ouest de la France septentrionale issus du latin, ne se différenciaient pas clairement les uns des autres. Ce n'est que vers la fin du Moyen Âge que ces parlers ont commencé à acquérir leur identité linguistique propre, comme conséquence de la fragmentation du territoire en différents fiefs (L'histoire du français p. 220). Dans ce contexte, certains dialectes ont subi des évolutions par rapport au latin que d'autres dialectes n'ont pas subi. Si bien qu'aujourd'hui, les différences qui existent entre les dialectes et le français donnent l'impression que les premiers sont des variantes déformées du second. Mais il n'en est rien : aucun n'est antérieur à l'autre ! Il s'agit simplement de systèmes cousins, dont l'un (le français) a acquis le statut de « langue standard ». ■

ON N'EST PAS RENDU !

Dans le français que l'on parle un peu partout dans la francophonie, le verbe *se rendre* est surtout utilisé à l'écrit, dans des registres plutôt formels et pour désigner un déplacement dans l'espace : se rendre à la gare, se rendre à l'université.

Dans l'ouest de la France, le verbe *se rendre* reste très vivant dans les conversations, notamment dans la locution *être rendu* : on peut ainsi « être rendu à la moitié d'un livre », ce qui veut dire qu'on en a lu la moitié. Ou parler d'objets qui se sont rendus quelque part : « Mais où sont don' rendues mes lunettes ? » Celles et ceux qui en portent en seront convaincus, les lunettes se rendent toujours au mauvais endroit... ■

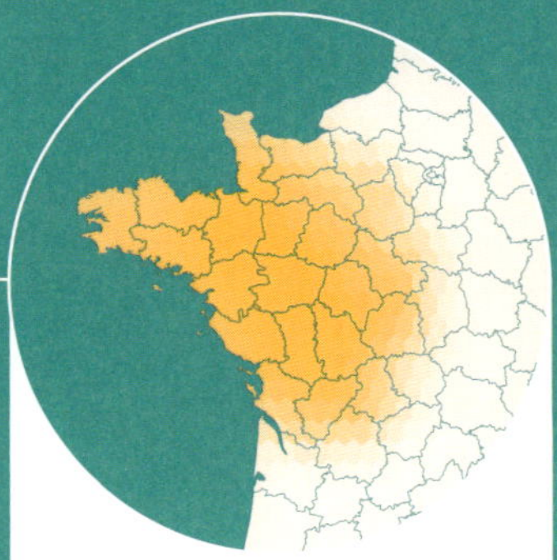

Ça se dit près de chez nous !

L'expression *être rendu* est attestée dans toute la région occidentale de la France, qui va du Poitou au sud à la Normandie-Basse-Normandie au nord, l'Île-de-France et la Touraine à l'est.

0% 50% 100%

« L'ANCIEN FRANÇAIS »

D'après ALF 754.

Ça se dit près de chez nous !

Les points signalent les localités où les témoins ont répondu « se laver la goule », l'équivalent dans les parlers locaux du français « se laver le visage ». On voit que le mot *goule* est contenu dans l'aire des dialectes de l'ouest de la France, à l'exclusion de la Haute-Normandie.

● Attestations de *goule* en gallo-roman.

GULA
« gosier » en latin

GOULE
dans l'Ouest

GUEULE
en français

QUOI, MA GOULE ?
QU'EST-CE QU'ELLE A, MA GOULE ?

Dans les parlers de l'Ouest comme dans le français de ces régions, le mot *goule* désigne la bouche, le visage ou la figure d'une personne ou d'un animal. On le retrouve dans le nom de l'engoulevent, oiseau de nuit qui vole la gueule ouverte pour attraper des insectes. Il porte ce nom car, se déplaçant ainsi, il engoule, au passage, le vent… Le latin *gula*, « gosier, gorge », qu'on prononce [goula], a donné *gueule* en français ([ou] est devenu [eu]), mais n'a pas évolué dans l'Ouest, où on prononce toujours [ou].

On le retrouve dans des expressions dont le sens est plus ou moins transparent :
Avoir la goule enfarinée : être naïf, être mal réveillé ;
Se casser la goule : chuter ;
Avoir la goule fine : faire la fine bouche.

Ne boudons pas notre plaisir et ajoutons qu'un vin « gouleyant » se boit facilement car il coule dans la gorge de façon souple et agréable… Dans l'Ouest, on a de la gueule et du goût ! ■

« Il est gouleyant. Il a de la cuisse, il attaque sèchement le palais, il ne manque pas de retour. Vous pouvez servir. »

Claude Zidi,
L'Aile ou la Cuisse,
avec Louis de Funès, 1976.

MOTS POITEVINS

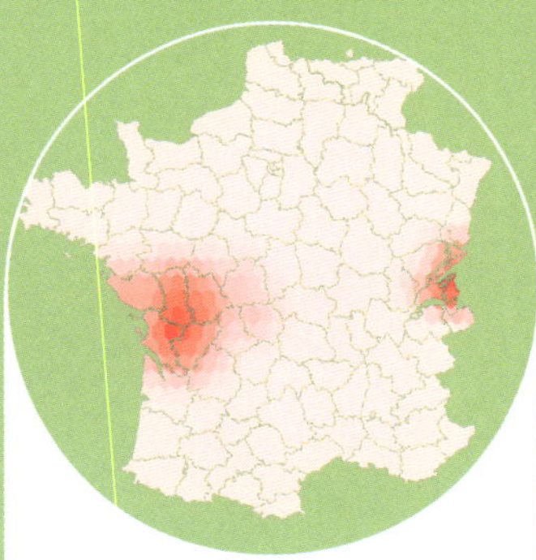

Ça se dit près de chez nous !

En France, le mot *mitaine* au sens de « moufle » n'est guère employé en dehors de la région des Charentes.

0% 50% 100%

MITAINES : AVEC OU SANS LES DOIGTS ?

Dans le français de la majorité des francophones de France, le mot *mitaines* désigne des « gants qui laissent à nu les deux dernières phalanges des doigts ». Il n'en a pourtant pas toujours été ainsi. Jusqu'au milieu du XXe siècle – période à laquelle les ouvrages de référence ont commencé à stigmatiser cet usage comme vieilli –, le mot *mitaine* renvoyait à ce qu'on appelle aujourd'hui des « moufles ».

Le mot *mitaine* au sens de « moufle » a pourtant gardé ce sens dans le centre du Poitou, mais aussi en Suisse et au Canada. Dans ces régions, les personnes qui nomment les moufles « mitaines » appellent les gants qui ne recouvrent pas les deux dernières phalanges des bien nommés « gants sans doigts » !

DRÔLES DE DROLLES

Dans la littérature et par le passé, le substantif *drôle* a servi à désigner un bon vivant et – parce qu'on se méfie toujours des gens qui vivent bien – un débauché... Cette valeur péjorative brassait large et désignait toute personne dont il était préférable de se méfier et qu'il convenait de mépriser : marauds, coquins et canailles. Ce mot est surtout employé à l'égard d'enfants ou d'adolescents, toujours dans des contextes un peu péjoratifs.**

À partir du XVIIIe siècle, dans l'ouest de la France, le mot a été utilisé pour parler des enfants, sans aucune connotation, et cet usage a demeuré dans les dialectes comme dans le français local jusqu'à nos jours.

En français courant, il est drôle de constater que l'adjectif *drôle*, « qui prête à rire », est issu du substantif désignant une canaille. Ce sont les drôles et les drolles qui, parce qu'ils étaient marrants, ont fait émerger la notion de drôlerie ! ■

« Une fois au service du Pape, le drôle continua le jeu qui lui avait si bien réussi. Insolent avec tout le monde, il n'avait d'attentions ni de prévenances que pour la mule, et toujours on le rencontrait par les cours du palais avec une poignée d'avoine ou une bottelée de sainfoin, dont il secouait gentiment les grappes roses en regardant le balcon du Saint-Père, d'un air de dire :

"Hein !... pour qui, ça ?..." »

Alphonse Daudet,
Lettres de mon moulin, 1887.

DRÔLEMENT INCLUSIVE, LA LANGUE !

Nul besoin de se prendre le chou, il y a bien une forme pour chacun·e !

Forme féminine courante : « drôlesse »

Forme épicène, donc dont la forme ne varie pas au masculin ou au féminin : « drolle »

Forme masculine courante : « drôle »

Formes féminines plus rares et plus locales : « drôline » et « drôlère »

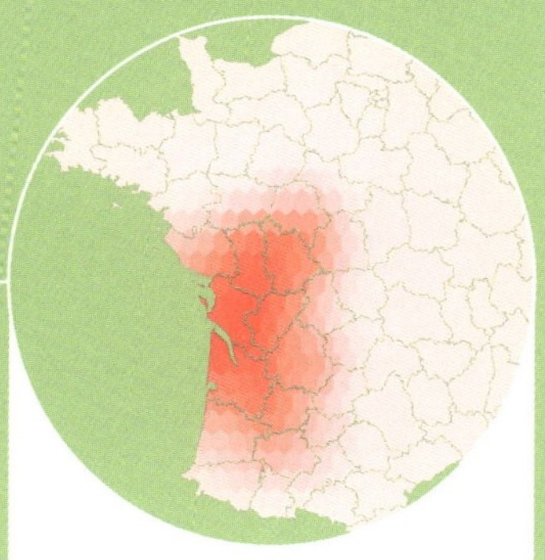

Ça se dit près de chez nous !

Le substantif *drôle*, au sens d'« enfant », est encore employé au nord du département des Landes au sud jusqu'au sud de l'Indre-et-Loire au nord ; à l'est, il n'est guère connu au-delà des Charentes et de l'Indre-et-Loire.

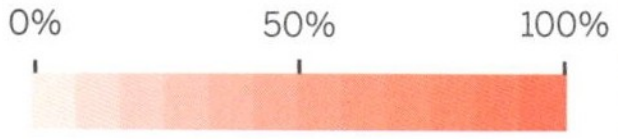

MOTS NORMANDS

POURQUOI DIT-ON QUE LES QUINS FONT PAS DES QUA ?

En français, les mots qui commençaient pas la syllabe [ka] en latin ont donné le son [ch] en français : *capel* → *chapeau* ; *castel* → *château*, *catus* → *chat*, *canis* → *chien*, etc. C'est un processus qu'on appelle la « palatisation ». Dans les parlers normands comme dans les parlers picards, le son K du latin n'a pas évolué, il est resté « dur ». Aussi on appelle un chien un « kien » (ou un « kin ») et un chat c'est un « qua ». Ça marche aussi avec d'autres animaux : la « vac » (la vache de *vaca*), la « quèvre » (la chèvre de *capra*), etc. ■

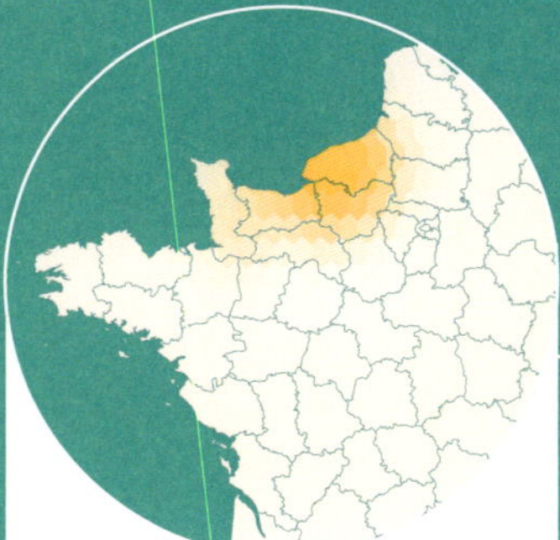

Ça se dit près de chez nous !

Aire du verbe pronominal *se boujouter* : « se dire bonjour en se faisant la bise ». On voit que le mot épouse assez parfaitement les frontières de la Normandie, avec une vitalité toutefois moindre en Basse-Normandie.

0% 50% 100%

BOUJOU, MON BIJOU !

« Je leur avais envoyé le livre, bien sûr. Puis écrit. Puis appelé ma tante au téléphone. Ha ! ce choc étrange d'une voix oubliée qui resurgit tout à coup. Ce vague accent rouennais jamais réentendu depuis, ces mots familiaux, en un autre temps familiers – "boujou" au lieu de "bonjour". »

Annie Duperey,
Je vous écris, 1993.

Dans les parlers normands, signalons le mot *boujou*, forme dialectale équivalente au français commun « bonjour », qui s'emploie pour saluer quelqu'un que l'on rencontre ou dont en prend congé : « Boujou de Normandie ! » Le verbe *se boujouter* (« se saluer en se faisant la bise »), construit sur « boujou », est encore particulièrement vivant en Normandie. ■

MOTS GALLOS

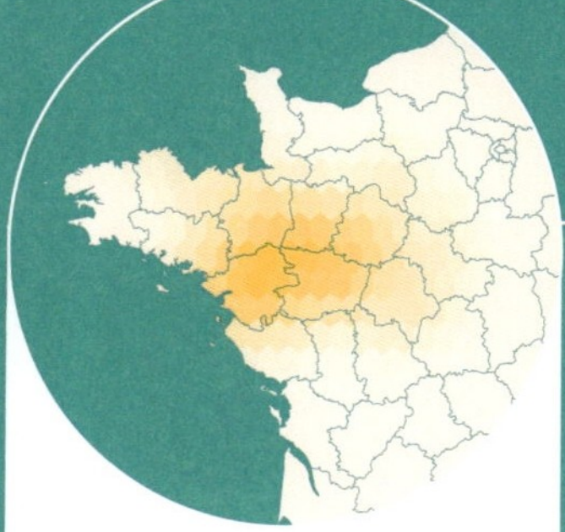

Ça se dit près de chez nous !

Le mot *éclis* au sens d'« écharde » est encore employé dans le département de Loire-Atlantique et en Maine-et-Loire ; il est seulement attesté dans les départements alentour.

0% 50% 100%

ÇA M'ÔTE UN ÉCLIS DU PIED !

Le mot *éclis* (nom masculin, prononcé sans son *-s* final, [ecli]) désigne une écharde. Dans le coin, on dit aussi « épine » : « J'ai une épine dans le doigt qui me fait mal. » Le mot *éclis* est la forme locale d'un mot plus généralement répandu sous la forme *éclisse*, au féminin. En ancien français, le mot *escicle* désignait un éclat de bois ; ce n'est que plus tard que le mot a pris le sens spécialisé qu'il a aujourd'hui. Il renvoie d'après les dictionnaires généraux à un gros éclat de bois, et plus souvent des pièces de bois, de différents types et de diverses formes, destinées à des usages plus ou moins particuliers : plateaux de fromage, plaque d'instruments à corde comme le violon ou la guitare. On retrouve dans *l'écl-* de l'éclisse *l'écl-* de l'éclat, tous deux issus du francique *slaitan*, « fendre, briser ».

I' VA CHOIR UN R'NÂPÉE

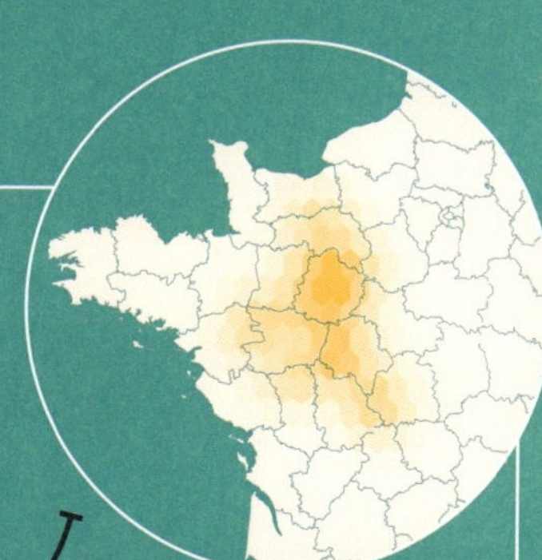

Une **r'napée** est une grosse pluie d'orage, une averse forte, qui peut en suivre une autre (*drache***, *rabasse***). Le mot est assez courant dans les milieux ruraux, mais tend à être inconnu dans la bouche des jeunes. En français régional comme dans des parlers locaux auxquels il a été emprunté (de la Normandie à l'Anjou), il prend différentes formes phonétiques et graphiques : *renâpée*, *renaupée*, *ernâpée*, *ornanpée*, etc.

CES RÉGIONALISMES DE L'OUEST QUI SE SONT EXPORTÉS AU CANADA

Bon nombre des régionalismes que l'on entend dans l'ouest de la France colorent le français que l'on parle actuellement dans les provinces de l'est du Canada : le Québec, mais aussi l'Ontario, le Nouveau-Brunswick et la Nouvelle-Écosse. Et cela n'est pas un hasard ! Les premiers colons qui ont peuplé l'actuel Canada francophone étaient originaires du grand ouest de la France.
Il est impossible de dresser une liste exhaustive de l'ensemble de ces régionalismes qui se sont exportés. Nous nous bornerons à en signaler quelques-uns, plus ou moins typiques, qui survivent encore des deux côtés de l'Atlantique. ■

UN PEU D'HISTOIRE

L'histoire du français en Amérique du Nord commence avec l'arrivée des premiers navigateurs au début de la seconde moitié du XVIIe siècle. Christophe Colomb débarque à Haïti en 1492 et Jacques Cartier « découvre » le Canada en 1534. Ces colons, venus surtout de Normandie et du centre-ouest de la France, s'installent d'abord dans l'actuelle province du Québec – la ville de Québec est fondée en 1608, celle de Montréal en 1642. Ils peuplent au cours des décennies suivantes les provinces plus à l'ouest (à partir de l'Ontario) et s'implantent également en Nouvelle-Angleterre. Parallèlement, des colons venus de France peuplent l'Acadie, qui correspond peu ou prou à l'actuelle Nouvelle-Écosse et au Nouveau-Brunswick. Suite à la conquête anglaise et au refus des Acadiens de prêter allégeance à la Couronne anglaise en 1755, ces derniers sont expulsés et déportés, certains d'entre eux allant trouver refuge en Louisiane (les « Cadjins »). Aujourd'hui, les descendants de ce peuple sont essentiellement regroupés dans la province du Nouveau-Brunswick.

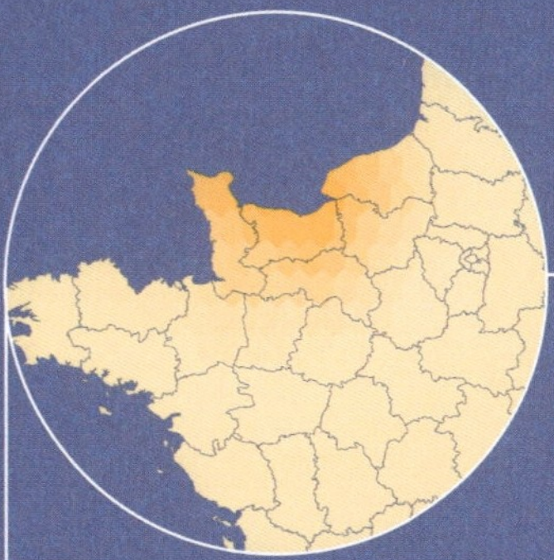

ABRIER OU ABRILLER

Il peut être précédé, ou non, du suffixe *re-* : « rabrier », « rabriller ». Il s'agit d'un mot ancien en français, attesté dès le Moyen Âge (XIe siècle), au sens de « protéger, vêtir ».

À partir du XVIe siècle, son emploi est stigmatisé, si bien qu'il finit par sortir des usages généraux du français, où il est petit à petit remplacé par la locution *mettre à l'abri*, puis par le verbe *abriter*. Au Canada comme en Normandie, l'usage de ce verbe s'est conservé. On peut ainsi :

S'abrier parce qu'on a trop froid en enfilant quelques couches supplémentaires de vêtements ; lorsqu'on est au lit en s'emmitouflant dans les couvertures.

Abrier quelque chose ou quelqu'un de la pluie, du vent ou de tout autre élément perturbateur (« J'ai abrié ma moto pour l'hiver ! ») ; au figuré, le mot peut signifier « dissimuler » (« abrier un scandale »).

Se rabrier pour se disculper. ■

[C'est le verbe *abrier* qui est à l'origine du nom *abri* !]

MALAUCŒUREUX

Le sens de l'adjectif *malaucœureux* est assez transparent : il désigne une personne qui a facilement mal au cœur, qui est difficile sur la nourriture, qui est facilement répugnée, voire qui est dédaigneuse.

Le mot est formé sur l'expression *avoir mal au cœur*, qui signifie « avoir la nausée ». Dans cette tournure, *cœur* est employé comme synonyme d'« estomac ». En français standard, on retrouve ce sens dans des expressions comme « soulever le cœur », « avoir le cœur bien accroché », etc. ■

MALAUCŒUREUX
mal au cœur

On trouve aussi les formes *malécœureux*, *mal-au-cœureux* et même *malaucurieux*. Toutes sont également attestées outre-Atlantique.

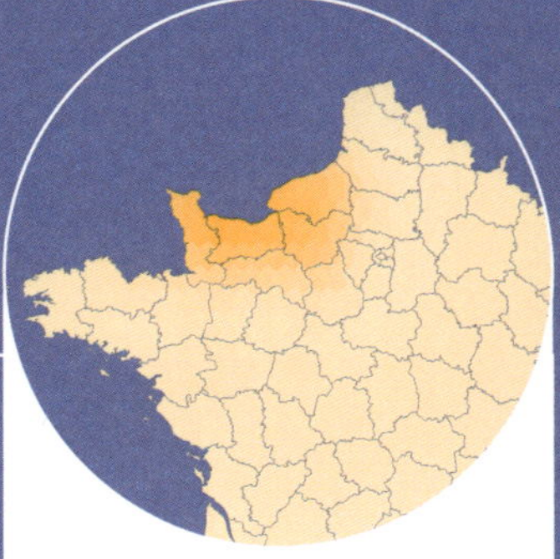

Ça se dit près de chez nous !

Aujourd'hui en France, le mot *malaucœureux* n'est pas connu en dehors des frontières de la Normandie, et aussi – faut-il préciser – il n'est usité que par une population plutôt vieillissante.

0% 50% 100%

ZIROU

Sur le flanc océanique, c'est l'adjectif *zirou* (variante *zirouse*) que les locuteurs emploient pour désigner une personne qui est facilement écœurée, particulièrement par rapport à de la saleté ou à l'hygiène de tout ce qui touche à la nourriture (*nareux*, *néreux***).

Zirou est dérivé du substantif *zire*, « dégoût, répugnance », encore utilisé dans les locutions *faire zire* ou *avoir zire*, soit « faire horreur, répugner » : « J'ai zire de ces gens-là. » ■

Outre-Atlantique, *zire* et ses dérivés sont principalement attestés en Acadie ainsi qu'en Louisiane.

zireux → variante de même sens que *zirou*.

zirable → (*zire* + suffixe *-able*) dérivé qui signifie « dégoûtant, répugnant ». Ex. : *Un plat zirable.* Alors que nous, on préfère les plats désirables !

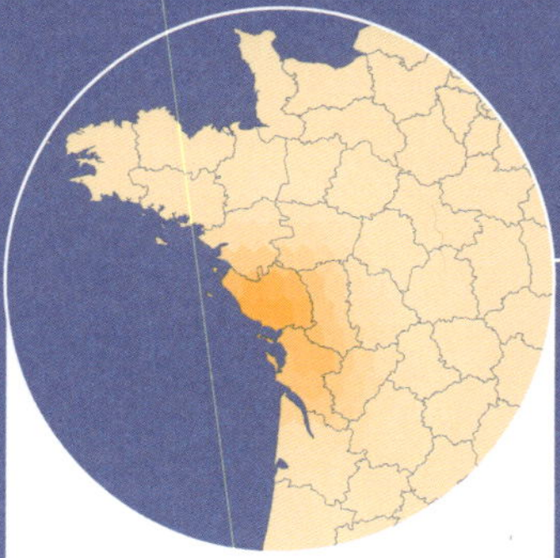

Ça se dit près de chez nous !

En France, l'adjectif *zirou* n'est pas employé en dehors des limites de la région ou l'on arle le dialecte poitevin-saintongeais.

0% 50% 100%

BENAISE

Ça se dit près de chez nous !

En France, l'expression *être benaise* est typique du Grand Ouest !

0% 50% 100%

[Variantes phonétiques et graphiques : *ben aise, benèse, benèze, b'naize, beun'aise*, etc. Outre-Atlantique, *benaise* est principalement attesté en Acadie.]

L'adjectif, dans l'expression *être benaise*, est une variante phonétique du français classique *bien aise*, locution attestée dès 1750 et synonyme de « heureux, content, rassasié ».

Dans une région de l'ouest de la France dont l'épicentre est le Poitou, la locution s'emploie pour exprimer une sensation de satisfaction ou de bien-être, après une activité physique, ou après un repas au cours duquel on a bien mangé et bien bu : « Après le banquet, ils étaient tout bénaises. » ■

TOURTIÈRE

D'après les dictionnaires du français général, *tourtière* désigne un ustensile de cuisine pour faire des tourtes.

Dans l'ouest de la France, *tourtière* désigne également une spécialité culinaire qui consiste en une tourte dont la garniture est composée de viande assaisonnée de différentes épices et typiquement agrémentée de pommes de terre ou de chapelure. Le mot *tourtière*, dérivé sur *tourte*, est attesté depuis la fin du XVIIe siècle dans le Périgord, pour désigner une spécialité sucrée. Il survit d'ailleurs en ce sens dans le sud-ouest de la France, où il prend le sens de « gâteau de pâte feuilletée fine, fourrée avec des morceaux de fruits » (ce qu'on appelle une « tourtière landaise »). On retrouve cette spécialité au Canada, où elle est typique des fêtes de fin d'année. ■

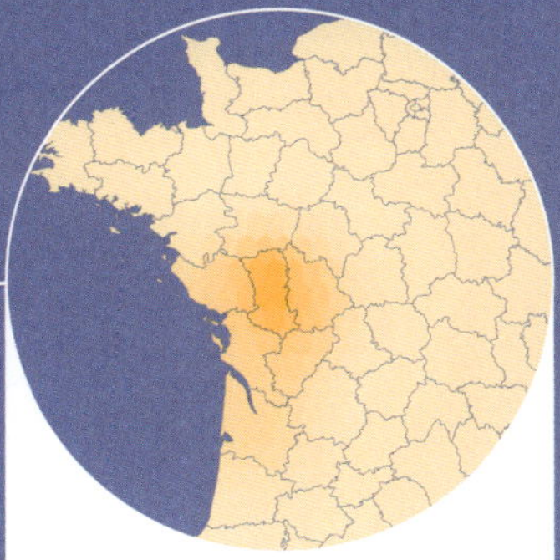

Ça se dit près de chez nous !

Le mot *tourtière* est vieillissant dans le français de l'Ouest. Il survit néanmoins assez bien dans les Deux-Sèvres et sporadiquement dans les départements environnants du Limousin.

0% 50% 100%

ASSEMBLÉE, FRAIRIE, PARDON…

Dans l'ouest de la France, il existe différentes façons de dénommer la fête annuelle que l'on organise à l'occasion de la consécration du saint patron de la ville ou du village. Comme les autres vogue**, ducasse**, messti, kilbe** et fête votive**, ces célébrations peuvent être accompagnées, selon les endroits et les traditions, de processions suivant des parcours déterminés, de foires, de bals et d'attractions foraines.

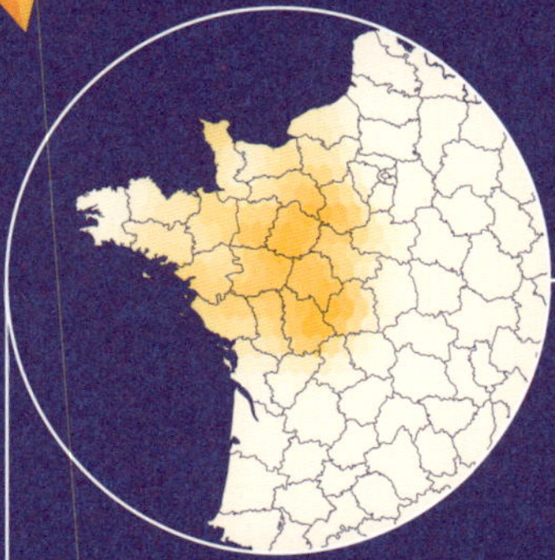

ASSEMBLÉE

Le terme *assemblée* pour désigner la fête annuelle du village s'est implanté dans les parlers gallo-romans de l'Ouest dès le début du XVe siècle. En français régional, il est employé en Touraine, dans le Maine, le Perche, la Beauce, l'Orléanais et le Berry. Son usage est toutefois vieillissant. De plus en plus, il tend à être remplacé dans la bouche des jeunes locaux par des dénominations plus générales comme *fête de village*, *fête locale*, *fête folklorique*, etc. Linguistiquement, il s'agit d'une innovation à partir du français standard *assemblée*, qui désigne le regroupement de plusieurs personnes en un même lieu pour un motif commun. ■

> « Certains jours de l'année, les habitants de la ville et de la campagne se rencontraient à des foires appelées assemblées. »
>
> **François-René de Chateaubriand,** *Mémoires d'outre-tombe*, I, 2, 1848.

FRAIRIE

Le terme *frairie* est employé au sud de l'aire d'*assemblée*, plus exactement dans trois départements : la Haute-Vienne, la Charente et la Charente-Maritime. Comme celui d'*assemblée*, l'usage de *frairie* pour désigner une fête de village est une innovation qui a eu lieu au début du XVe siècle. En français standard, le mot est aujourd'hui vieilli, mais il désignait naguère une joyeuse partie de plaisir de bonne chère : il était donc synonyme de *banquet* ou de *festin*. Le terme reste relativement vivant dans cette région. ■

> « Car, comme si l'on criait tout à coup dans le silence, aux arrêts de votre train, les noms de celles que vous avez aimées ou désirées, on criait Argenton, Saint-Sébastien, Azérables ! Dès le sud de Châteauroux tous les bourgs dont je connaissais seulement par mon père les dates de foires et de frairies […]. »
>
> **Jean Giraudoux,** *Siegfried et le Limousin*, 1922.

PRÉVEIL

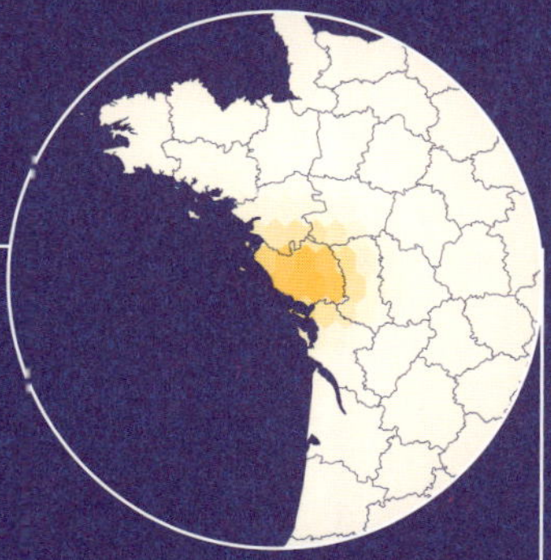

La forme *préveil*, attestée depuis le XVIe siècle, d'abord sous la forme *parveil*, se rattache au français standard *veillée* (« temps qui s'écoule entre le moment du repas du soir et celui du coucher », et qui était consacré à des réunions familiales ou de voisinage, surtout dans les campagnes), la fête étant suivie d'une longue veillée.

En français régional contemporain, le mot *préveil* désigne la fête foraine. Son aire d'extension est relativement locale : on l'entend surtout en Vendée, plus précisément dans la région de La Roche-sur-Yon, où il est encore relativement bien attesté et peu concurrencé par *assemblée* et *frairie*, en usage dans les régions environnantes. ■

« Au grand dam de toutes les autorités ecclésiastiques confondues, la fête religieuse de la Pentecôte est éclipsée à Saint-Nicolas par le Préveil du lundi de La Vive fixé au lundi de la Pentecôte depuis la nuit des temps. »

Yves Viollier,
Les Lilas de mer, 2011.

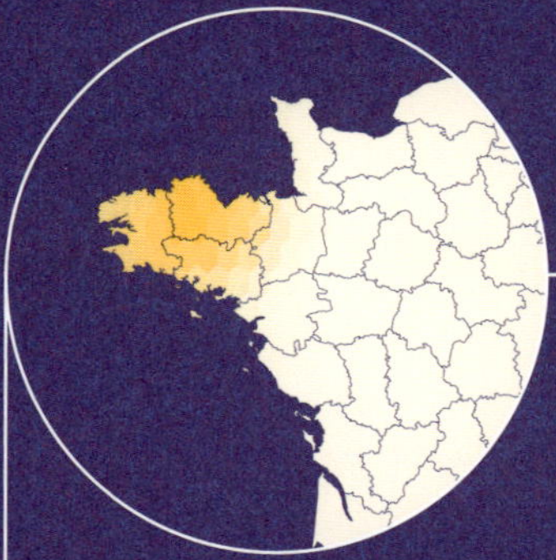

PARDON

Dans le vocabulaire religieux, les « pardons » désignent l'ensemble des indulgences accordées aux fidèles par l'Église. En Bretagne, le pardon est une forme de pèlerinage, organisé en l'honneur d'un saint précis.

Comme lors de la ducasse**, une procession vers un lieu sacré est déterminée, et s'accompagne de diverses activités traditionnelles et folkloriques.

En raison de leur attractivité, les pardons sont souvent liés à une foire, à un fest-noz (soit, mot à mot, « fête de nuit » en breton) ou à un fest-deiz (mot à mot, « fête de jour »).

Les festoù-noz ou festnozoù (pluriels de *fest-noz*) comme les festoù-deiz (pluriel de *fest-deiz*) sont des fêtes créées dans les années 1950, au cours desquelles la population se regroupe pour pratiquer des danses traditionnelles en chaîne ou en ronde. ■

« Suivait une sorte de fest-noz. Ce n'était pas tous les jours qu'on pouvait mettre de la viande fraîche sur une table honnête. Pour célébrer l'événement, on dansait au coude à coude et l'on chantait les gwerziou [chant breton] du pays. »

Charles Le Quintrec,
Une enfance bretonne, 2012.

QUELQUES BRETONNISMES CELTIQUES

Ça se dit près de chez nous !

Quelques cartes des bretonnismes dont l'aire d'extension épouse plus ou moins parfaitement les frontières de la Basse-Bretagne (qui inclut le département du Finistère, ainsi que les moitiés occidentales des Côtes-d'Armor et du Morbihan).

0% 50% 100%

Certains sont employés essentiellement dans le Finistère, par exemple les substantifs *louzhoù* (« herbes, plantes médicinales, médicaments »), *restachoù* (« les bons restes de table ») ou *rigamachoù* (« petits trucs », sans valeur péjorative). La forme *-où* indique un pluriel.

Restachoù

-où indique un pluriel

louzhoù

dreuz

Mais c'est aussi le cas de la tournure *a dreuz*, « de travers », que l'on rencontre sous la forme francisée *à dreuz*, accompagnée de verbes de mouvement, d'état ou de processus : *aller / partir / conduire à dreuz* ; *être à dreuz* (« être à côté de ses pompes ») ; *tourner à dreuz* (« mal tourner dans la vie »).

être à dreuz

Citons également les bretonnismes moins reconnaissables en raison de leur forme phonético-graphique proche de mots français : *cuche* (« queue-de-cheval »), *ribine* (« petite route que l'on prend pour éviter la police »).

ribine

QUELQUES BRETONNISMES ÉTENDUS

Ça se dit près de chez nous !

Cartes des bretonnismes connus dans l'ensemble de la Bretagne, dans les départements du Morbihan, du Finistère et des Côtes-d'Armor, avec des débordements plus ou moins importants dans l'Ille-et-Vilaine et la Loire-Atlantique, voire au-delà.

0% 50% 100%

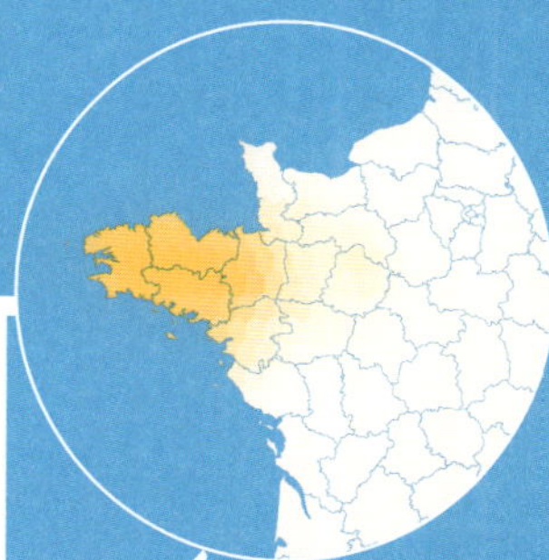

kenavo

Cette deuxième catégorie comprend des mots qui sont passés en français par l'intermédiaire du breton, mais dont les frontières coïncident avec celles de la Bretagne historique, qui inclut donc les terres où la langue substrat n'est pas le breton, mais le gallo. C'est notamment le cas de *kenavo*, une formule de salutation emblématique que l'on emploie pour prendre congé de quelqu'un.

Un autre régionalisme emblématique du français de Bretagne relève du niveau grammatical. Il s'agit de l'emploi de la préposition *avec* (*gant* en breton), qui est employée comme préposition passe-partout, dans des contextes où le français standard utiliserait d'autres mots grammaticaux :

Il a eu de l'argent avec son père.
→ « Il a eu de l'argent de la part de son père. »
J'ai appris la nouvelle avec mon voisin.
→ « J'ai appris la nouvelle de mon voisin. »
Il est fâché avec son meilleur ami.
→ « Il est fâché contre son meilleur ami. »
Il a été mordu avec le chien.
→ « Il a été mordu par le chien. »

avec quelqu'un

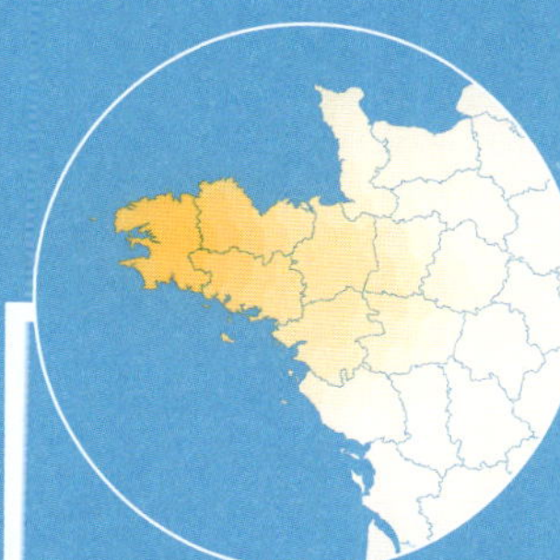

bilig

Un bilig est une sorte de crêpière. *Bilig* est connu un peu partout en Bretagne, mais c'est dans le Finistère qu'il atteint les pourcentages les plus hauts ! Plus on s'éloigne du Finistère, plus les pourcentages sont bas. La forme *billig* (avec deux *l*) est une marque commerciale de la marque Krampouz®, une entreprise localisée dans le Finistère.

Qu'est-ce que tu BOUINES ?

Ça se dit près de chez nous !

Sur le plan géographique, *bouiner* (au sens de « ne rien faire, paresser ») est connu dans une région qui atteint à l'est les portes de l'Île-de-France et, sur le flanc ouest, la Bretagne (à l'exclusion du Finistère), la Basse-Normandie et le Poitou. Sa vitalité est en berne dans les Charentes par rapport au reste de l'aire.

0% 50% 100%

ÉLOGE DE LA PARESSE

Le verbe *bouiner* (variante *bouéner)* est emblématique du français que l'on parle dans le nord-ouest de la France. Sur le plan du sens, le verbe s'utilise pour désigner l'action de faire du mauvais travail ou, par extension, l'action de ne pas faire grand-chose, voire de ne rien faire du tout. Idéal, le canapé, pour bouiner !

La dimension péjorative du terme se retrouve, en français courant, dans certains emplois des verbes *fabriquer, trafiquer* et *bricoler.* S'entendre dire « Qu'est-ce que tu fabriques ? » véhicule l'idée qu'on serait occupé à des choses futiles ou inutiles. Mais qui a dit que la rêverie et la réflexion étaient inutiles ? Depuis l'Antiquité, les philosophes font l'éloge de l'oisiveté. Alors, écoutons-les, et jouissons de ne rien bouiner !

COMMENT EMPLOYER LE VERBE *BOUINER* SANS RIEN BOUINER ?

Le plus souvent, on entend le verbe *bouiner* dans des questions que l'on adresse à des personnes qui sont en train de feignasser :

« J'ai trop bu de vin à midi, du coup j'ai rien bouiné de la journée ! »

« Qu'est-ce que tu bouines sur les réseaux sociaux au lieu de faire tes devoirs ? » ■

BOUINER ET BRICOLER

La notion de bricolage oscille entre considération et déconsidération. Si on voit le bricolage comme une pratique pour amateurs par opposition à une technique professionnelle, il n'en demeure pas moins qu'on célèbre l'ingéniosité de celui ou celle qui sait bricoler. Si la perception qu'on a du bricolage est aujourd'hui très positive, on ressent encore une connotation péjorative dans les divers emplois des noms *bricole, bricolage* et du verbe *bricoler*. À commencer par le constat que « ça fait un peu bricolé… ». Dans ce cas, on note que le travail effectué n'est pas très propre, pas bien fini. En outre, une bricole est souvent perçue comme une chose insignifiante qu'on ne prend même pas la peine de nommer. On va donc dire qu'on termine « quelques bricoles » sans préciser de quoi il s'agit. De même, lorsqu'on dit qu'on a « bricolé par-ci, par-là » on passe un peu vite sur le fait qu'on a fait tout plein de choses dans sa vie : petits métiers et besognes. Une dernière nuance assez péjorative indique que les arrangements sont opérés dans un but de falsification. Quand on bricole le moteur d'un scooter, c'est souvent pour le débrider et, malgré le poids de tous ces regards de jugement dans la langue, il faut avouer que tout cela est bien futé !

bouéner

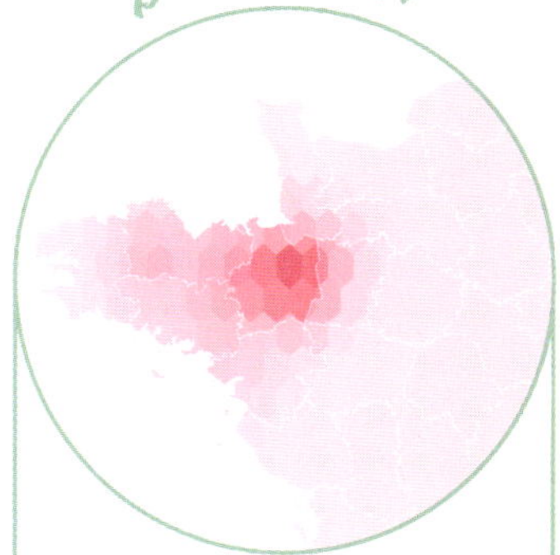

Ça se dit près de chez nous !

Bouéner est beaucoup plus local que *bouiner*. Il est surtout employé dans le département de l'Ille-et-Vilaine.

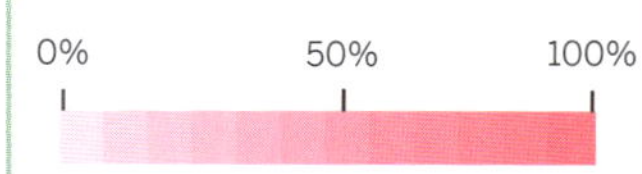

« Un bricoleur est rarement indemne de poésie. La France entière est bricoleuse. […] Si je fais le portrait du bricoleur type, je fais celui du Français. »

Colette,
De ma fenêtre,
19 décembre 1940.

« LE TRAVAIL C'EST LA SANTÉ, RIEN FAIRE C'EST LA CONSERVER ! »

En Basse-Bretagne, les dérivés *bouinoux* et *bouénoux* (le suffixe *-oux* correspond en gallo au suffixe *-eux* du français standard, on le retrouve dans *jailloux*[**]) ont désigné des ouvriers, mais sont désormais employés uniquement comme des adjectifs péjoratifs pour désigner des personnes fainéantes ou qui travaillent mal. Fâcheuse opinion que celle des patrons qui trouvent que leurs ouvriers ou leurs employés n'en font jamais assez…

TANCARVILLE® OU TANCARVILLE ?

Ça se dit près de chez nous !

Sur le plan géographique, le mot *tancarville* est surtout utilisé dans le nord-ouest de l'Hexagone, dans une région qui comprend les Pays de la Loire, la Bretagne, la Normandie et le Pas-de-Calais, mais qui contourne bizarrement l'Île-de-France. Les nombreuses zones de couleur neutre laissent toutefois deviner qu'ailleurs on utilise également le mot *tancarville* pour désigner un étendoir.

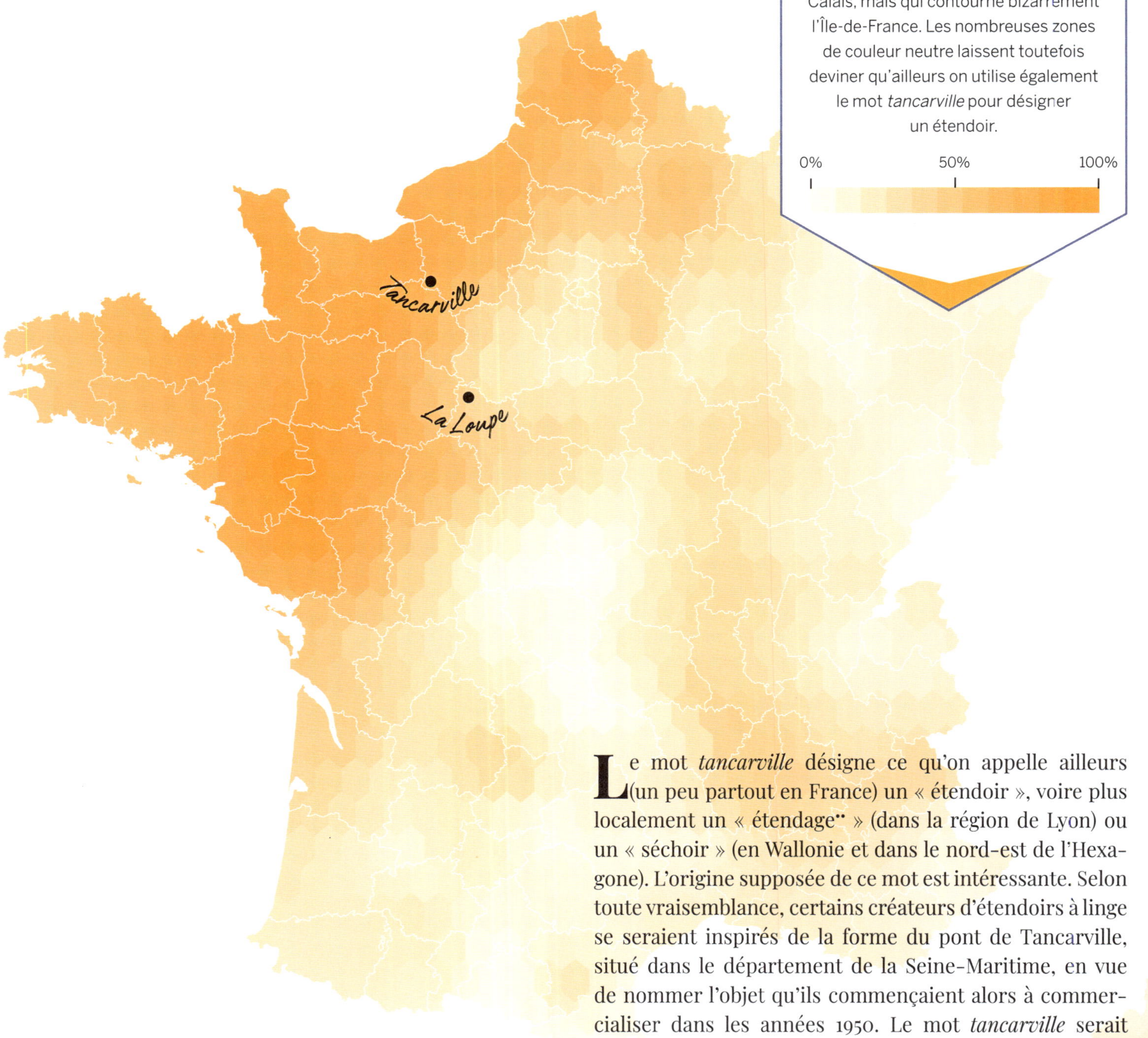

Le mot *tancarville* désigne ce qu'on appelle ailleurs (un peu partout en France) un « étendoir », voire plus localement un « étendage** » (dans la région de Lyon) ou un « séchoir » (en Wallonie et dans le nord-est de l'Hexagone). L'origine supposée de ce mot est intéressante. Selon toute vraisemblance, certains créateurs d'étendoirs à linge se seraient inspirés de la forme du pont de Tancarville, situé dans le département de la Seine-Maritime, en vue de nommer l'objet qu'ils commençaient alors à commercialiser dans les années 1950. Le mot *tancarville* serait ainsi passé dans le langage commun par antonomase*. Aujourd'hui, beaucoup de gens utilisent le mot *tancarville* (ou sa variante apocopée *tancar*) sans savoir que le choix de ce mot est à mettre en relation avec la forme du pont de la ville éponyme !

DRÔLE DE DESTIN !

Le nom de marque Tancarville® a été déposé pour la première fois par la société Dupré en 1963, peu de temps après l'inauguration du pont de Tancarville en 1959. La société était localisée à… Saint-Étienne, dans le centre de la France ! Son logo arborait le nom de Tancarville, suivi du slogan « Le vrai Tancarville. Tant qu'il y aura du linge ». Vingt ans plus tard, la marque disparaît des radars, jusqu'à retomber dans le domaine public en 2015. Elle est alors rachetée en 2016 par la société Herby, située à La Loupe, en Eure-et-Loir (voir la flèche de localisation bleue sur la carte), qui fabrique des étendoirs en acier depuis 1952. La marque décide de donner un coup de jeune à ce produit culte en en renouvelant le design. En 2018, elle indiquait en avoir déjà vendu plus de 20 000 !

POURQUOI AUTANT DE COMMUNES FINISSENT PAR *-VILLE* EN NORMANDIE ?

Si le suffixe *-ville* vient du latin *villa* (« domaine rural », devenu *vile* en ancien français, d'où le dérivé *vilain*, qui désignait un paysan libre à l'époque médiévale, et qui s'opposait à *serf*). Son usage pour désigner des noms de lieux est beaucoup plus récent à l'échelle de l'histoire de la France. L'attestation la plus ancienne remonte au VIIIe siècle, on la trouve sous la forme *Bodardi villa* (« domaine rural de Bodard », anthroponyme d'origine germanique qu'on retrouve dans les patronymes Bouard et Buard) qui est devenu Bourville (Seine-Maritime) en français moderne. ■

ANTONOMASE

À l'origine, l'**antonomase** est une figure de style qui consiste à désigner un personnage par un nom commun ou une périphrase qui en résume le caractère, ou, inversement, à désigner un individu par le personnage dont il rappelle le caractère typique. En lexicologie, on parle d'antonomase quand un nom propre devient un nom commun. Les « sopalin », « frigidaire », « post-it » ou encore « kleenex » sont des noms de marques qui sont passés dans le langage courant et ne désignent plus les objets d'une certaine marque, mais l'objet tout court (on ne les écrit plus avec des majuscules).

-ville

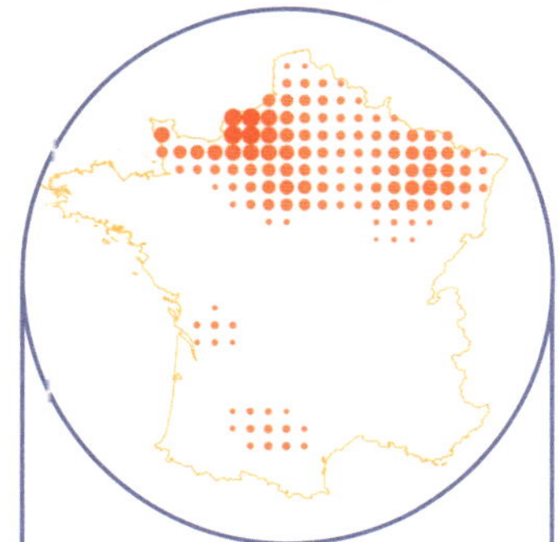

Tancarville, *Deauville*, Trouville, *Sannerville*, etc. Tous ces toponymes renvoient à des localités normandes, où près de 20 % des noms de lieux présentent un suffixe *–ville* ! Comme le montre la densité des toponymes en *–ville*, est bien plus élevée que dans le reste de la partie septentrionale de la France, que ce soit dans le Perche, la Beauce, la Champagne ou la Lorraine !

« Une carte postale d'année dernière
Où tu cours pieds nus vers la mer
On regardait passer les voiliers
On s'était à peine embrassé
À l'ombre des maisons de pierre
Blondes en été, rousses en hiver
J'étais amoureux de la pluie
Et amoureux de toi aussi

Deauville, Niémen, Normandie
Deauville, je n' t'ai pas tout dit
Deauville, sans toi aujourd'hui
Deauville, comment vivre ici ?

Avec les marées qui reviennent
Comme un Beatles à Penny Lane
Avec des vagues de solitude
Et ce chagrin qui vient du sud
Je voudrais nous revoir ensemble
Avant l'orage, avant septembre
J'étais amoureux de la pluie
Et amoureux de toi aussi »

C. Jérôme,
Deauville, 1991.

GREC OU KEBAB ?

Ça se dit près de chez nous !

Cette carte montre le réseau en étoile de Legrand, du nom de l'ingénieur qui, le premier, imagina le tracé des voies ferrées le premier en France au XIXe siècle. Près de deux siècles plus tard, le rôle de Paris comme centre de l'étoile est resté relativement stable, même si, depuis, des lignes internes ont été créées en province.

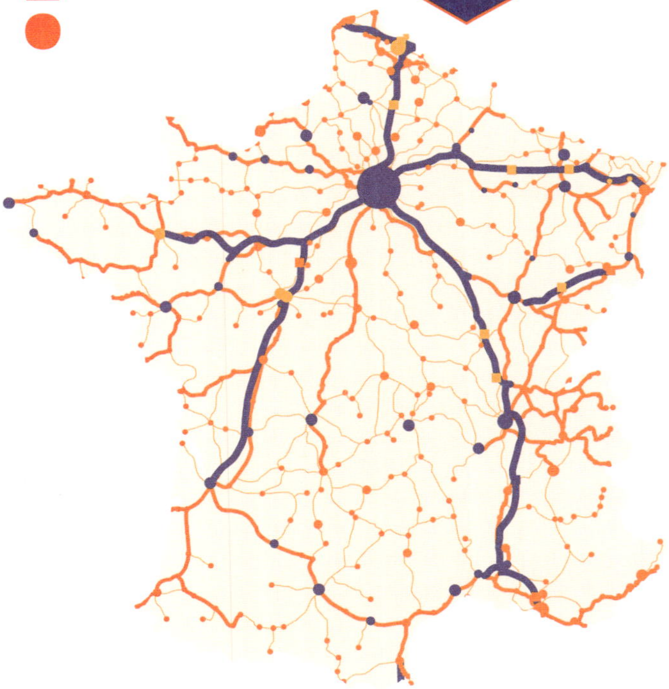

À l'échelle de la francophonie mondiale et plus spécifiquement de la francophonie d'Europe, Paris et l'Île-de-France jouent le rôle de « centre » sur les plans politique et économique, mais aussi culturel. De fait, le français qu'on y parle est la variété dont les caractéristiques sont les plus massivement diffusées, non seulement car les médias nationaux – télévision, radio et désormais Internet – y ont leur siège, mais aussi parce que les principaux déplacements de la population française impliquent la capitale.

Bon nombre des nouveaux mots qu'enregistrent chaque année les dictionnaires sont nés sous le clavier de journalistes parisiens, ou alors sortis des applis de téléphones de jeunes de l'Île-de-France. Et on le comprend facilement : ce sont les innovations de ces catégories de personnes qui se diffusent le plus efficacement dans le français standard !

Signalons toutefois que certaines innovations peuvent mettre du temps à gagner la province, surtout si le mot nouveau désigne quelque chose qui dispose déjà d'une appellation installée. À ce propos, l'étude de l'histoire et de la géographie du mot *grec*, au sens de « sandwich à la viande », connu plutôt en province sous le nom de « kebab » (ou *döner* ou *dürüm*) est instructive.

UN GREC À PARIS

Le kebab, un sandwich à base de viande grillée, a été inventé à Berlin, par l'immigré turc Mehmet Aygün, dans les années 1970.

Quand le kebab s'exporte outre-Rhin, dans les années 1980, il est principalement vendu par la vitrine ouverte des restaurateurs grecs du Quartier latin (rue de la Huchette et rue Mouffetard), dans le 5e arrondissement de Paris, un quartier prisé des étudiants et des touristes. Par métonymie (la partie désigne le tout), on prend alors l'habitude d'appeler « sandwich grec » ce casse-croûte, puis « grec » (tout court). Par la suite, lorsque les kebabs germano-turcs proprement dits firent leur apparition dans toute la région parisienne dans les années 1990, majoritairement tenus par des Maghrébins, le terme *grec* subsista alors dans le français des consommateurs de kebabs.

Partout ailleurs en province, le terme *kebab* s'est installé en même temps que le sandwich gagnait en popularité. ■

DÖNER, DÜRÜM

Dans cette histoire, l'Alsace et la Moselle, régions adossées à l'Allemagne, font bande à part, puisque c'est le terme *döner*, raccourci de *döner kebab*, tournure turque que l'on peut traduire par « grillade tournante », qui est aujourd'hui le plus répandu. En Belgique, le sandwich, qui prend le nom de « dürüm », est préférentiellement réalisé à partir d'une galette et non de pain. Le mot *dürüm* est également un mot d'origine turque (il signifie « enroulade ») et désigne une préparation enroulée dans une galette turque. C'est donc une différence non pas linguistique qui oppose les Belges et les Français, mais une différence d'objet.

ÉTYMOLOGIE

Le mot *kebab* est un emprunt à l'arabe بابک, *kabāb*, qui signifie littéralement « viande grillée, grillade » et qui désigne, dans les pays orientaux, différents plats réalisés à partir de cette viande. Le processus de cuisson à la broche est né en Turquie au XVe siècle. Rappelons qu'en français le mot *kebab* renvoie non seulement à la viande, mais aussi au sandwich et au restaurant où on le sert.

بابک
kabāb
« viande grillée »

LE SAVIEZ-VOUS ?

En Grèce, on ne dit pas *kebab* mais *pita gyros* (avec *pita*, « pain sous forme de galette », et *gyros*, « tournant »).

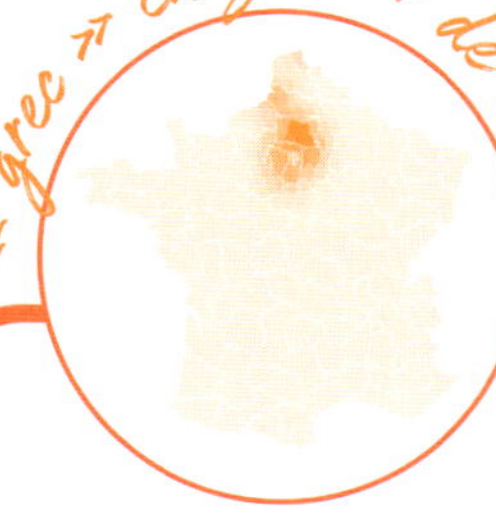

BRAS DE FER

Aujourd'hui, l'aire et la vitalité du terme *grec* pour désigner un sandwich à la viande cuite à la broche varient significativement en fonction de l'âge des locuteurs. Ailleurs en France, rares sont les locuteurs de plus de 40 ans qui utilisent le terme *grec* (ils préfèrent *kebab*) alors que ce dernier se répand de plus en plus largement chez les moins de 25 ans. En Île-de-France, le terme *grec* est peu concurrencé par *kebab*.

Nous verrons dans dix ans comment la situation aura évolué ! Il y a fort à parier que *kebab* est voué à être remplacé ailleurs en France par le mot *grec*...

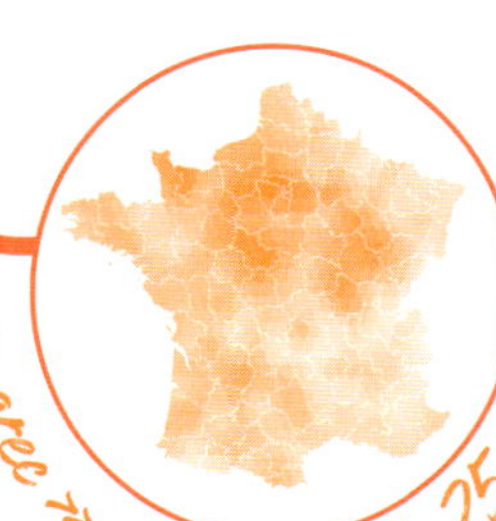

PARIS ET SES BANLIEUES : L'ODEUR DU BITUME

T'AS VU COMMENT QU'I M'CAUSE ?

Vous avez aimé les films d'Audiard et les bouquins de Simonin ? Pour vous, la jactance des titis parisiens et l'accent d'Arletty sont une seconde nature. Cependant, vous conviendrez que le parler parisien qu'on identifiait sans peine il y a quelques décennies est aujourd'hui plus difficile à localiser. Et pour cause, à Paris se rencontrent des locuteurs issus des six coins de l'Hexagone et du monde entier : tout arrive très vite et s'exporte à la même vitesse. Le français employé à Paris se diffuse beaucoup trop rapidement pour avoir le temps de se régionaliser.

Y A PLUS DE SAISONS, MA BONNE DAME !

Il y a cependant ces parlers des « jeunes », ou bien des « banlieues », « cités », « quartiers » : on ne sait presque plus de quel bitume on cause ! Dans le jargon, on les nomme notamment « sociolectes* » et force est de constater qu'ils font la richesse et le panache de la création verbale d'Île-de-France. Vous avez sans doute déjà entendu dire – ou dit vous-même : « Les jeunes ne savent plus parler ! Ils massacrent notre langue ! » Manque de pot, en Île-de-France, les seuls phénomènes linguistiques s'apparentant à des usages « régionaux » nous viennent de ces fameux « jeunes » qui, n'en déplaise aux râleurs, enrichissent la langue !

LE RAP FRANÇAIS : LABORATOIRE, ARCHIVE ET VÉHICULE

Ces parlers voyagent vite en France et, pour certains emplois, dans toute la francophonie. Le rap est un véhicule musical sans pareil. Il a en outre la vertu d'inscrire ces faits de langue et d'en proposer de nouveaux. Mais le rap n'a pas qu'une fonction de diffusion : il permet aussi d'estampiller ces mots et de les rattacher à leur région ou ville d'origine car les artistes de rap valorisent et revendiquent l'ancrage géographique de leur langue. Ainsi, ces parlers restent très marqués par leur lieu de naissance bien qu'ils se dérégionalisent à grande vitesse.

* SOCIOLECTE : DES LIEUX ET DES MILIEUX

Un **sociolecte** est un usage langagier spécifique d'un groupe social (le français des bobos, le français des banlieues, le français des immigrés italiens, etc.), et ce peu importe la région d'où ce groupe est originaire (il existe des bobos, des banlieues et des immigrés dans tous les coins de la France). Néanmoins, il faut bien célébrer des lieux puisque certaines villes autour de Paris, comme Montreuil ou Grigny pour n'en citer que deux, sont de véritables laboratoires de création !

UNE HISTOIRE D'AMOUR ET DE TERRITOIRE

Ces parlers font la part belle aux quartiers d'origine des locutrices et locuteurs. Cette histoire d'amour qui se tisse entre les habitants et leur lieu de vie rejaillit dans le vocabulaire qui se déploie autour de l'idée du territoire. Pour ces lieux-là, on écrit des chansons qui expriment l'amour et la fierté, mais on est aussi prêt à se battre pour les faire respecter.

QUARTIER

Le mot *quartier* désigne le quart de ville, du temps où l'on découpait les villes en quatre ! *Quartier* désigne, en français, le lieu et, par métonymie, les bâtiments qui en dessinent le relief et les humains qui le peuplent.

TIÉQUAR, TIEKSON, TIEKS

Le mot *tiéquar*, ou *tiékar*, et ses dérivés se sont formés grâce à un procédé ancien : le verlan*. *Quartier* devient *tiéquar*. Un phénomène assez courant se produit ensuite : on parle d'apocope qui renvoie au fait de couper la fin d'un mot. De *tiéquar* on passe à *tièk* et ce n'est toujours pas fini : un petit suffixe vient se greffer à notre affaire : *tiekson*. Vous pensiez qu'on était arrivé ? Toujours pas. Une deuxième apocope pour la route : on raccourcit *tiekson* qui devient *tieks*.

Si cela vous paraît compliqué, rassurez-vous, vous pouvez les employer quel que soit leur degré d'évolution. Seront donc admis : *tiéquar*, *tiekson* et *tieks*.

Le suffixe argotique *-son* est d'origine inconnue. Nous aimons croire que si ce petit suffixe a été apposé au tiek, c'est pour dire l'amour, l'appartenance et la possession. C'est *son* quartier à soi que l'on désigne ainsi. Le tiekson, c'est là où on est né, là que l'on a grandi. Mais c'est aussi l'endroit que l'on a choisi.

DE LA TERRE NATALE AU TER-TER

On parle aussi de « ter-ter » pour désigner son quartier. Comme *tiekson*, le mot *ter-ter* résulte d'une série de procédés de création lexicale : la queue de *territoire* est retranchée du fait d'une apocope, puis la syllabe restante, *ter*, est redoublée : *territoire* » *ter* » *ter-ter*.

Dans *ter-ter*, il y a cette fameuse « terre », celle du « territoire », du « terroir », de la « terrine »... Le ter-ter, c'est la terre-mère et la terre-père, autrement dit « la patrie », celle des origines et, parfois, la terre d'élection. Ce terme dit bien l'attachement, la revendication et la recherche d'une sédentarité. Dans le territoire (ou ter-ter), on retrouve aussi la notion d'espace, de limites à ne pas franchir sous peine d'en être évincé. ■

LE SON DU TIEKSON

Le mot *son* renvoie non seulement au possessif, mais également à la musique. On peut dire « écouter du bon son » pour signifier qu'on est en train d'écouter de la bonne musique. Il se trouve que le son du tiekson, c'est ce rap qui revendique l'appartenance à un lieu et à son milieu !

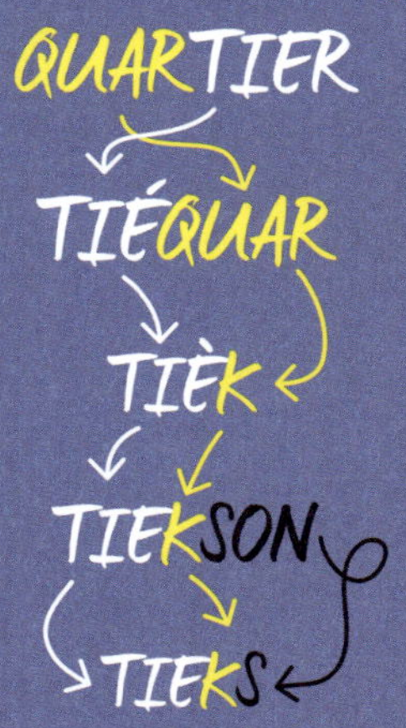

**« C'est la joie,
la mélancolie,
la folie du ter-ter
Crapuleux, dans le bolide
ça parle de te faire faire
Ça veut la money,
les marrons, les violets
et les verts clairs
J'veux pas la guerre
mais attention si tu parles
de mère, père. »**

JuL feat. La Famax,
« La folie du ter ter »,
Rien 100 rien, 2019.

*** L'ENVERS DU VERLAN**

Le verlan est un procédé de langage qui consiste à inverser l'ordre des syllabes d'un mot ou d'une expression pour créer une forme nouvelle. Le procédé est plus complexe qu'il n'y paraît car il ne s'attaque pas qu'aux mots simples de deux syllabes... Le mot *verlan* est lui-même du verlan puisqu'il est issu de la locution *(à) l'envers* → *vers-l'en* → *verlan*. Les premiers exemples sont très anciens puisqu'on en trouve au XVIe siècle : pour parler de la dynastie des Bourbons fondée par Henri IV, on entend la forme *Bonbour* !
Il faut néanmoins attendre les années 1970 pour que cela devienne une mécanique courante, notamment grâce au chanteur et parolier Renaud qui a popularisé une expression de verlan qui a marqué sa génération : « laisse béton » pour « laisse tomber ». Dans les années 1990, le rap s'est emparé du verlan et l'a fait décoller !

(À l'oreille, on se demande si ce pourrait être « si tu parles de mes repères » et, in fine, c'est à peu près pareil...)

LES 4 COINS DU MONDE AUX PORTES DE PARIS

Les parlers des rues d'Île-de-France se composent de mots qui plongent leurs racines dans la longue histoire du français, comme *daron*, « parent », *condé*, « flic », ou *baltringue*, « mauviette »... Certains mots, certaines expressions sont issus de langues et de dialectes du monde entier : l'arabe, le romani, le nouchi, l'anglais, etc. Certains mots sont créés de toutes pièces, d'autres sont transformés : tronqués, suffixés, leurs syllabes sont inversées (verlan), les formes grammaticales se retrouvent bousculées. ■

L'ARABE

SEUM

Ceux qui ont le seum ont la rage, les boules : dépit, déception et courroux sont les ingrédients essentiels à l'élaboration de cet état d'âme. Le fait d'avoir le seum s'accompagne souvent d'un intensif. On dira alors : « j'ai trop le seum » ou « ça me fout grave le seum ». Le mot est un emprunt à l'arabe *sèm*, qui signifie « poison, venin » et, au figuré, « jalousie ». L'image du poison est forte puisqu'elle évoque une substance qui s'infiltre et coule dans les veines presque à notre insu. En outre, le seum devient un paradis artificiel puisque le mot désigne aussi un type de haschisch qui serait plus puissant que la résine de cannabis classique. Le mal et son remède sont contenus en un seul terme.

KIF

Aujourd'hui, si l'on emploie le verbe *kiffer*, ou son substantif *kif*, c'est en raison du haschisch. Mais pourquoi le haschisch se nomme-t-il *kif* ? Parce qu'en arabe *kef* décrit un « état de béatitude » comparable à celui dans lequel peut mettre la drogue. Ce mot correspond au turc *kief* « repos absolu ». Si on emploie couramment dans la langue de la rue les mots *kif* et *kiffer* depuis les années 1990, notez pourtant que le mot a prospéré en France dès la seconde moitié du XVIIe siècle sous la graphie *kief*. Employé dans un contexte littéraire et importé par des voyageurs, il évoque la sieste postprandiale et l'esprit embrumé dans les limbes des paradis artificiels. Aujourd'hui, on n'a pas besoin d'un joint pour kiffer. Le mot renvoie à toute forme de plaisir avouable ou inavouable. Quand on *se fait un kif*, c'est un moment de plaisir inouï. ■

« Ce que les Orientaux appellent le *Kief* : c'est le bonheur absolu. Ce n'est plus quelque chose de tourbillonnant et de tumultueux. C'est une béatitude calme et immobile. Tous les problèmes philosophiques sont résolus. »

Charles Baudelaire,
Les Paradis artificiels, 1860.

D'AUTRES EMPRUNTS À L'ARABE ?

Vous trouverez ***miskine*****. Mais on pourrait aussi vous parler du ***zbeul***, qui désigne le désordre, de la ***hess***, la misère, la crise, ou encore du ***srab***, qui est l'ami, le « presque-frère » ...

LE NOUCHI

S'AMBIANCER

En français d'Afrique et en nouchi*, le nom *ambiance* désigne une fête dansante. Depuis les années 1970, le verbe *ambiancer* s'emploie couramment dans un contexte festif et, par extension, sexuel. En somme, les *ambianceurs* sont des chauffeurs de corps ou de salle. Le mot commence à être employé en français de France dans les années 2000 et sa signification peut s'étendre à d'autres domaines. En effet, le mot peut également comporter l'idée de persuader quelqu'un de faire quelque chose qu'il n'a pas vraiment envie de faire. Néanmoins, dans un contexte festif, le mot est parfaitement inoffensif et il ne faut pas hésiter à se laisser ambiancer. Dans le pire des cas, on passera une bonne soirée !

ENJAILLER

L'atmosphère reste à la fête avec *enjailler*, qui est très proche d'*ambiancer*. S'enjailler, c'est se faire plaisir, s'amuser. Ici, le nouchi est allé puiser très loin, dans les racines latines de la joie. Tout d'abord, ce joli *-jaille* nous vient tout droit de l'anglais *enjoy*. Mais ce n'est pas fini car l'anglais *enjoy*, lui, vient du français *en joie*. La préposition *en*, qui devient préfixe dans *enjailler*, renvoie au latin *in*, « dans, à l'intérieur ». Il y a donc dans le verbe *enjailler* l'idée de mettre quelqu'un dans la joie. Il ne reste plus qu'à remonter aux racines du mot *joie* dans le latin *gaudere* qui a également donné le français *jouir*... ■

*** QU'EST-CE QUE LE NOUCHI ?**

Ambiancer vient du nouchi, langue hybride parlée en Côte d'Ivoire par la jeunesse urbanisée, en particulier celle d'Abidjan. Cette langue est un beau mélange de langues africaines, comme le baoulé ou le dioula, de français et d'anglais. En dioula, *nouchi* signifie « poil de nez » : *nou*, « nez », et *chi*, « poil », c'est-à-dire moustache...

ÇA PÉNAVE EN ROMANI

BICRAVE

La plupart des mots d'argot qui ont une terminaison en *-ave* viennent du romani. Le mot *bicrave*, par exemple, est un verbe, *vendre*, ou un nom, *la vente*. Il vient de l'argot d'une partie de la région parisienne depuis quelques dizaines d'années et il est en train de passer en français. *Bicrave* désigne, en règle générale, la vente de drogue : le business du bitume...

Et pas n'importe quel bitume puisque le mot a fait son apparition dans les villes où les Roms se sont implantés. L'Est parisien et la ville de Montreuil ont vu s'épanouir un argot franco-romani qui mélange les origines et les formes grammaticales des deux langues.

La terminaison *-ave* est une terminaison romani (première personne du singulier au présent). On dira : « Je bicrave, tu bicraves ». Plus rares sont les formes *nous bicravons* et *vous bicravez*, mais rien n'est impossible !

Bicrave est un mot aux origines très anciennes avec une racine indo-aryenne dont on peut retracer les origines entre 1 500 et 300 ans avant notre ère ! Cette racine, **vi-kri*, signifiait déjà « vendre ». On entend qu'elle est très proche du mot actuel : *bikin-* en romani, puis *bikinav*, *bicrave* : « je vends ». ■

D'AUTRES MOTS EN ROMANI ?

Pénave, « parler », *bouillave*, « faire l'amour », *marave*, « battre, tuer », *nachave*, « décamper, se tirer ». Mais attention, tous les verbes en *-ave* ne sont pas authentiques ! On peut très bien ajouter un suffixe pour créer un style romani ! Ne vous laissez pas berner... Par ailleurs, ces mots comme *vago*, *gova* en verlan, « voiture », ou *narvalo*, « mec, idiot », viennent aussi du romani.

BIENVENUE CHEZ

> « "Charpin, ça n'a pas l'air d'aller fort", dit Moûlu au ch'timi. Le ch'timi le regarde : "Eh ?" "Je dis : Charpin, ton copain, ça ne va pas fort" le ch'timi rit, ses dents sont blanches : "Il a toujours été particulier." »
>
> **Jean-Paul Sartre,** *La Mort dans l'âme*, 1949.

LES DIALECTES DU NORD

Le picard est le nom que l'on donne à une famille de dialectes d'oïl parlés dans la plupart des départements qui constituent l'actuelle région Hauts-de-France, ainsi qu'à l'ouest de la Wallonie, dans la province du Hainaut. Dans le sud de l'Oise, les parlers dialectaux se rattachent au français. Dans le sud de la Somme, l'aire dialectale est celle du champenois. Dans une toute petite partie du département du Nord, dans la région de Dunkerque, le parler ancestral se rattache à la famille germanique : il s'agit en effet d'une aire flamande (L'histoire du français p. 220).

On appelle parfois « Ch'timi » ou « Ch'ti » – aussi «Chtimi » ou « Chti » – le picard, et, par extension, les habitants de cette région linguistique.

DES GARS DE CH'NORD

L'origine du mot *picard* est facile à restituer : le mot vient du nom que l'on donne depuis le Moyen Âge à cette région du nord de l'actuelle France, la Picardie. *Picardus* était déjà utilisé en latin comme patronyme. Mais l'origine de *chtimi* est beaucoup plus obscure... Le terme est relativement récent. Il est attesté à partir de 1915 sous diverses formes : *timi, s'timi, chetimi, ch'ti mie, chtimis,* etc., et gagne ses lettres de noblesse quelques années plus tard, grâce au personnage de Broucke, « le gars de ch'Nord, ch'timi aux yeux d'enfant », héros du roman de Roland Dorgelès intitulé *Les Croix de bois.*

L'hypothèse la plus vraisemblable est que le terme serait né dans la bouche des poilus des tranchées et qu'il résulterait de la juxtaposition de mots typiques des parlers du Nord :

- *ch' :* « le », dans les parlers picards, l'article défini *le* étant régulièrement remplacé par l'équivalent de *ce,* prononcé [che]
- *ti :* « toi »
- *mi :* « moi »

C'est donc un sobriquet qui reprend les principaux traits phonétiques et grammaticaux du picard assemblés pour désigner leurs utilisateurs. ■

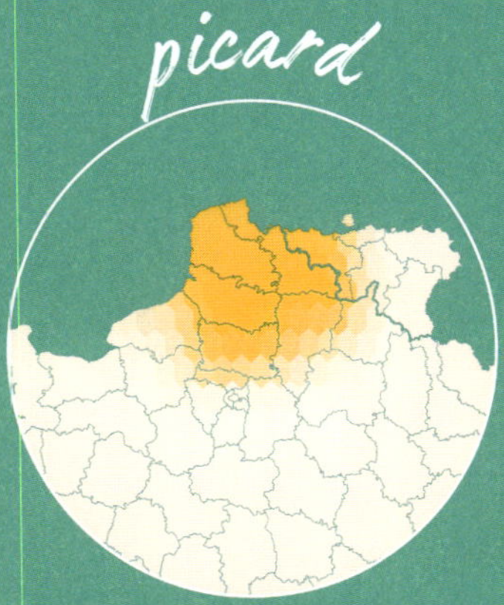

LES CH'TIS

HÉ, BILOUTE, T'ES D'MIN COIN ?

Beaucoup de régionalismes emblématiques de la région où l'on parle des dialectes picards sont connus de la plupart des francophones. Dans le film *Bienvenue chez les Ch'tis*, Dany Boon et sa bande ont contribué à mettre bon nombre de ces mots sous les feux des projecteurs, à l'instar du désormais incontournable *biloute*.

UN MEMBRE PICARD ET... VIRIL

Au sens premier, *biloute* est synonyme de « copain, gars, ami », et s'utilise pour interpeller une personne de sexe masculin ou de sexe féminin : « Ça va, biloute ? », « Alors, biloute, tu viens ? » Mais il permet aussi de désigner le membre viril, notamment d'un petit garçon. Il est alors synonyme de « petite quéquette », comme l'explique bien Dany Boon dans le film *Bienvenue chez les Ch'tis*, où *biloute* revient comme un leitmotiv.

Biloute est à rapprocher de l'argot *biroute*, d'origine picarde lui aussi, qui désigne une version « adulte » du membre viril !

IN A MARCHÉ SUR CH'TERRIL

« Biloute » est le nom d'un personnage d'une bande dessinée d'Olier. Les aventures de ce Tintin à la française se déroulent dans le Nord (ou plutôt devrait-on dire « din ch'Nord »), et permettent de mieux connaître les particularités linguistiques et culturelles de cette partie de la France. Dans le premier volume, *In a marché sur ch'terril* – un clin d'œil à l'album d'Hergé *On a marché sur la Lune* –, l'aventure se déroule sur un terril. Les terrils (prononcer [terri]) sont des collines artificielles résultant de l'accumulation de résidus miniers.

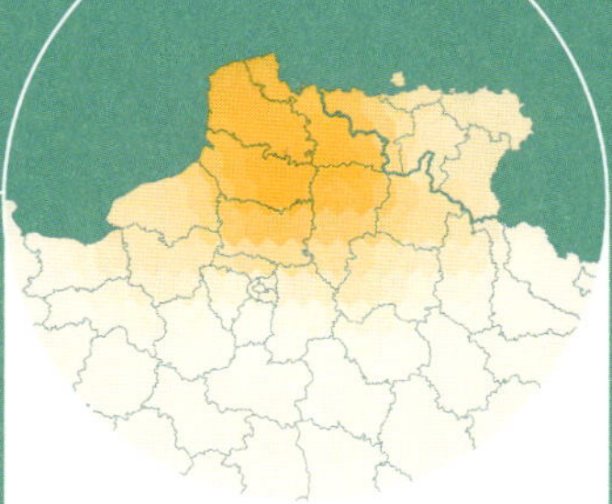

Ça se dit près de chez nous !

Biloute, au sens de « ami, copain », est un mot picard emblématique qui commence à être connu et employé bien au-delà de sa région d'origine !

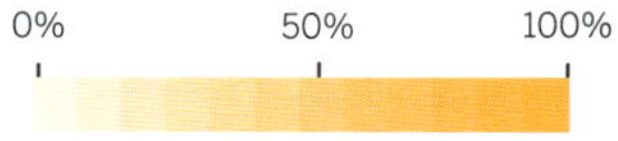

l'DRACHE toudi din ch'nord !

Ça se dit près de chez nous !

Très fréquent en Wallonie et dans les départements de France qui s'agencent le long de la frontière franco-belge, le mot *drache*, au sens de « averse violente et soudaine », commence à être connu un peu partout en France.

0% 50% 100%

Le mot *drache*, qui désigne une averse de pluie soudaine et intense, est l'un des régionalismes les plus emblématiques du français que l'on parle dans le Nord-Pas-de-Calais et en Wallonie (*rabasse*··, *renâpée* ··).

Depuis quelques années, comme on peut le voir sur les réseaux sociaux, et on le constate aussi sur la carte ci-contre, le mot *drache* est employé par des internautes qui ne sont pas originaires du nord de la francophonie d'Europe. Mais d'où vient ce soudain succès ?

L'hypothèse la plus probable pour expliquer cette dérégionalisation est que le français standard ne permet pas d'exprimer de façon simple et brève (c'est-à-dire en un seul mot) ce phénomène atmosphérique si emblématique du nord de la francophonie d'Europe.

MAIS D'OÙ ÇA TOMBE ?

Étymologiquement, le mot *drache* est dérivé du verbe *dracher*, « pleuvoir à verse », lui-même emprunté au néerlandais *draschen*, de même sens.

Il est aussi employé dans les parlers wallons et picards : *I drache toudis ichi éddin, in n'incachrot nin un kien à l'cour* : « Il pleut tout le temps ici, on n'enfermerait pas un chien dans la cour. » En d'autres termes : Quel temps de chien !

Le mot *drache* est utilisé dans le nom de nombreux sites Internet, marques de bière, restaurants. On le retrouve aussi dans des phrases écrites en picard sur des coques de téléphone ou des t-shirts : *I' drache toudi din ch'nord !* : « Il drache tout le temps dans le Nord ! »

La diffusion de films et de produits mettant en avant le patrimoine local a permis à l'ensemble de la francophonie d'Europe de connaître le mot, qui est venu combler une lacune lexicale.

EN BELGIQUE : DE LA PLUIE ET DE LA BIÈRE

En Belgique, il pleut si fréquemment le jour de la fête nationale (le 21 juillet) qu'il existe une expression consacrée pour dénommer ce phénomène atmosphérique : la « drache nationale ».
En Belgique toujours, une drache désigne aussi, par métaphore avec l'arrosage, une tournée générale : « Remets une drache pour la 15 ! »

Draschen
« pleuvoir à verse »

DRACHE

« Après la canicule la première année, la drache nationale en 2019, c'est donc un virus qui vient annihiler tous les efforts pour cette troisième édition. »

***L'Avenir.net*, au sujet des Féeries de Belœil,** dans la province du Hainaut en Belgique, 20 mai 2020.

à dique et daque

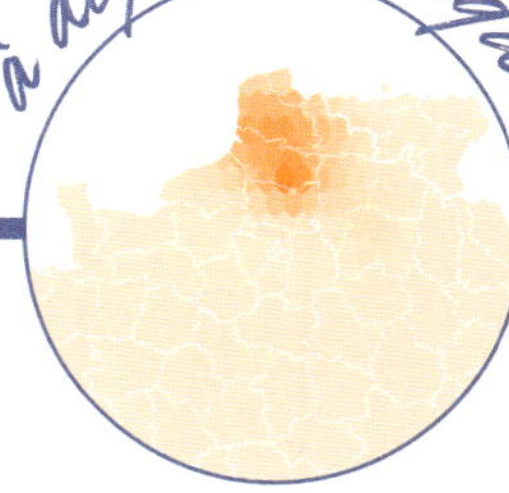

Dans le Nord-Pas-de-Calais, l'expression *pleuvoir à dique et daque* est également employée pour parler d'une pluie violente. Moins connue que le terme *drache*, l'expression n'est pas employée au-delà.

LE SAVIEZ-VOUS ?

Sur le continent africain, le mot *drache* circule également dans les conversations des locuteurs originaires du Congo-Kinshasa et du Rwanda, qui sont d'anciennes colonies belges.

BIENVENUE CHEZ LES CH'TIS

Souvenez-vous, dans le film *Bienvenue chez les Ch'tis*, quand Philippe Abrams arrive au volant de sa voiture dans cette contrée du Nord, une énorme drache s'abat sur sa voiture au moment même où il aperçoit le panneau « Bienvenue dans le Nord-Pas-de-Calais ».

Connaissez-vous la DUCASSE ?

Ça se dit près de chez nous !

Aujourd'hui, les ducasses sont surtout répandues dans le Hainaut belge, dans les départements du Nord et du Pas-de-Calais, ainsi que dans l'arrondissement d'Amiens, dans la Somme. Les zones d'utilisation en français régional et en dialecte se superposent.

0% 50% 100%

● Attestations de *ducasse* en gallo-roman.

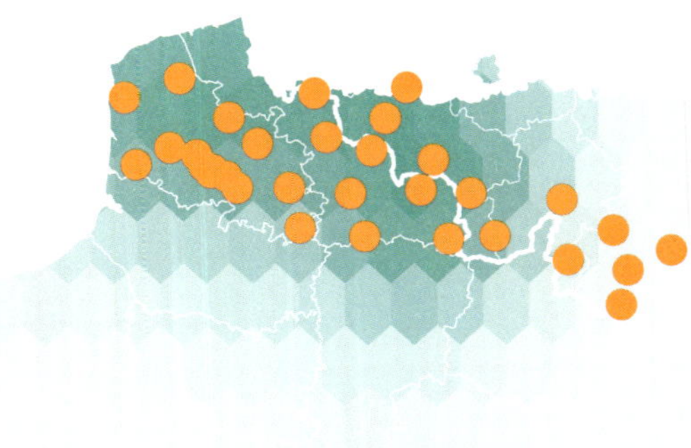

Dans le nord de la France, comme dans la partie picardisante de la Wallonie, on appelle « ducasse » la fête de village annuelle, organisée en l'honneur du saint patron de la localité. En France, en Belgique et en Suisse, comme dans de nombreuses autres régions de l'ancien Empire romain, la période estivale est ponctuée de « fêtes de village », à l'occasion desquelles on célébrait originellement le saint patron de la localité et, par là même, le début ou la fin des gros travaux agricoles, ou une trêve.

Les ducasses se déroulent selon un rituel qui n'a pas ou presque pas changé depuis des siècles. Le jour de la fête du saint patron (ou le dimanche le plus proche de ce jour), un cortège rallie l'église paroissiale et parcourt le village en portant les reliques ou la statue du saint patron, qui peut ainsi visiter son territoire et en protéger les habitants. Un banquet est ensuite organisé, à la suite duquel chacun peut profiter des différentes activités organisées pour divertir les petits et les grands : tombola, concours de pétanque, manèges ou carrousels, vente de produits locaux, etc. Un bal, tant attendu, termine la journée.

LES GÉANTS DE LA DUCASSE

Aujourd'hui, les origines religieuses et liées au rythme de la vie rurale de ces fêtes ont tendance à être oubliées, ce qui explique pourquoi, le mot est devenu synonyme surtout de *fête foraine*.

Certaines ducasses se déroulent sur une journée, d'autres sur le temps d'un week-end ; les plus célèbres, comme celles de Mons et d'Ath en Belgique, de Douai et de Villeneuve-d'Ascq en France, durent plusieurs jours. Depuis 2005, les ducasses et des géants qui y défilent font partie du patrimoine mondial de l'Unesco. Dans le folklore local, les géants sont des mannequins d'assez grande dimension qui représentent des êtres fictifs ou réels, souvent hérités de rites médiévaux, que l'on fait défiler, danser, saluer la foule pendant les ducasses. On les retrouve aussi dans les braderies, les carnavals et les autres fêtes. Dans les régions flamandes, on appelle ces géants « Reuze », alors qu'ils prennent de nom de « Gayant » chez les Picards. ■

KERMESSE

Dans le reste de la Belgique, l'équivalent de la ducasse est la kermesse. En France, le mot *kermesse* désigne plus spécifiquement une fête de bienfaisance (pour une école, par exemple).

« Les soirs de ducasse, on terminait la fête au bal du Bon-Joyeux. C'était la veuve Désir qui tenait ce bal, une forte mère de cinquante ans, d'une rotondité de tonneau, mais d'une telle verdeur, qu'elle avait encore six amoureux, un pour chaque jour de la semaine, disait-elle, et les six à la fois le dimanche. »

Émile Zola,
Germinal, 1885.

« Il s'amusa à dire quelques mots en chtimi et parla du temps où son père s'occupait d'une revue satirique patoisante qui s'appelait *La Vaclette*, puis il fredonna une chanson de ducasse :

Allons veux-tu
venir compère
À la ducasse de Douai?
Elle est jolie et si tant gaie
Que de Valenciennes
et Tournai,
De Lille, d'Orchies
et d'Arras,
Les plus pressés
viennent
à grands pas. »

Robert Sabatier,
Trois sucettes à la menthe,
1972.

DIALECTOLOGIE

La comparaison des données recueillies en français au XXIe siècle avec celles dans les dialectes gallo-romans à la fin du XIXe siècle montre que l'aire d'extension de *ducasse* a perdu du terrain. Dans les dialectes, le type lexical *ducasse* était en effet répandu sur toute la frange méridionale de la Wallonie, le long de la frontière. Il a fait les frais de la concurrence avec le mot *kermesse*, employé dans les provinces où l'on parlait le wallon, de sorte qu'il a fini par sortir de l'usage dans le français des provinces de Namur et de Luxembourg.

D'OÙ ÇA VIENT ?

D'un point de vue étymologique, le mot « ducasse », naguère orthographié « ducace », est une variante de l'ancien français *dicasse* ou *dicaze* (fin du XIIe siècle). Le mot continue le latin *dedicatio*, « consécration ». Il est à rattacher au français *dédicace* qui, dans son sens religieux, désigne un acte de consécration au culte.

SAUVE QUI SAIT !

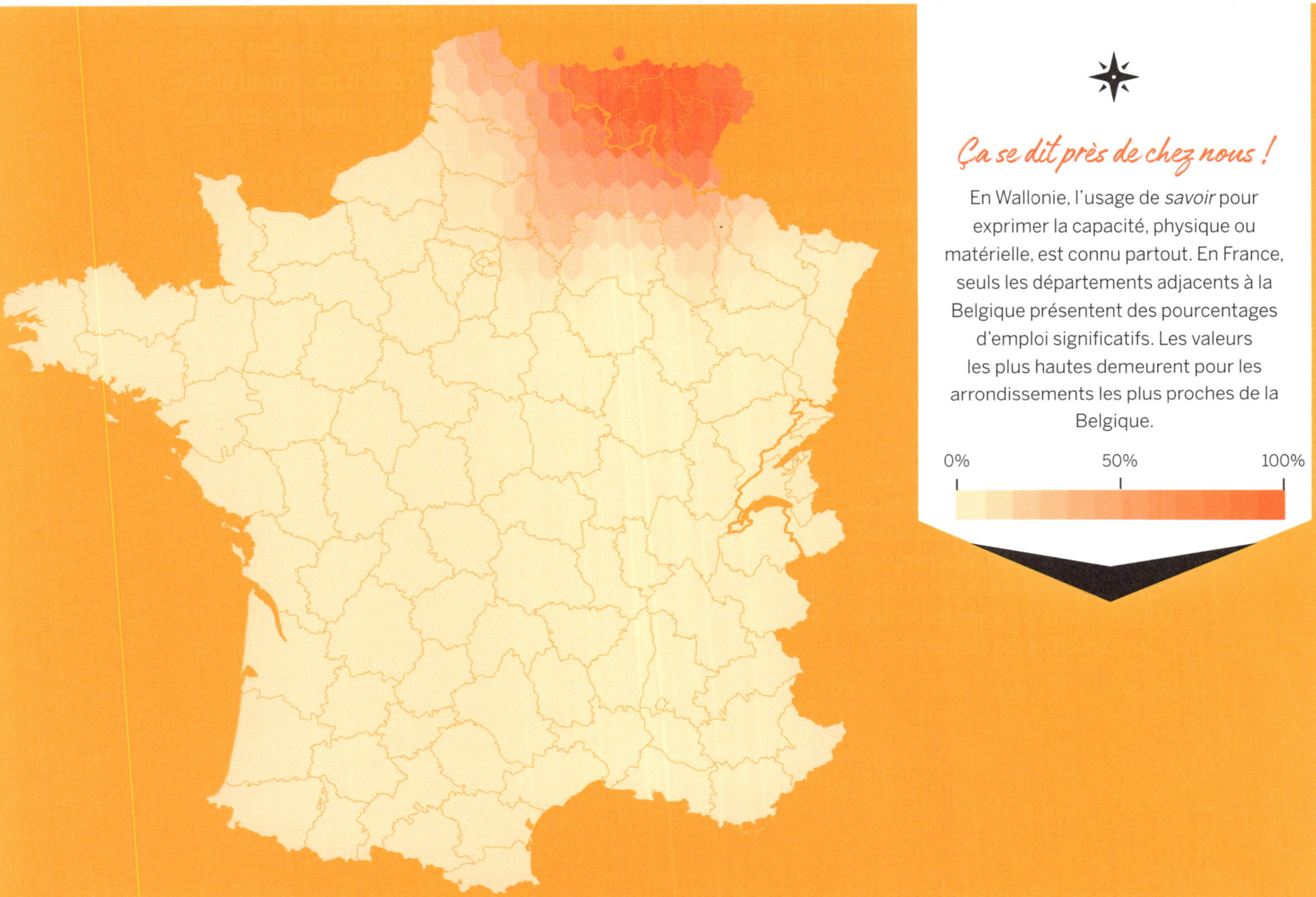

En français standard, l'usage du verbe *savoir* est traditionnellement réservé à l'expression de la capacité mentale, c'est-à-dire la connaissance. Ainsi, si quelqu'un dit qu'il « ne sait pas lire », la plupart des francophones penseront que c'est sans doute parce qu'il n'a pas appris à lire. Pas parce qu'il fait trop sombre ou que la personne qui prononce cette phrase a égaré ses lunettes.

Partant, cela explique pourquoi, lors d'un voyage dans le Nord-Pas-de-Calais ou en Wallonie, un touriste parisien se trouverait fort dépourvu si un serveur lui annonçait au restaurant qu'il « ne sait lui servir tel ou tel plat », ou bien qu'un garagiste « ne sait changer son pneu crevé », voire qu'un badaud « ne sait lui donner l'heure »… Pourtant la capacité mentale ou intellectuelle des agents locaux n'est pas en cause : s'ils ne savent pas, c'est qu'ils ne peuvent pas.

UNE ORIGINE NÉERLANDAISE ?

Cet usage emblématique de la Wallonie et du Nord-Pas-de-Calais a été interprété comme résultant de l'influence du néerlandais, car, dans cette langue, l'équivalent du verbe *savoir* (*kunnen*) est utilisé pour exprimer la capacité physique, alors qu'en français standard c'est au verbe *pouvoir* qu'est dévolue cette fonction, l'utilisation de *savoir* étant plutôt restreinte à l'expression de compétences intellectuelles. Or, si cette première hypothèse est tout à fait légitime – compte tenu de l'aire du phénomène (voir carte) –, elle n'est pas la seule possible.

UN PEU D'HISTOIRE...

Historiquement, l'empiètement de *savoir* sur *pouvoir* est un phénomène connu depuis l'ancien français et régulièrement attesté au fil des siècles sous la plume des plus grands écrivains et des plus grandes écrivaines. Dans les exemples littéraires classiques, le verbe *savoir* est très employé dans des contextes négatifs et dans des phrases où le verbe est conjugué au conditionnel :

UNE ORIGINALITÉ DU NORD

Ce qui fait l'originalité de l'usage de *savoir* dans le Nord-Pas-de-Calais et la Wallonie, c'est la fréquence et l'extension des contextes d'emploi du verbe *savoir*. On peut y entendre de nombreuses phrases où le verbe *savoir* est au présent, dans des phrases à modalité affirmative.

> « Je vais le noter : on sait le trouver sur Internet, je suppose ? »
>
> « Est-ce qu'on sait faire une distinction comme ça, entre les accents ? »

Parfois, l'agent qui fait l'action n'est pas forcément un humain. Il peut être un animal, voire un être inanimé :

> « Les reins se bloquent et le chat ne sait plus uriner. »
>
> « Mon ordinateur ne sait plus démarrer. »
>
> « La fenêtre ne sait plus se fermer. »
>
> « Ma voiture sait faire du 200 à l'heure. » ■

QUAND ASTÉRIX EST CHEZ LES BELGES, IL NE SAIT PLUS...

L'emploi de *savoir* là où les Parisiens utilisent d'ordinaire *pouvoir* revient tel un leitmotiv dans l'album *Astérix chez les Belges*. C'est dans une vignette de la page 41 de cet album que l'on trouve la phrase « Nous avons vaincu ! C'est le sauve qui sait, général ! », à laquelle le titre de cette notice fait écho.

> **« Couvrez ce sein que je ne saurais voir. Par de pareils objets les âmes sont blessées. Et cela fait venir de coupables pensées. »**
>
> **Molière,** *Tartuffe, ou l'Imposteur*, 1664, III, 2.

> **« À présent, je ne sais plus m'arrêter de travailler. »**
>
> **Colette,** Œuvres, « Le Fanal bleu », 1949.

> **« J'ai revu cet endroit, depuis, un jour que je m'étais perdue en conduisant dans Lyon, ou du moins j'ai cru le revoir – et je ne saurais pas le retrouver. »**
>
> **Éliane Viennot,** *État des lieux*, 2012.

LES ESTAMINETS

Ça se dit près de chez nous !

Carte de densité des restaurants arborant l'enseigne *L'Estaminet* ou ses variantes. On voit que la plupart sont concentrés autour de Lille. Il en existe dans toute la France, mais ils sont si rares et dispersés en dehors des régions linguistiques picarde et flamande qu'ils n'apparaissent pas sur la carte.

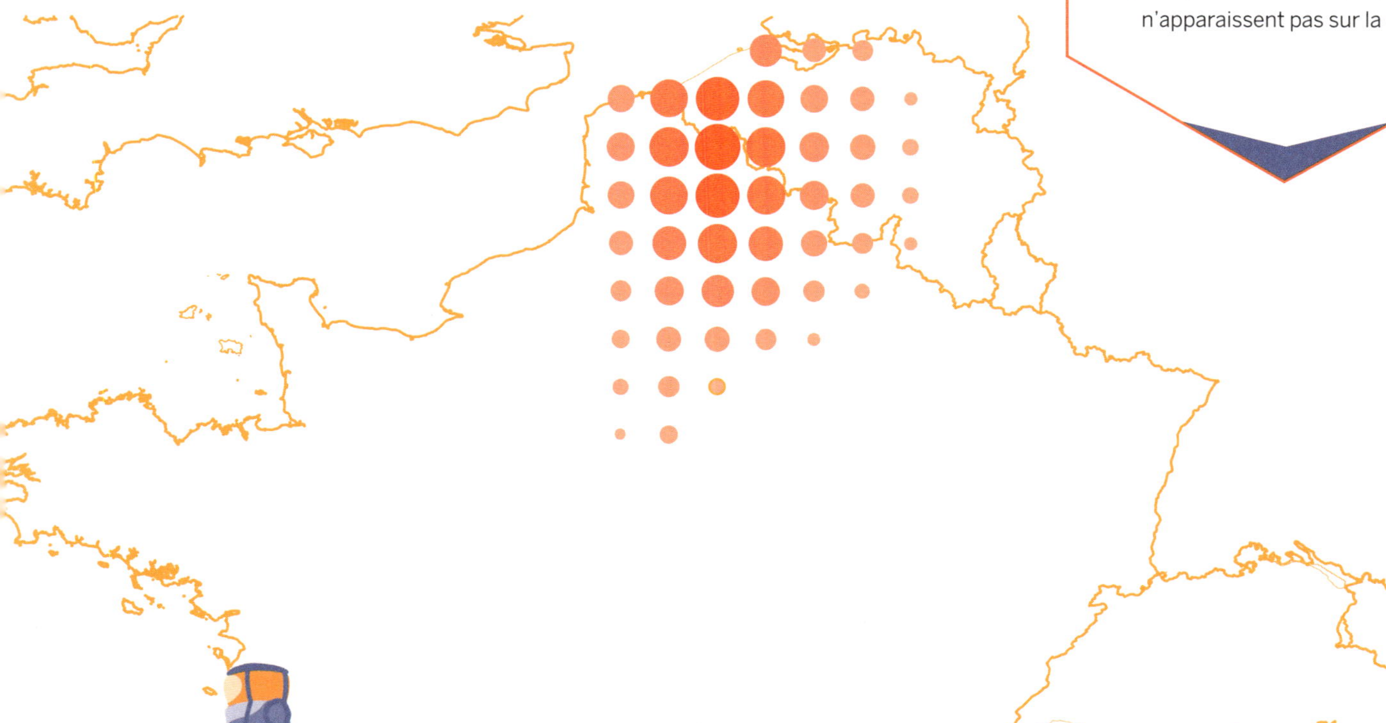

Le joli nom *estaminet* nous évoque ces lieux chaleureux et un poil désuets où tout le monde connaît tout le monde. Si vous cherchez à goûter les meilleures spécialités locales de la gastronomie picarde, rendez-vous dans l'un des nombreux estaminets que compte la région !

Un estaminet désigne un débit de boissons typique de la région picarde, où l'on dégustait aussi bien une bière qu'un café, accompagné ou non d'une petite restauration d'appoint – planches de charcuterie et de fromage servies avec du pain de campagne – tout en se divertissant avec un jeu en bois (billard hollandais, planche à rebond) dans une atmosphère festive et conviviale.

Le mot *estaminet* est un emprunt au wallon *staminê*, *staminè*, passé en picard dès le XVIe siècle avec le sens de « bistrot où l'on fume ». Il s'agit surtout d'un lieu de vie, comme le cabaret, que l'on retrouve du côté de la Flandre, de l'Allemagne et de la Hollande. Boire et manger y sont d'usage, mais on ne peut plus y fumer !

UNE BONNE PIPE

On se passe le mot en France au début du XIXe siècle pour désigner un café où l'on fume la pipe, par opposition au divan, plus bourgeois, où l'on préfère cigares et cigarettes. C'est aussi, à cette époque, un lieu de rendez-vous de diverses sociétés locales. Les estaminets étaient répandus à Paris jusqu'à la Première Guerre mondiale.

Après la guerre, les changements intervenus dans la vie quotidienne ont entraîné la désaffection de ces lieux populaires. Pourtant, à la fin du XXe siècle, alors qu'ils avaient quasiment disparu, de nombreux estaminets ont été rénovés en tavernes ou en auberges. Par la suite, des établissements reprenant les principaux éléments de décoration rustique et typique de ces lieux emblématiques ont vu le jour.

> **« Des chats miaulaient. Un chien jappait derrière le carreau d'une loge et quand des devantures s'allumaient, rougeoyaient, brasillaient à l'intérieur d'un marchand de vins, d'un estaminet ou d'un bar, la solitude semblait soudain plus lourde, plus écrasante. Des cloches tintaient. »**
>
> **Francis Carco,**
> *Nostalgie de Paris*, 1941.

AU MENU

Dans un estaminet, vous pourrez déguster un welsch (prononcé avec le son [v] ou [w], voir p. 72), plat d'origine galloise, consistant en une tranche de pain recouverte de cheddar fondu passé au four. Sinon, laissez-vous tenter par un waterzoï (à prononcer avec le son [w]), plat composé de morceaux de poisson ou de poulet cuits dans un bouillon assaisonné de légumes et de crème. Ne passez pas à côté des chicons·· en gratin ni de la carbonnade flamande, une espèce de bœuf bourguignon dans lequel la bière remplace le vin. Le tout à accompagner de frites et d'une bonne bière ! ■

D'OÙ ÇA VIENT ?

En wallon, le mot *stamon*, dont est issu *estaminet*, désigne un « poteau auquel on attache la vache près de sa mangeoire ». En effet, à l'origine, un estaminet était une salle soutenue par plusieurs poteaux.

ET EN ALSACE ?

Envie d'une ambiance boisée, de nappes à carreaux rouges et blancs et d'un bon baeckeoffe [bèke-ofe] ? Le winstub (prononcé [vine-stoub]), littéralement « salon » (*stub*) « où l'on boit du vin » (*wein*), en allemand, est un cabaret alsacien ou mosellan datant du milieu du XVIIe siècle. On s'y retrouve encore aujourd'hui pour goûter aux charmes du terroir et se réchauffer le cœur à grandes gorgées de gewurztraminer.

CHAUDE COMME UNE BARAQUE À FRITES

Dans les Hauts-de-France comme en Belgique, la frite est une institution culinaire. Dans le Nord-Pas-de-Calais et en Wallonie, on appelle « baraques à frites » ces petits établissements qui font partie du paysage. L'utilisation du mot *friture* (emprunté au flamand *frituur*) est de plus en plus rare, en raison du statut fortement stigmatisé de ce mot (les mots empruntés au néerlandais sont souvent mal vus). À Bruxelles, les baraques à frites s'appellent « fritkot » (prononcé [frit-kote]).

UNE RÉGION QUI A LA FRITE !

En 2019, le site web les-friteries.com établissait que, sur les 1 238 friteries répertoriées dans l'Hexagone, treize sur quinze des mieux notées sont installées dans le Nord ou le Pas-de-Calais !

SI ÇA TOMBE

Ça se dit près de chez nous !

Le tour *si ça tombe*, au sens de « si ça se trouve », est vivant, surtout dans le nord de la francophonie d'Europe. De nombreux locuteurs ne savent pas qu'il s'agit d'un régionalisme !

0% 50% 100%

Très utilisée dans les Hauts-de-France, en Champagne-Ardenne ainsi qu'en Wallonie, l'expression *si ça tombe* exprime la possibilité, l'hypothèse. En ce sens, elle est synonyme de « peut-être » ou de « si ça se trouve ». Le groupe français de rock festif Marcel et son orchestre, originaire de Boulogne-sur-Mer, dans le Pas-de-Calais, a écrit un morceau qui s'intitule « Si ça tombe ».

> **« Si ça tombe Jean-Pierre Pernaut danse la techno, Si ça se trouve Michel Drucker est tout tatoué, [...] Si ça s'trouve Stéphane Bern aime Motörhead »**
>
> **Marcel et son orchestre,**
> « Si ça tombe », 2012.

TOMBER OU *TROUVER* ?

Le caractère régional de la tournure réside dans l'utilisation du verbe *tomber* pour marquer l'éventualité, quand le français général préfère *trouver*. Il s'agit d'une survivance d'un fait de français ancien. Le verbe *trouver* avait en effet naguère le sens de « arriver par hasard ». *Tomber* est, lui, associé à ce qui nous échoit, nous tombe dessus par hasard – comme le destin !

À témoins les tours figés mais courants en français standard comme *tomber du ciel* ou *tomber bien, tomber mal* pour « arriver au bon moment, au mauvais moment » !

Attention ! Employé avec un complément de temps, l'usage de *si ça tombe* n'a rien de régional. En témoignent ces mots d'Émile Zola :

> **« C'est le moment ! ... je me fiche des autres. Tant pis, si ça tombe aujourd'hui ! ça servira de leçon à tout le monde. »**
>
> **Émile Zola,**
> *Pot-Bouille*, 1882.

JE VOUS APPELLE ET JE VOUS DIS QUOI !

Ça se dit près de chez nous !

Le tour *on se dit quoi*, au sens de « on se tient au courant », est emblématique du français que l'on parle en Wallonie et dans les départements de France qui s'agencent le long de la Belgique.

0% 50% 100%

Encore une formule popularisée par Dany Boon dans le film *Bienvenue chez les Ch'tis* ! Souvenez-vous de la réplique « Je vous appelle et je vous dis quoi ! » à l'origine d'un quiproquo entre Antoine Bailleul (incarné à l'écran par Dany Boon) et Philippe Abrams (Kad Merad). En effet, ce dernier ne comprend pas le sens de cette phrase que lui adresse son confrère du Nord. Il l'interprète comme une question directive : « Je vous appelle et qu'est-ce que vous voulez que je vous dise ? » alors qu'il s'agit en fait d'une tournure exclamative, équivalente à « Je vous tiens au courant ! », « Je vous dirai ce qu'il en est ! ».

DIRE, VOIR ET SAVOIR

Cette utilisation singulière du pronom *quoi* n'est pas limitée au verbe *dire*. Même si cela est plus rare, le pronom *quoi* au sens de « en fonction de, selon les circonstances » est parfois utilisé dans d'autres contextes, notamment avec les verbes *voir* et *savoir* : « Je me renseigne et je vois quoi ! », « On va lui demander et on saura quoi ! ». ■

ILS L'ONT AVOUÉ SUR TWITTER

Beaucoup de gens ont découvert que l'expression *je vous dis quoi* était un régionalisme seulement après avoir vu le film *Bienvenue chez les Ch'tis* !

CARABISTOUILLES

Ça se dit près de chez nous !

En raison de son succès, le mot *carabistouilles* est désormais connu bien au-delà de sa région d'origine, la Wallonie et le Nord-Pas-de-Calais. Le fait qu'on le retrouve utilisé dans des médias francophones de l'Hexagone sans guillemets prouve qu'il est en train de perdre son statut de mot régional.

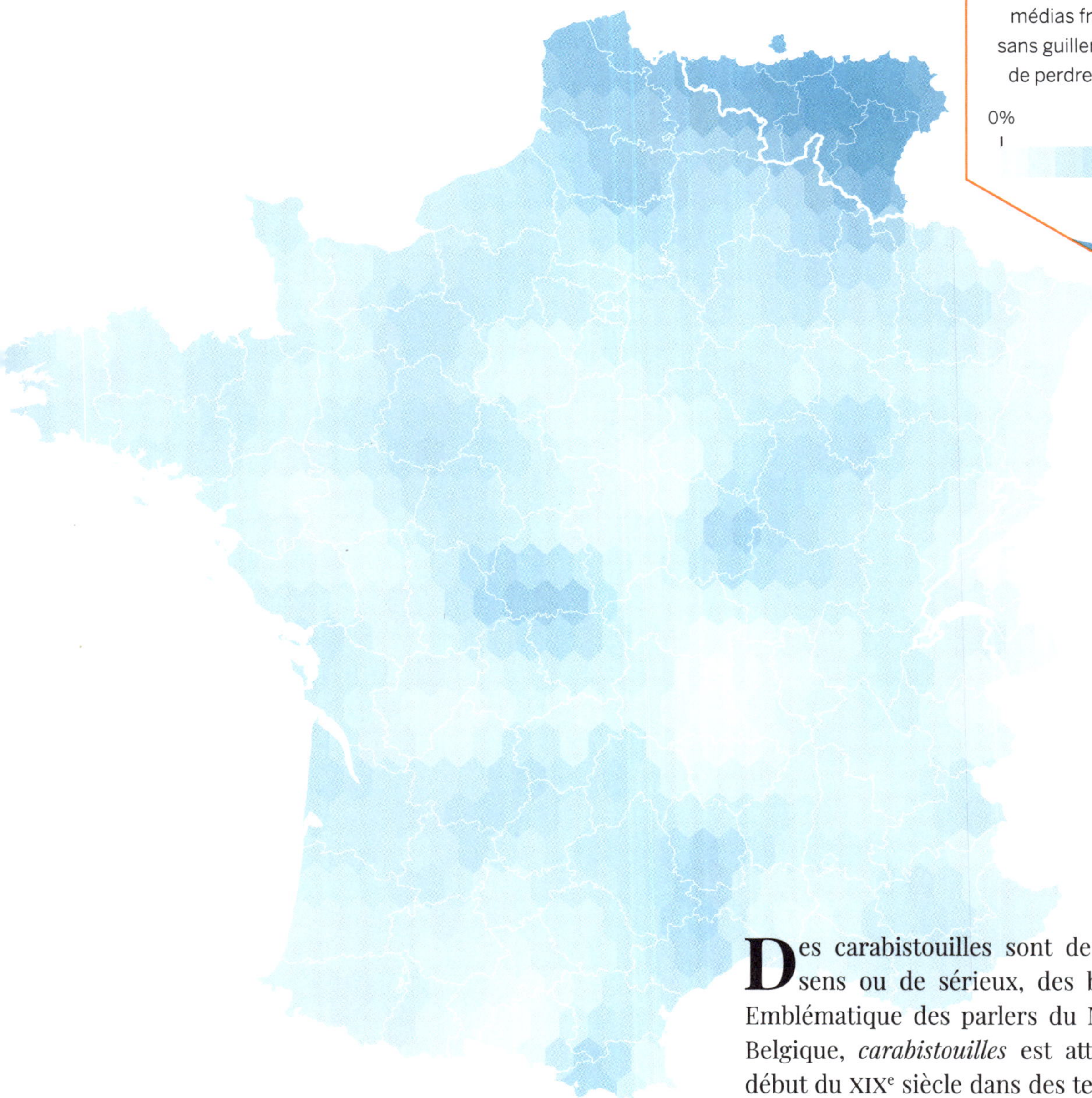

Des carabistouilles sont des paroles dépourvues de sens ou de sérieux, des balivernes, des sornettes. Emblématique des parlers du Nord-Pas-de-Calais et de Belgique, *carabistouilles* est attesté depuis au moins le début du XIXe siècle dans des textes rédigés en picard, en wallon, ainsi que par des auteurs francophones originaires de cette région de la francophonie d'Europe.

Jusqu'au début des années 2000, le mot n'est pas employé en dehors de sa région d'origine, que ce soit dans les conversations des francophones ou dans la presse. En 2004 pour être plus précis, Bernard Pivot le classe parmi les 100 mots à sauver de la langue française. C'est à ce moment-là que son utilisation commence à exploser dans les médias.

DES CARABISTOUILLES EN POLITIQUE

En 2011, Jean-Luc Mélenchon, alors en campagne pour l'élection présidentielle, dit du programme de François Hollande que « tout cela sent beaucoup la carabistouille ». Il récidive en 2016 au sujet d'une éventuelle alliance avec Benoît Hamon. En réalité, il utilise le mot au singulier avec un sens plus proche de « embrouille », mais c'est la variante au pluriel qui est la plus fréquente.

C'est Emmanuel Macron qui permet à *carabistouilles* d'atteindre un pic médiatique en 2018, le 12 avril de cette année. Invité au Journal de 13 heures de TF1, le président de la République a estimé qu'il ne « fallait pas raconter de carabistouilles » aux Français sur la baisse des dotations de l'État aux collectivités. ■

« C'est un talent inimitable pour conter des anecdotes, des histoires, des bluettes, des gasconnades du genre de celles que nos Wallons appellent – passez-moi l'extrême vulgarité du terme : – des carabistouilles. »

« Types Wallons, Le conteur à la veillée », *Revue Belge*, 1840.

« Vos m'perdez pou in timbré, on m'fie, dé m'conter des carabistouilles pareilles ! »

Zéphyr-Joseph Piérart, *Excursions archéologiques et historiques sur le chemin de fer de Saint-Quentin à Maubeuge*, 1862.

« Non, c'est pas des carabistouilles. Mais, motus, je ne fous en dis pas davantage ! Moi, ce que je raconte, là, ça est juste pour babbeler. Alléï, le taxi m'attend, avant qu'ils ferment l'aéroport ! Le con ! Mais s'il disait vrai ? Comment savoir ? »

Bernard J. Andrès, *Fidel, D'Iberville et les autres*, 2007.

D'OÙ ÇA VIENT ?

L'origine du mot *carabistouille* n'est pas claire. Il s'agirait d'une composition ancienne mêlant la forme *cara-*, d'origine obscure, et *bistouille*, qui désigne, dans le nord de la France, soit un mauvais alcool, soit la goutte d'eau-de-vie qu'on ajoute dans sa tasse de café à la fin d'un repas.

SORNETTES ET BALIVERNES

Dans la série des propos futiles, creux et souvent mensongers, la langue française est riche de jolis mots désuets qui ne demandent qu'à se faire une seconde jeunesse, et pourquoi pas en politique, puisque le milieu s'y prête... À vous de jouer !

Baliverne, n.f. : propos creux.

Billevesée, n.f. : parole vide de sens.

Bourde, n.f. : mensonge fait pour abuser et faute grossière.

Calembredaine, n.f. : propos extravagant et vain.

Coquecigrue, n.f : insanité, chose inventée (oiseau fantastique).

Fadaise, n.f. : discours ou écrit qui n'exprime que des lieux communs inutiles ; plaisanterie fade et plate.

Faribole, n.f. : chose, propos vain et frivole.

Sornette, n.f. : propos frivole et creux, affirmation qui ne repose sur rien.

COMMENT PRONONCEZ-VOUS

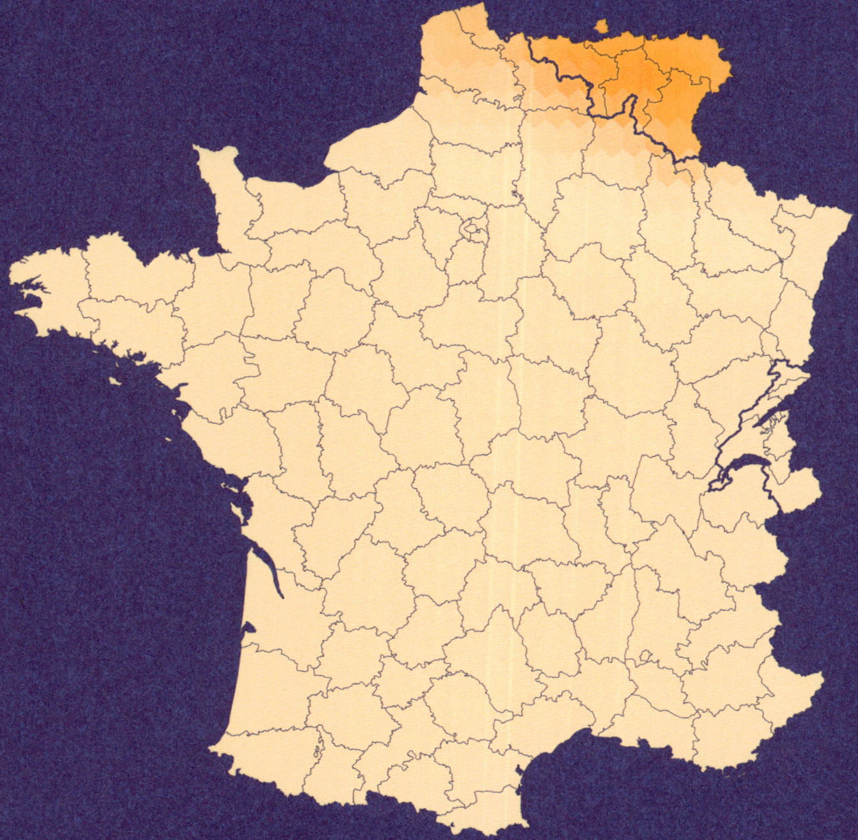

Ça se dit près de chez nous !

La prononciation avec le son [w] des mots qui commencent avec la lettre *w* et qui se prononcent [v] en français général est emblématique de la Wallonie et de l'ex-région Nord-Pas-de-Calais.

0% — 50% — 100%

W.-C.

[wécé]

L'une des principales caractéristiques de l'accent des francophones établis dans le Nord-Pas-de-Calais et en Belgique concerne la prononciation de mots comme *wagon* ou *W.-C.* Dans la plupart des régions de France, ces mots sont prononcés avec le son [v], comme *vingt* ou *voiture*. Dans le nord de la francophonie d'Europe, ils sont prononcés avec le son [w] ([oue]), comme les mots *watt* ou *wasabi*.

Aujourd'hui, cette particularité de prononciation est en passe de disparaître du côté français. Les jeunes locuteurs du Nord-Pas-de-Calais, beaucoup plus influencés par les normes de prononciation du français standard, tendent à reproduire la prononciation en circulation dans la capitale. Leurs parents ou leurs grands-parents ont en revanche conservé cette particularité typique, qui jouit d'une vitalité stable en Wallonie.

D'OÙ VIENNENT DE TELLES DIFFÉRENCES ?

Pour le comprendre, il faut remonter à l'histoire de la lettre *w*. Utilisée dès le Moyen Âge pour transcrire les mots d'origine germanique, la lettre *w* – qui résulte, comme son nom l'indique, de la fusion de deux *v* – peut se prononcer de deux façons :

- à l'allemande, c'est-à-dire avec le son [v] ;
- à l'anglaise, c'est-à-dire avec le son [w].

LE MOT *WAGON* ?

Dans les mots empruntés récemment à l'anglais – ce qui est le cas de la plupart des mots récents commençant par *w* –, le français a gardé pour la majorité des cas la prononciation originale : on dit [wiski] pour *whisky*, [wikènd] pour *week-end*, [wèb] pour *web*, etc. Dans les emprunts plus anciens, les faits sont plus complexes, car les emprunts ont pu être adaptés sans raison apparente : c'est notamment le cas de *W.-C.* devenu [vécé] dans les variétés de français les plus diffusées, mais resté [wécé] en Belgique, de l'anglais *water-closet*, que l'on prononce pourtant [water]. Pour *wagon*, il faut savoir que la prononciation avec [w] était encore largement répandue en France jusqu'au milieu du XIXe siècle. ■

SUR QUEL *V* DANSER ?

Enfin, pour certains mots, l'usage hésite encore. Dites-vous :

welsche :
[welsche] ou [velsche] ?
(*estaminet***; les germanismes en *sch*–, p. 74)

walkirie :
[walkiri] ou [valkiri] ?

wassingue :**
[wassing] ou [vassing] ?
(*wassingue*** ou *loque***)

BMW / WWF

La prononciation des sigles BMW et WWF divise les francophones d'Europe. Côté belge, on prononce le nom de la marque de cette célèbre voiture [bé-èm-wé], alors qu'en Suisse et en Alsace on a gardé une prononciation qui sonne plus proche de l'originale puisque la marque est allemande (« *Bayerische Motoren Werke* », « fabrique de moteurs de Bavière ») : [bé-èm-vé]. Les autres Français ont choisi une troisième voie : ils disent [bé-èm-double vé]. Même constat pour WWF (acronyme américain « *World Wildlife Fund* », « Fonds mondial pour la nature »). En Belgique, on dit [oué-oué-èf] alors que dans les régions françaises frontalières de l'Allemagne on prononce [vé-vé-èf] ; dans le reste de la France, on dit [double vé-double vé-èf] !

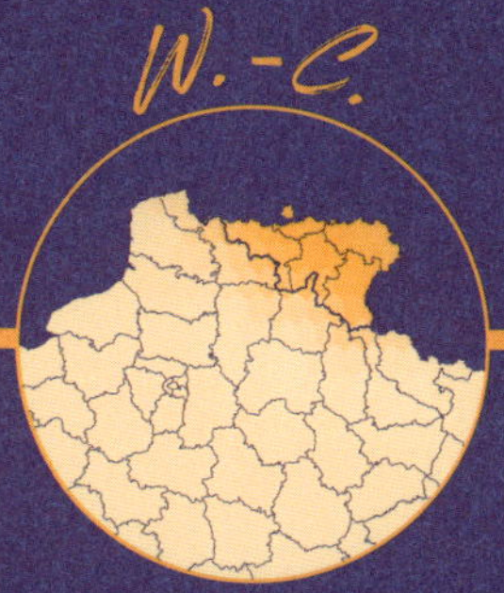

La prononciation du mot *W.-C.* [ouécé] a quasiment disparu en France, elle est en revanche la plus répandue en Wallonie.

LE SAVIEZ-VOUS ?

La lettre *w* a mis du temps avant d'entrer définitivement dans l'alphabet français. Ce n'est qu'en 1964 que la lettre a bénéficié d'une section à elle seule dans les dictionnaires du français grâce à Paul Robert. Jusqu'alors, les mots commençant par la lettre *w* étaient rangés dans la même section que les mots commençant par la lettre *v*.

Endive ou CHICON ?

Ça se dit près de chez nous !

Dans le Nord-Pas-de-Calais comme dans une partie de la Picardie et des Ardennes, mais aussi en Wallonie, le mot *chicon* est préféré au mot *endive*.

0% 50% 100%

Le *chicon* est un légume emblématique de la gastronomie du nord de la France et de Belgique. Il est connu en dehors de cette région sous le nom d'*endive* et on le mange en salade, au jambon, au gratin et, dans la région, avec du lard et de la bière. Il s'agit en fait d'une variété de chicorée, elle-même cousine de la frisée et de la scarole. La culture de cette pousse blanche, obtenue par forçage et étiolement, est assez récente, puisqu'elle remonte au milieu du XIXe siècle.

Une légende voudrait que le chicon soit né en 1830, année de la Révolution belge, dans la cave d'un paysan vivant à Schaerbeek, une commune adjacente à Bruxelles. Soucieux d'échapper à l'impôt, ce paysan aurait enfoui ses plants de chicorée sous la terre. Au bout de quelques jours, ces plants auraient produit un étrange feuillage blanc, qu'il aurait appelé « witloof » qui signifie, mot à mot en néerlandais, *wit-* , « blanche », *-loof* ,« feuille ». *Witloof* n'est pas ou peu utilisé en français, bien qu'il soit compris des francophones établis dans la zone où l'on dit chicon.

LA VERSION OFFICIELLE

Officiellement toutefois, la pérennité du chicon est associée à Franciscus Bresiers, jardinier en chef du jardin botanique de Bruxelles en 1850, qui travaille plusieurs années pour sélectionner les meilleurs spécimens et en faire le légume que l'on connaît aujourd'hui. Il baptise alors sa nouvelle création « chicon », par analogie avec le nom de la chicorée.

Quand le chicon arrive sur les étals des halles de Paris en 1879, c'est sous le nom d'« endive de Bruxelles », « endive chicorée » étant le nom de l'espèce de chicorée à laquelle se rattachent les variétés de frisée et de scarole. Il est aujourd'hui commercialisé sous le nom d'« endive » un peu partout en France et en Suisse.

LE CHICON, UNE ENDIVE QUI S'IGNORE ?

Il est probable que le mot *chicon* ait été évité quand l'endive s'est exportée dans la capitale, car il désignait alors autre chose en France, où il est en effet attesté depuis 1651, avec le sens de « (laitue) romaine ». Ce sens spécial survit d'ailleurs dans les départements de l'ouest de la France. En Belgique, le mot *endive* est connu, mais il est employé pour désigner la scarole. On en perdrait son latin...

TREMPER SON CHICON

Dans l'argot des jeunes Belges, *chicon* désigne aussi le membre viril, comme c'est le cas de nombreux légumes de forme allongée : le poireau, l'asperge et le panais, pour n'en citer que quelques-uns...

C'est à l'émoticône aubergine qu'est dévolu ce rôle sur les réseaux sociaux. On relève également dans les Ardennes l'expression *tordre son chicon*, qui signifie « uriner ».

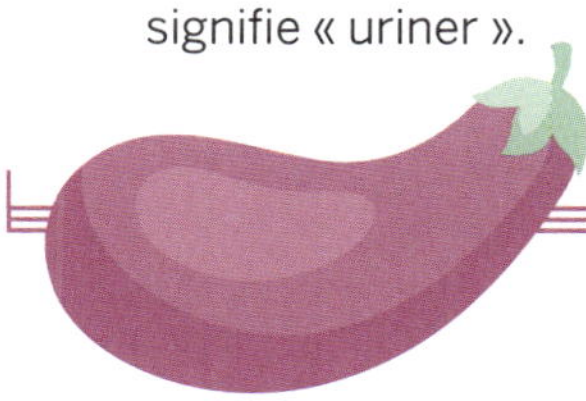

« Je peux te dire avec certitude (car je le vois faire d'ici) que dans une soirée de solitude où il avait envie de tremper son chicon il a fait tout son répertoire en espérant qu'il y en ait une qui morde à l'hameçon. »

Source inconnue.

CURIOSITÉ

À une quinzaine de kilomètres au nord de Bruxelles, dans la province du Brabant flamand, région de naissance du chicon, vous pouvez visiter le Witloofmuseum, un musée qui, comme son nom l'indique, est consacré au chicon, sous tous ses aspects !

WASSINGUE OU LOQUE ?

Ça se dit près de chez nous !

Wassingue, synonyme de « serpillière », est essentiellement utilisé dans les départements du Nord et du Pas-de-Calais. Il est également connu dans les autres départements picardisants de France.

0% 50% 100%

La pièce de toile ou de tissu épais dont on se sert pour récurer les sols est un objet dont les dénominations varient sensiblement d'une région à l'autre... Dans le grand nord de la francophonie d'Europe, *wassingue* et *loque* désignent tous deux ce qu'on appelle une « serpillière » en français standard. Dans les départements du Nord et du Pas-de-Calais, et plus rarement dans les autres départements de l'ex-région Picardie, c'est le terme *wassingue* qui est le plus communément employé.

D'OÙ VIENT-IL ?

Il s'agit d'un emprunt au flamand *wassching*, qui décrit l'action de laver. *Wassingue* était déjà employé dans les patois picards à la fin du XIXe siècle.

Dans la même région, le verbe *wassinguer*, « passer la wassingue », est également en usage. « J'ai p'tèt parfois des lubies un peu étranges... mais même pour moi, wassinguer à minuit ou faire la vaisselle à 5 heures, c'est bizarre. »

COMMENT LE PRONONCER ?

La prononciation du *w* initial est hésitante. Certains prononcent avec le son [w], comme dans le mot *watt* ; d'autres avec le son [v], comme dans vie. Ce qui n'a rien d'étonnant dans cette région (p. 72).

« Catherine passe l'aspirateur, efface la trace d'une tasse de thé sur le marbre de la cheminée. Fille du Nord, elle "wassingue". Des chiffons, elle passe aux monographies page après page : un motif semblable ! »

Maurice Rheims,
Les Greniers de Sienne, VI,
« Saint François et le loup au soir de Waterloo », 1987.

LOQUE

D'origine néerlandaise, déjà utilisé en moyen français avec le sens de « chiffon, vieux morceau d'étoffe », le mot *loque* désigne, dans les Ardennes françaises, une serpillière. Le terme est connu en ce sens en dehors de cette zone, mais, dans le Nord-Pas-de-Calais, il reste moins utilisé que *wassingue*.

Les dérivés *loqueter* et *reloqueter* (« passer un coup de serpillière ») sont également en usage dans les Ardennes.

EN BELGIQUE, ON NE MÉLANGE PAS LES TORCHONS ET LES LOQUES !

En Belgique, le terme le plus courant pour parler d'une serpillière est *torchon*, parce qu'on y essuie la vaisselle avec un ***essuie de cuisine***, pas avec un torchon ! Notons que, dans cette partie de la francophonie, une *loque* ne désigne pas comme dans les Ardennes françaises une *serpillière*, mais un *chiffon*. ■

PLÉONASME

En France comme en Belgique, on parle même de *loque à reloqueter* (un équivalent serait : « chiffon pour chiffonner ») !

loque

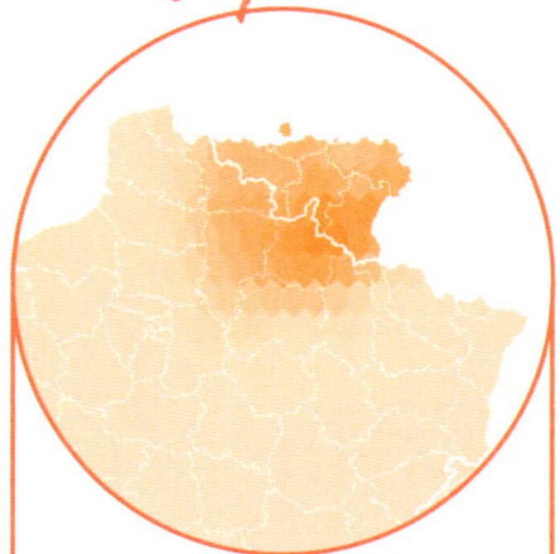

Ça se dit près de chez nous !

Loque, comme synonyme de *serpillière*, est typique des Ardennes. En Belgique, son emploi est concurrencé par celui du mot *torchon* (*loque* désignant plus généralement un chiffon).

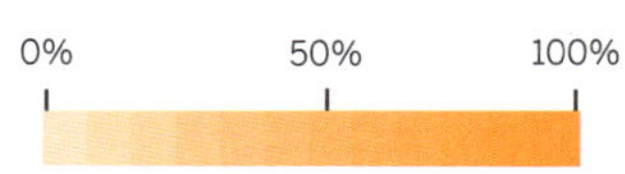

LA LOQUE, UNE CHIFFE MOLLE

Dans la francophonie, le mot *loque* a gardé ce sens qu'il avait à l'époque classique, aujourd'hui vieilli dans les usages généraux du français : une loque désigne plutôt un vieux vêtement, sale et plus ou moins déchiré et, par extension, une personne molle et sans énergie.

« Plus tard, montant l'escalier de mon logis, j'entends la patronne de la maison crier à sa domestique :
– Séraphine, apportez-moi vite la loque à reloqueter.
– Oui Madame ! ...
Je me penche sur la rampe et je vois la servante se précipiter dans une chambre du premier étage en brandissant un carré de laine.
Je devine qu'une loque à reloqueter c'est tout simplement un torchon... »

Adolphe Retté,
Au pays des lys noirs : souvenirs de jeunesse et d'âge mûr, 1913.

« Pendant qu'il parle, des hommes s'affairent autour de nous, arriment les campements aux sacs, bottellent la paille de couchage contre le mur, torchent la table avec une loque. »

Maurice Genevoix,
Ceux de 14, 1950.

LA BOUDINE

Ça se dit près de chez nous !

Répartition des principales variantes qui se rattachent à **bod-* pour désigner le *nombril* dans les parlers picards, champenois, wallons et lorrains.

- *boude*
- *boudine*
- *boudinette*
- *boudlette*
- *boudotte*
- *boudril*
- *boutroule*

D'après ALF 921.

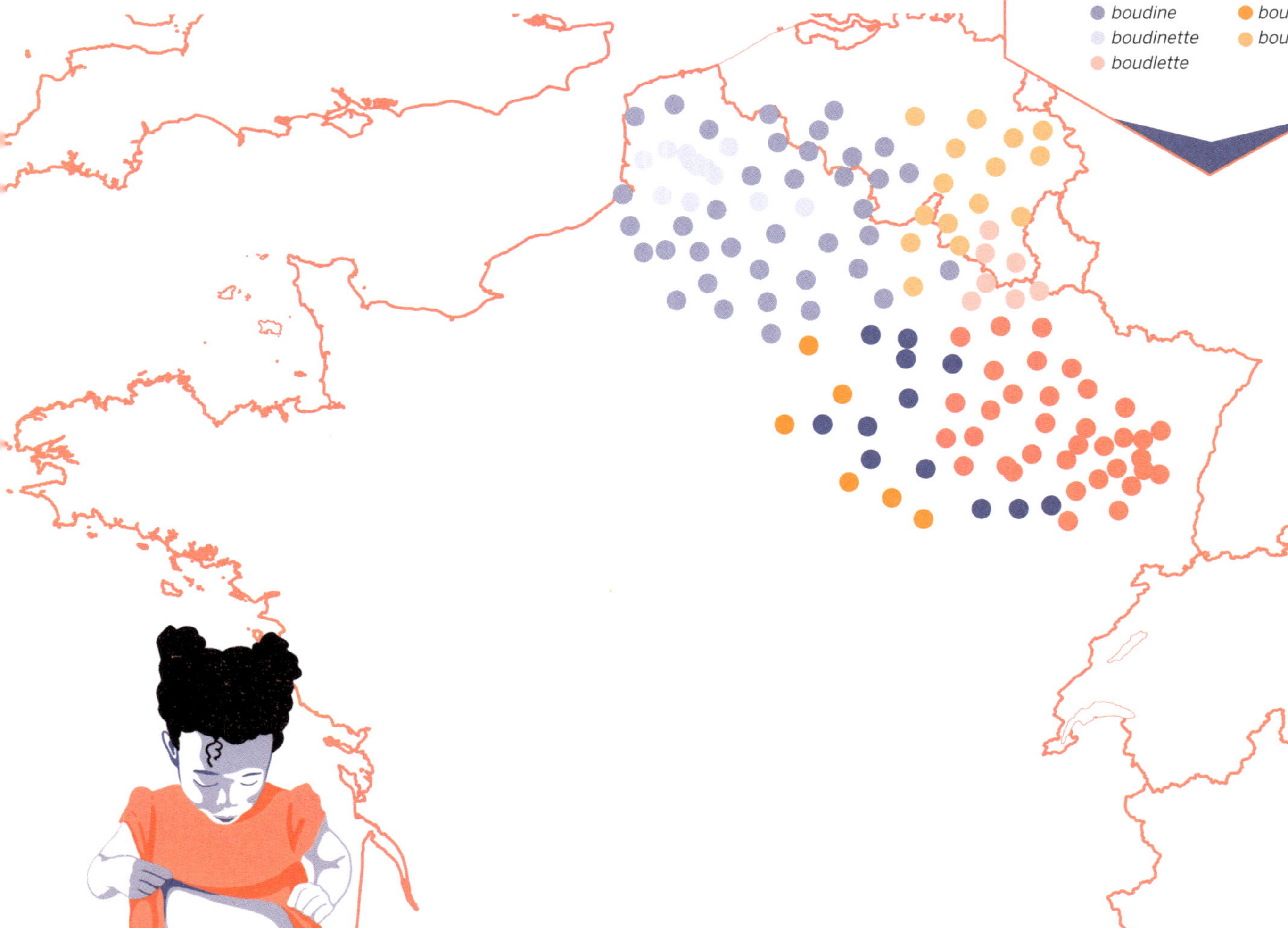

Tous les êtres humains ont, au milieu du ventre, une petite cavité appelée « nombril » dans le français le plus commun.

Dans le français parlé du Nord-Pas-de-Calais à la Lorraine, de nombreuses variantes, se rattachant toutes à la même racine, **bod-*, servent à désigner le nombril. Contrairement au français *nombril*, la plupart de ces mots sont féminins !

Toutes ces variantes étaient utilisées dans les patois encore couramment parlés à la fin du XIXe siècle, comme on peut le voir sur la carte, où nous avons repéré les principales catégories de variantes alors en circulation, en simplifiant les formes. Parfois, le *d* peut être prononcé *t*, et inversement.

VARIATIONS SUR LA BOUDINE

On trouve les mots basés sur **bod-* dans les aires géographiques de plusieurs parlers dialectaux :

Les dérivés de type ***boudine*** et ses variantes ***boudigne*** et ***boudène*** sont concentrés dans le domaine picard avec, à l'intérieur de cette zone dialectale, une variante redérivée : *boudine* + *-ette* » ***boudinette***.

À l'est de la Wallonie comme dans le département des Ardennes, la forme ***boutroule*** domine.

En Lorraine, on a des dérivés en *-ette*, *-otte*, voire *-atte* : ***boudette, boudotte, boudatte***.

Entre la Lorraine et les Ardennes, on relève quelques occurrences de ***boudlette***.

Sur les bords de la Champagne figure une aire où l'on observe des formes non dérivées comme ***boude*** ou résultant de la rencontre entre *boude* et *nombril* : ***boudril***.

LA PANSE BIEN REMPLIE

Dans certains usages, les mots *boudine*, *boutroule*, etc., désignent le ventre, notamment celui d'un petit enfant ou par plaisanterie :

« Je viens de manger, j'ai la boutroule gonflée. »

En Belgique, l'expression *ne pas avoir regardé sa boutroule en se levant* s'utilise comme synonyme de « s'être levé du mauvais pied ». La même locution est attestée avec *boudinette* dans le Nord-Pas-de-Calais.

« Encore un qui n'a pas dû regarder sa boutroule en se levant ! » ■

La racine **bod-* a le sens général de « chose gonflée », que l'on retrouve dans des mots comme *bedaine*, *boudin*, *boudiner*. Les divers suffixes qui lui sont apposés désignent la petitesse : *-ine*, *-ette*, *-inette*, etc.

TIENS, VOILÀ DU BOUDIN !

En français courant, cette racine exprimant l'idée d'enflure a donné quantité de mots comme *bouder, bedaine, bedon, boudin, boudoir*. Il est question de lèvres se gonflant pour faire la moue dans la bouderie, de ventre rebondi dans la bedaine et de boyaux bien remplis de sang et de graisse pour le boudin. Lorsqu'on est boudiné dans son jean, on a le bedon plein comme du boudin. Sacrément ragoûtant !

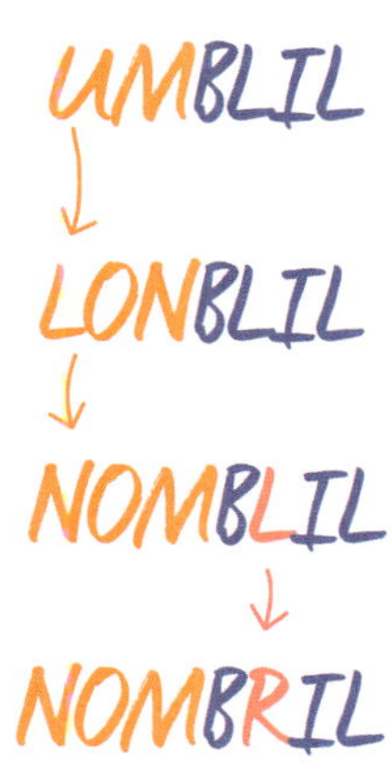

NOMBRILISTE

Le nombril est perçu comme le centre du corps. C'est pour cela qu'on emploie le mot *nombril* au figuré pour désigner le centre d'une chose, en général avec une connotation péjorative. Lorsqu'on parle du « nombril de la Terre » (ou du monde), c'est pour critiquer l'attitude de quelqu'un qui se croit au centre de toutes les attentions et préoccupations. De la même façon, si on dit de quelqu'un qu'il « se regarde le nombril », on commente son égocentrisme, qu'on appelle aussi « nombrilisme » !

NOMBRILISME SAVANT

Nombril remonte au latin populaire **umbiliculus*, dérivé lui-même du latin classique *ŭmbĭlīcus*, qui a servi à former l'emprunt savant *ombilic*, qu'on retrouve dans *cordon ombilical*. Du latin populaire **umbiliculus*, on passe en ancien français à *umblil*, puis à **lonblil* (forme à laquelle le déterminant *l'* a été agglutiné) et à *nomblil* (forme à laquelle la dernière consonne du déterminant *un* a été agglutinée), qui devient par la suite notre *nombril* contemporain.

Il a les yeux qui crient « BRAYETTE ! »

Ça se dit près de chez nous !

Aujourd'hui, la forme *brayette* (au sens de « braguette ») est employée en Wallonie ainsi que dans les départements français adjacents (Aisne, Ardennes, Meuse).

0% 50% 100%

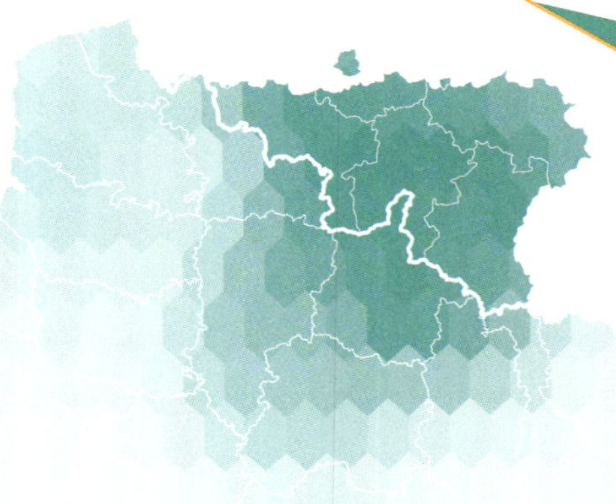

Pendant de nombreux siècles, deux mots qui se rattachent au même étymon latin, *braca(e)*, ont coexisté pour désigner l'ouverture sur le devant d'un pantalon de la ceinture à l'entrejambe. Il s'agit de *braguette* et *brayette*.

Braguette et *brayette* n'ont pas tout à fait la même histoire. *Brayette* est attesté un peu plus tôt, vers la fin du XIVe siècle, avec le sens de « poche attachée en haut des chausses ». *Braguette* est apparu un siècle plus tard, sous la plume de Rabelais, avec le sens de « pièce de tissu triangulaire s'attachant sur le devant du haut-de-chausses et recouvrant les parties sexuelles de l'homme ».

L'ÉVICTION DE *BRAYETTE* AU PROFIT DE *BRAGUETTE*

Jusqu'au début des années 1940, les dictionnaires ont assez bien accepté la coexistence des deux termes, *brayette* et *braguette*, puisque les deux sont mentionnés sans préférence pour l'un ou l'autre. Après la Seconde Guerre mondiale, période à laquelle le jean se démocratise en Europe, la variante *braguette* s'installe dans les usages généraux et la forme *brayette* se régionalise.

UN PEU D'HISTOIRE

Au Moyen Âge, les *braies* – aussi écrit *brayes* – étaient des pantalons amples, en usage notamment chez les Gaulois et certains peuples germaniques. Toute personne ayant ouvert au moins une fois dans sa vie un album d'*Astérix le Gaulois* saura de quoi on parle ! À la fin du XVIIe, le mot a commencé à se faire rare, bien qu'on trouve encore çà et là des attestations, que ce soit sous la plume de romanciers ou dans des locutions, plus ou moins vieillottes, comme :

Porter les braies : « diriger le ménage, porter la culotte »

S'en sortir les braies nettes : « se tirer d'une mauvaise affaire sans encombre »

Le mot *braie* a permis de former le couple « braguette / brayette » ainsi que des dérivés, comme le verbe *débrailler*, « ouvrir, retrousser un vêtement ».

Dans les dialectes du sud-est de la France, c'est encore avec des mots qui se rattachent à *braca(e)* que l'on appelle un pantalon !

> **« Il regarda. Effectivement, il y avait une brouette qui flottait sur la rivière. Il poussa un faible gémissement pour signifier qu'il l'avait vue. La main posée sur sa brayette y demeurait, immobile et pressante, une main non tellement petite, plutôt charnue, et dont la tiédeur commençait à traverser l'étoffe du vêtement. »**
>
> **Raymond Queneau, sous le pseudonyme Sally Mara,**
> « On est toujours trop bon avec les femmes »,
> *Les Œuvres complètes de Sally Mara*, 1962.

TIRETTE

En Wallonie de même qu'en Moselle Alsace, on utilise la variante *tirette* ! Le mot est également en usage dans la principauté du Luxembourg, de même que dans les anciennes colonies belges d'Afrique.

> **« Les premières noces auxquelles j'assiste avec ma mère sont celles de la fille d'une grande ferme située dans les terres du côté de Plogastel. Il y a peu de temps que j'ai quitté mes jupes pour des braies. »**
>
> **Pierre Jakez Hélias,**
> *Le Cheval d'Orgueil : mémoires d'un Breton du pays bigouden*,
> 1975.

D'OÙ ÇA VIENT ?

Si *brayette* est dérivé de *braie* (avec le suffixe diminutif *-ette*), *braguette* est dérivé de la même façon sur *brague* (une forme qui remonte au provençal *braga*).

BRAYETTE
↓
braie

BRAGUETTE
↘
brague

FERMETURE ÉCLAIR

L'appellation *fermeture éclair* est apparue beaucoup plus tardivement, en 1926 pour être exact. Il s'agit à l'origine d'un nom de marque, passé aujourd'hui dans le langage courant par un processus d'antonomase.

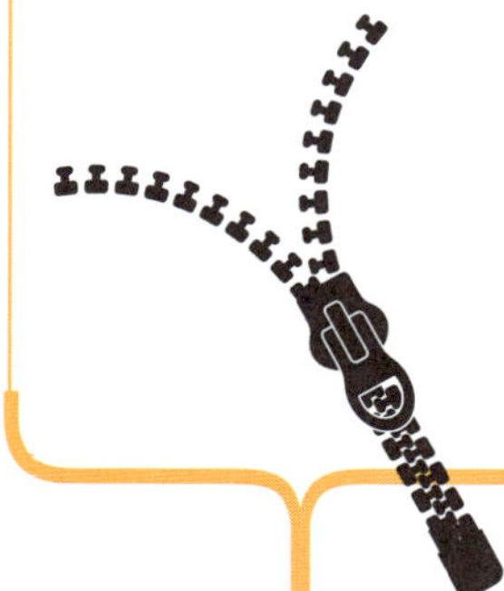

Dans un recoin des Vosges et de Meurthe-et-Moselle, à l'intersection d'Épinal et de Nancy, la variante dialectale *brayotte* est encore connue par quelques locuteurs, notamment chez les seniors.

S'EMPIERGER

Ça se dit près de chez nous !

Le verbe pronominal *s'empierger*, au sens de « trébucher en raison d'un obstacle », est emblématique de la Champagne et s'entend dans une partie des Ardennes.

0% 50% 100%

En Champagne, il existe un verbe pour désigner l'action de tomber ou de perdre l'équilibre après s'être pris les pieds dans un obstacle quelconque (tapis, racine, branche, etc.). Il s'agit du verbe *s'empierger* : « Il s'est empiergé dans la gamelle du chat et il a mis de l'eau partout ! »

L'étymologie du verbe est difficile à retracer. Il semblerait que *s'empierger* soit à rapprocher de l'ancien français *empieger*, « prendre au piège », lui-même issu du latin *impedicare*, de même sens, devenu *empiéger*. Cependant, cette hypothèse se heurte à la présence d'un *r* interne, qui n'est pas étymologique. Une hypothèse serait que ce *r* soit apparu par analogie avec *pierge*, « chemin empierré », ou avec *pierre*, tout simplement.

La forme *empiéger* est attestée sous la plume d'écrivains à différentes époques, mais demeure plutôt rare :

> **« Le prince Galitzin la remettra dans sa patrie, dans sa famille, avec dignité, et ce ne sera pas de ma faute si son fils n'est pas secrétaire d'ambassadeur. L'ami Naigeon s'empiége tant qu'il peut. *Eheu ! quanto laboras in Charybdi, digne puer meliore flammâ !* M. l'abbé Marin vous expliquera ce latin-là. »**

Denis Diderot,
Lettres à Sophie Volland, CXX, 22 novembre 1768.

EMPLOYER *EMPIERGER* SANS S'EMPIERGER

Par extension de sens, on utilise aussi le verbe *s'empierger* comme synonyme de « s'embourber, être pris dans des problèmes » : « À force de ragoter, il s'est empiergé pendant une semaine. »

Dans certains textes, on a relevé le verbe *s'empierger* utilisé comme synonyme d'« encombrer » :

> **« De bonnes âmes donc, qui ont nom Saint-Albin, Jubinal, Choler, de Pages, de Beaufort, Piétri, s'étaient inquiétées de la détresse d'un citoyen fort empiergé d'un gros ballon dont il ne savait que faire […]. »**
>
> **Nadar,**
> *Mémoires du Géant : à terre & en l'air*, 1864.

Dans certaines circonstances, on peut « se dépierger » ou « dépierger » un animal : un cheval qui s'est pris les pieds dans l'attelage ou qui a passé ses jambes en dehors, une vache qui n'a pas rejeté l'arrière-faix, soit « ce qui reste dans l'utérus après l'expulsion du fœtus », c'est-à-dire le placenta et les membranes. ■

> **« Le morceau chut d'un grand coup, et le maire, qui n'avait pas eu le temps de se dépierger, ou de se dépendre, dévala la côte avec lui jusqu'au fond du fossé. »**
>
> **Claude Seignolle,**
> *Contes, récits et légendes des pays de France*, 2, 2015.

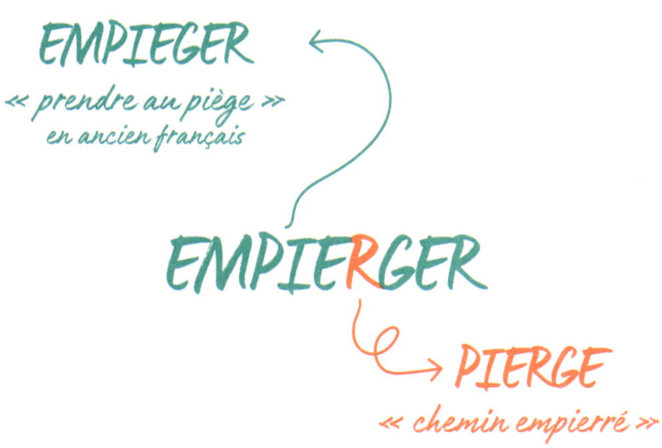

ET AILLEURS, ON DIT COMMENT ?

En Bourgogne, de même qu'en Franche-Comté, on peut encore entendre la forme *empiger*, de même étymologie et de même sens : « Il va se passer quelque chose, il va tomber dans les escaliers ou s'empiger dans le tapis rouge. »

PHONÉTIQUE !

Dans l'Aisne, la lettre *g* est parfois prononcée [gu].

LE SAVIEZ-VOUS

En Suisse et dans certaines localités de France voisine, on ne s'empierge pas, on s'encouble !

PRIS AU PIÈGE

Le premier sens du mot *piège* renvoie à un dispositif destiné à la capture des animaux. L'origine du mot se rattache au fonctionnement même du dispositif puisque le latin *pedica*, dérivé de *pes, pedis*, « pied », se définit ainsi : « lien aux pieds ».
Le piège a donc pour vocation d'entraver les mouvements de quelqu'un ou de perturber sa progression en le faisant trébucher, au propre comme au figuré. Il n'est pas étonnant que le verbe *s'empierger* se rattache à une histoire de pied et de piège.

S'ENTRUCHER

Ça se dit près de chez nous !

Dans la région de la Marne et les territoires qui entourent ce département, il existe un verbe pour décrire le fait d'avaler de travers : *s'entrucher*. C'est un verbe emblématique de la région Champagne, et beaucoup de gens ne savent même pas qu'il n'est pas connu en dehors de cette région !

0% 50% 100%

ENTRUCHER

indique le chemin

« trachée »

En français standard, pour « avaler de travers », on dit aussi « avaler par le mauvais trou » ou, en termes médicaux, « faire une fausse route ». Lorsque cela se produit, la nourriture ou le liquide passe par la trachée au lieu de passer par l'œsophage.

Le verbe *s'entrucher* utilisé dans ces territoires est également utilisé dans les parlers dialectaux de Champagne. Il est construit à partir du mot *truche*, forme qui correspond au français *trachée*, et du préfixe *en-*, qui indique un mode de passage.

« Je m'entruche avec le chocolat en poudre sur le tiramisu. »

« J'ai croqué un morceau trop gros et je me suis entruché. »

Twitter

GROSSE POILADE !

Parfois, *s'entrucher* est utilisé comme synonyme du verbe *étouffer*, notamment quand l'action de s'entrucher se fait pendant un fou rire. « Ce n'est pas une blague, je me suis entruché de rire ! Nan mais c'est beaucoup trop drôle ! »

AVALER PAR LE TROU DU DIMANCHE

Il existe quantité de variantes à *entrucher* que nous ne saurions vous exposer de façon exhaustive... Les dictionnaires proposent pour décrire cette action le verbe *s'engouer* – construit sur un équivalent dialectal du mot *joue*, dérivé avec le préfixe *en-*, qu'on retrouve dans *entrucher* – mais personne ou presque ne l'utilise, tant il existe de variantes locales pour exprimer cet état de fait. Mais encore ? Dans l'est de la France et en Suisse, ***on avale par le trou du dimanche***. Dans le Nord, ça passe ***par le trou de la tarte***, à moins que ***l'on s'entoque*** ou que ***l'on s'énoque***. Dans le Sud-Ouest, ***on s'escane***. En Belgique, ***on s'astruque***. ■

CLIFFER

Ça se dit près de chez nous !

Dans l'est de la France, où le français est en contact plus ou moins direct avec des parlers germaniques, les verbes *spritzer* et *trisser* sont synonymes de « gicler, éclabousser » (*sprtizer***). Dans le département des Ardennes, de même que dans une partie de la Champagne, un mot lui aussi d'origine germanique est en circulation. Il s'agit du verbe *cliffer*.

0% 50% 100%

DES FAUCONS BIEN AGITÉS

Le verbe *(é)cliffer,* « éclabousser, lancer de l'eau avec une seringue », était connu en moyen français sous la forme *escliper* avec le sens très précis de « jeter de l'eau au faucon pour le calmer » ! Dans les dialectes gallo-romans, il était utilisé dans le Nord-Est ainsi qu'en Normandie. Il est issu du haut allemand *slîfen* ou *slipfen*, « glisser », lui-même issu de l'ancien bas francique **slippen*, « se glisser, glisser ».

GROSSE COURANTE !

Par métaphore, la *cliffe* désigne aussi la diarrhée. ■

CLIFFER → SLIPFEN

« glisser » en allemand

« Ben oui, dit-il, les feuilles blanches, c'était pour inscrire mes corvées. Les autres, les feuilles qu'étaient imprimées, j'les ai coupées un midi que j'avais la cliffe et pas d'papier-cul... Moi, j'ai pensé qu't'y verrais rien... C'est pas grave, quoi ! Un bouquin, c'est qu'un bouquin... »

Yves Gibeau,
Allons z'enfants, 1952.

QUE FAIRE AVEC UNE BRANCHE DE SUREAU ? UNE CLIFOIRE, PARDI !

Dans le centre et l'ouest de la France, une *clifoire* désigne un jouet en forme de sarbacane, que les enfants fabriquent avec une tige de sureau et dont ils se servent pour lancer de l'eau.

« La chantilly n'a pas voulu monter, ça a cliffé de partout, y avait plein de crème partout, ma mère elle a pété un câble. »

Twitter

NAREUX, NÉREUX

Ça se dit près de chez nous !

La forme *nareux*, « facilement répugné par tout ce qui touche à la table », est de loin plus répandue que *néreux* : elle est connue dans toute l'actuelle région Grand Est, à l'exception de l'Alsace, dans une zone qui correspond *grosso modo* aux ex-régions Champagne-Ardenne et Lorraine.

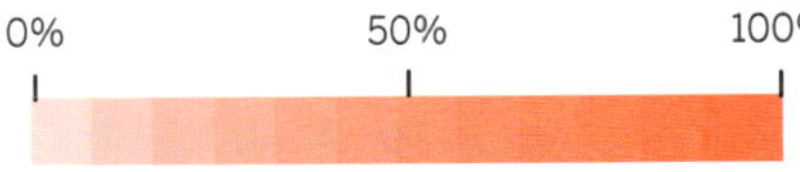

Il n'existe pas de substantifs ni d'adjectifs connus de tous les francophones pour désigner ou qualifier une personne qui éprouve facilement du dégoût en regard de la nourriture et de la boisson, et plus généralement envers tout ce qui touche à la propreté de la table. Dans tout le quart nord-est de la France, de même que dans une bonne partie de la Wallonie, c'est au mot *nareux* qu'est dévolu cet usage (*zirou*••, *malaucœureux* ••).

Chez les jeunes, le mot *nareux* s'utilise dans des contextes plus larges et pas uniquement pour parler de ce qui touche à la nourriture et à la boisson. On le trouve employé dans des contextes où il est question d'hygiène en général.

UNE HISTOIRE DE FLAIR

Vraisemblablement emprunté aux dialectes parlés dans la région – lorrain, champenois, wallon et picard - *nareux* continue un mot latin formé sur *naris*, « narine, nez », et dérivé au moyen du suffixe *-eux*, *-euse*. À l'origine, le mot semblait s'employer pour désigner une personne « qui vomit facilement ».

LA SAGACITÉ DU NEZ

En tant qu'organe olfactif, le nez est un instrument de connaissance et d'identification. On peut sentir quelque chose et l'identifier avant de la voir. C'est un mode d'appréhension du monde. Et ce mode, parce qu'il est moins immédiat que la vue, est considéré comme plus intuitif. Le fin limier traque grâce à son odorat. Il a donc du flair, du pif ! On dira, quand on pressent quelque chose, que « ça sent à plein nez ». Par exemple : « ça sent l'entourloupe à plein nez »… Il y a aussi des gens qu'on ne peut pas sentir. Ça se dit également : « avoir quelqu'un dans le nez, dans le pif ». Dans ce cas-là, on ne se l'explique pas vraiment ; ça relève d'une forme d'instinct. Ainsi, on fait des hypothèses, on subodore – et il y a le mot *odeur* dans le verbe *subodorer*. Au risque d'une certaine imprécision, d'ailleurs… *À vue de nez* ce n'est jamais qu'approximatif. Mais le nez peut aussi faire preuve d'une grande précision. Le mot *sagacité* vient du latin *sagax* signifiant « qui a l'odorat subtil ».

nareux

naris

« narine, nez » en latin

néreux

« Mlle Carpentier est nareuse. Elle trouve tout sale et dit : C'est répugnant. Elle essuie son verre, son assiette, ses couverts à l'aide d'un torchon qu'elle cache dans son sac. »

Xavier Houssin, *La Fausse Porte*, 2011.

La variante *néreux* est connue dans les départements des Vosges et de Meurthe-et-Moselle, essentiellement.

« LES PLUS NÉREUX SONT SOUVENT LES PLUS SALES. » (PROVERBE LORRAIN)

On retrouve la même origine pour la variante *néreux*, ainsi que *niéreux*, qui n'est plus attesté en français. Vous noterez qu'on peut aussi orthographier le mot ainsi : « nâreux ». Plus rarement, on trouve le mot formé à l'aide du suffixe *-oux*, *-ouse* : *naroux*, *narouse*.

ARDENNAIS, ARDENNAISES

Dans le nord-est de la France, il existe deux adjectifs concurrents pour qualifier un endroit – une habitation, par exemple – qui reçoit naturellement beaucoup de lumière. Tous deux sont dérivés sur le français *clarté*, qui désigne une lumière qui rend les objets visibles d'une façon nette et distincte.

On trouve des tas d'attestations de ces deux adjectifs dans les petites annonces immobilières. Beaucoup de francophones qui ne sont pas de la région doivent se demander de quoi il s'agit ! ■

« Maison de village à rénover, 4 chambres, beaux volumes, belle bâtisse, deux entrées, maison clartive vu l'ensemble de baies vitrées. Idéal pour du locatif. »

[Hirson, Aisne]

« Jolie maison clarteuse : de beaux volumes à venir voir pour une famille nombreuse ou un artisan avec grande famille. »

[Broussey-en-Blois, Meuse]

« Appartement clarteux dans petite copropriété au centre-ville. »

[Gérardmer, Vosges]

« Appartement clartif proche du centre-ville. »

[Verdun]

LA LEÇON DE GÉOGRAPHIE

L'Ardenne est le nom d'une région naturelle à cheval sur la Belgique, la France, le Luxembourg et l'Allemagne. Elle est délimitée à l'est par deux fleuves – la Meuse et la Sambre – et s'insère au sud entre les plaines de Lorraine et celles de Champagne. Linguistiquement, les parlers dialectaux qu'on y pratiquait se rattachaient au champenois ou au wallon, deux dialectes d'oïl qui ont laissé des traces dans le français régional.

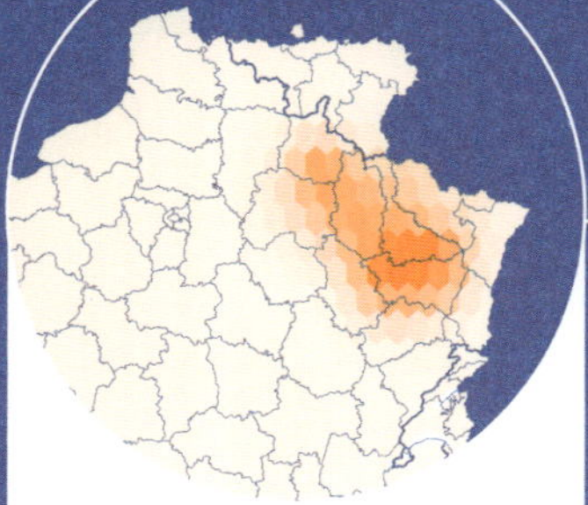

Ça se dit près de chez nous !

Clarteux est connu sur une aire relativement large, qui englobe toute la Lorraine, de même que l'Aube et la Haute-Marne.

0% 50% 100%

CLARTEUX

Clarteux est attesté depuis la fin du XVIIIe siècle dans un recueil pointant les « fautes » de français que font les jeunes Lorrains. Il est dérivé au moyen du suffixe *-eux* : il s'agit de l'adjectif *clarteux* (au féminin : *clarteuse*). Le choix du suffixe *-eux* semble avoir été influencé par l'adjectif *lumineux*. ■

CLARTIF

Clartif est attesté plus tardivement, dans un dictionnaire des parlers de Champagne depuis la fin du XVIIIe siècle, daté de la seconde moitié du XIXe siècle. Il est dérivé au moyen du suffixe *-if* : c'est l'adjectif *clartif* (au féminin : *clartive*). On trouve parfois le mot écrit avec un *â* : « clârtif ». Il est plus rare que *clarteux*. ■

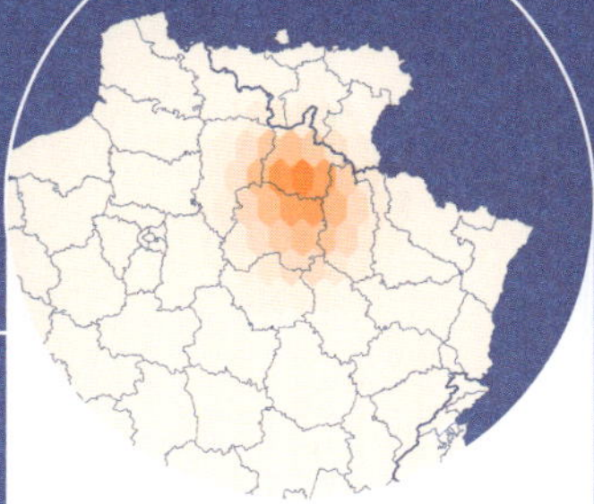

Ça se dit près de chez nous !

Clartif n'est pas utilisé en dehors de l'intersection des départements des Ardennes, de la Meuse et de la Marne.

0% 50% 100%

BÉCHOTTER

Le verbe *béchotter* signifie « manger du bout des dents, manger sans appétit, chipoter devant son assiette ». Il s'agit d'une forme dérivée sur *béchier* (en ancien français « frapper du bec », avec un suffixe *-otter*, à valeur diminutive ou fréquentative (comme le verbe *mangeotter* du français général).
Dans la région, on peut aussi entendre les verbes *béquiller* et *pluchotter*, de même sens. ■

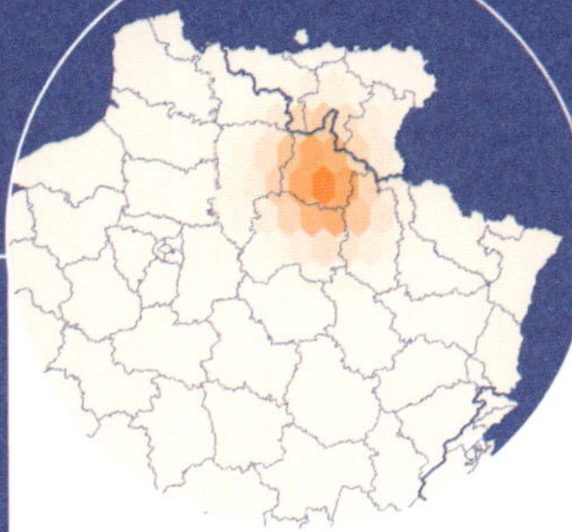

Ça se dit près de chez nous !

Le verbe *béchotter* est employé sur une aire relativement réduite à l'échelle de la France, et ne dépasse pas les limites du département des Ardennes !

0% 50% 100%

CLICHE

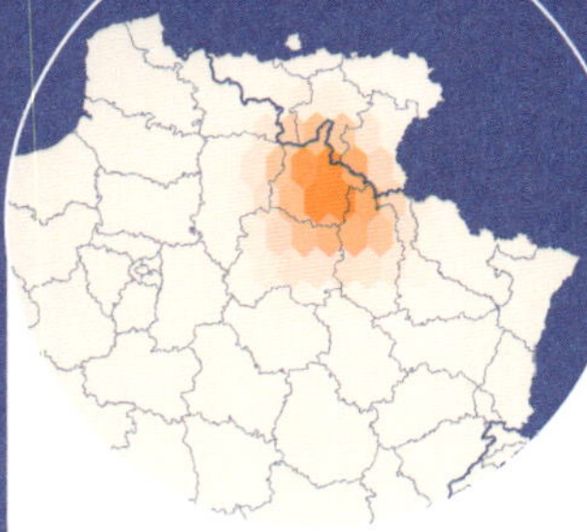

Ça se dit près de chez nous !

La forme *cliche* au sens de poignée de porte est connue uniquement à l'intérieur du département des Ardennes.

0% 50% 100%

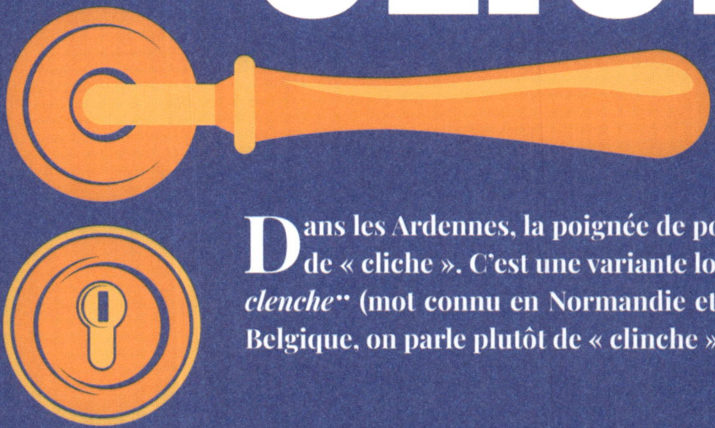

Dans les Ardennes, la poignée de porte prend le nom de « cliche ». C'est une variante locale apparentée à *clenche*[**] (mot connu en Normandie et en Lorraine). En Belgique, on parle plutôt de « clinche ». ■

BEUQUER

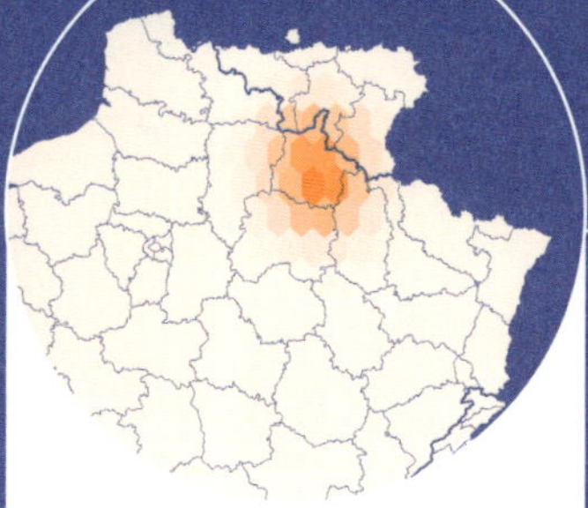

Ça se dit près de chez nous !

Beuquer est connu uniquement à l'intérieur du département des Ardennes, en France.

0% 50% 100%

D'OÙ ÇA VIENT ?

Le verbe *beuquer* remonte sans doute à un mot dérivé, il y a longtemps, sur le latin *batare*, « être ouvert ». C'est à ce même étymon que se rattachent les mots locaux de même sens, connus de la Suisse à la Belgique : *beuyer*, *builler*, etc.

Lorsque vous traversez certains villages du département des Ardennes, si vous voyez des rideaux qui se ferment subitement sans que vous ayez vu quelqu'un derrière, ne vous inquiétez pas : c'est sans doute une grand-mère qui beuque !

Beuquer est un verbe qui permet d'exprimer l'action de regarder quelqu'un ou quelque chose tout en se cachant pour ne pas être vu, derrière une porte, une fenêtre, un buisson. ■

DOYES

Partout en France, en Belgique et en Suisse, on parle indifféremment d'orteils ou de doigts de pied quand on veut parler de ces petits appendices du pied humain, analogues aux doigts de la main. Dans les Ardennes, il existe un synonyme qui n'est pas connu ailleurs. Il s'agit du mot *doyes* (aussi orthographié « dôye »). ■

UN DOIGT, UNE DOYE

Le mot se prononce soit [dôye] (avec un o fermé, comme dans le mot dos), soit [dwaye]. Cette seconde prononciation nous éclaire quant à l'étymologie de ce régionalisme : comme le français « doigt », *doye* vient du latin *digitus* (que l'on retrouve dans le mot *digital* en français). Mais, contrairement à *doigt*, *doye* et son dérivé *doyette* (« petit orteil ») sont des mots féminins : « Je me suis cogné la grosse doye contre une pierre, je me suis fêlé l'ongle ! » *Doye* est également fréquent comme sobriquet.

digitus

« doigt » en latin

DOYES

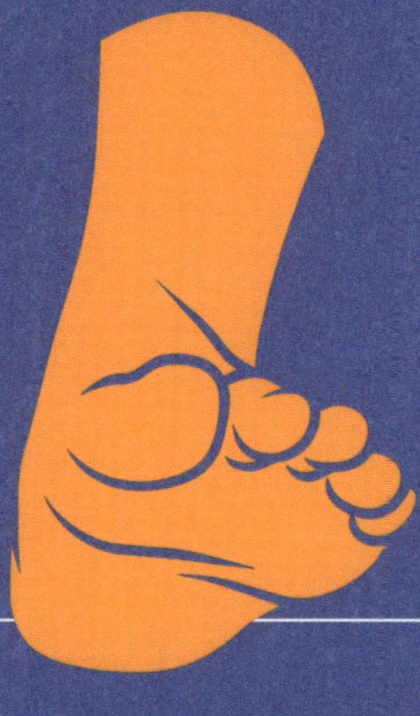

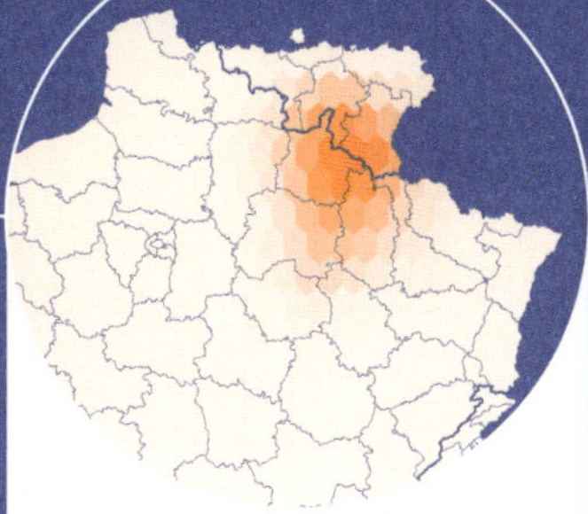

Ça se dit près de chez nous !

Au sud, *doye*, au sens d'orteil, n'est guère connu au-delà du département des Ardennes. Au nord, il s'étend dans toute la partie méridionale de la province du Luxembourg et dans une partie de la province de Namur, toutes deux en Wallonie.

0% 50% 100%

BRIMBELLE : l'or noir des Vosges

Ça se dit près de chez nous !

Le mot *brimbelle*, au sens de « myrtille » (sauvage), est exclusivement employé dans le massif des Vosges.

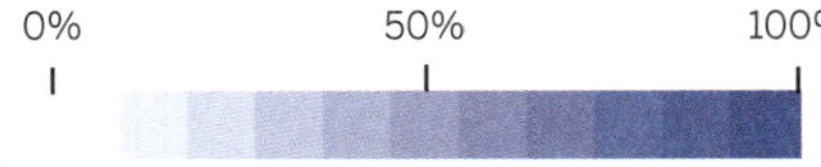

« Vous y entendez aussi, pendant les premiers jours de septembre, les gais appels des myrtilleuses, qui vont cueillir avec des peignes en bois les baies noires et sucrées de la brimbelle, au milieu des escarpements et des bruyères.

Pauvres filles de la montagne, la cueillette des brimbelles est pour elles une fête. En travaillant bien, chacune peut, dans la journée, ramasser un panier de fruits. Mais au prix de quelles fatigues !

La brimbelle ou la myrtille noire se vend à quatre sous la livre. Un panier pèse de 30 à 40 livres. »

Revue d'Alsace,
tome 7, 1876.

La brimbelle est une sorte de myrtille sauvage typique de l'est de la France, et plus précisément des Vosges. On la récolte à la main ou à l'aide d'un « peigne à brimbelles », outil que l'on appelle aussi « rifle ». L'arbrisseau qui les porte, le brimbellier, pousse à ras du sol, en milieu forestier et à moyenne altitude.

La brimbelle est le fruit vosgien par excellence et sa cueillette est une véritable tradition chez les locaux, un héritage familial, disent même certains. Les meilleurs coins à brimbelles se transmettent de génération en génération. La consommation des brimbelles, en raison des nombreuses vertus que l'on prête à cette baie, lui vaut le surnom d'« or noir (des Vosges) ».

LA BELLE DES VOSGES

La brimbelle est une baie légère en sucre comme en calories, riche en fibres et en antioxydants. Elle bénéficie de vertus antidiarrhéiques et antihémorragiques, en plus d'être bourrée de vitamines ! Elle est utilisée dans des tartes, des sirops, des confitures, des liqueurs, etc., et régale les locaux comme les touristes de passage dans le beau massif des Vosges.

bleuets : les brimbelles ne doivent pas être confondues avec les bleuets (ou bluets), que l'on cultive dans les Vosges, mais aussi outre-Atlantique.
airelles : quant au mot *airelle*, il s'agit d'un hyperonyme* qui désigne des baies sphériques, quelle que soit leur couleur, rouge ou bleue. ■

LE SAVIEZ-VOUS ?

Brimbelle est également le nom d'une monnaie locale en circulation dans les Vosges depuis 2017 (*pive***).

embrune

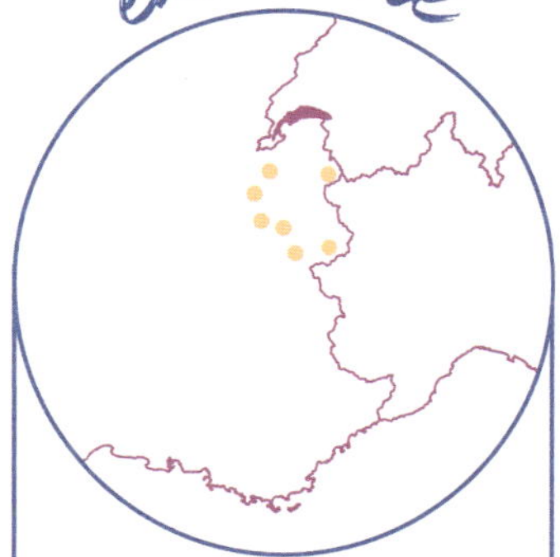

D'après ALF 1751.

Ça se dit près de chez nous !

Dans les parlers francoprovençaux, on trouve quelques attestations de la forme *ambrune* (à rapprocher sur le plan étymologique de *ambroisie*). Comme on peut le voir sur la carte, ces formes étaient connues uniquement en Savoie. Le mot n'a pas survécu en français régional, tout comme les variantes *ambresale*, *ambrësaille*, *ambrizole*, que l'on pouvait entendre jusque dans le Jura.

embrunes : en Savoie, les anciens appelaient ces baies « embrunes ». Ce mot est aujourd'hui quasiment sorti de l'usage.

● Attestations de *embrune* en gallo-roman.

PETITE MAIS PUISSANTE !

L'étymologie du mot reste obscure et prête à discussion. Une hypothèse souvent reprise voudrait que le mot soit le résultat de la combinaison de l'ancien français *bran*, « noir », et de *beille*, « bille », mais d'autres sources plus sérieuses stipulent que *brimbelle* serait formé sur le radical onomatopéique *bri(m)b-*, qui exprime la petitesse, avec un suffixe *-elle* comme pour *airelle*. Les mots *bribe* (désignant de petites quantités de choses diverses) et *brimborion* (objet de peu de valeur ou personne de petite taille) ont donc la même origine onomatopéique !

exprime la petitesse

BRIMBELLE

*HYPERONYME

Un **hyperonyme** est un mot (et notamment, un nom) dont le sens inclut celui d'autres mots. *Chien* est l'hyperonyme de *caniche*, *bouledog*, etc.

La QUICHE LORRAINE et sa MIGAINE

Ça se dit près de chez nous !

En Lorraine, on emploie le mot *migaine* pour désigner l'appareil (mélange d'œufs et de crème fraîche battus ensemble) que l'on verse sur la pâte pour garnir une tarte.

0% 50% 100%

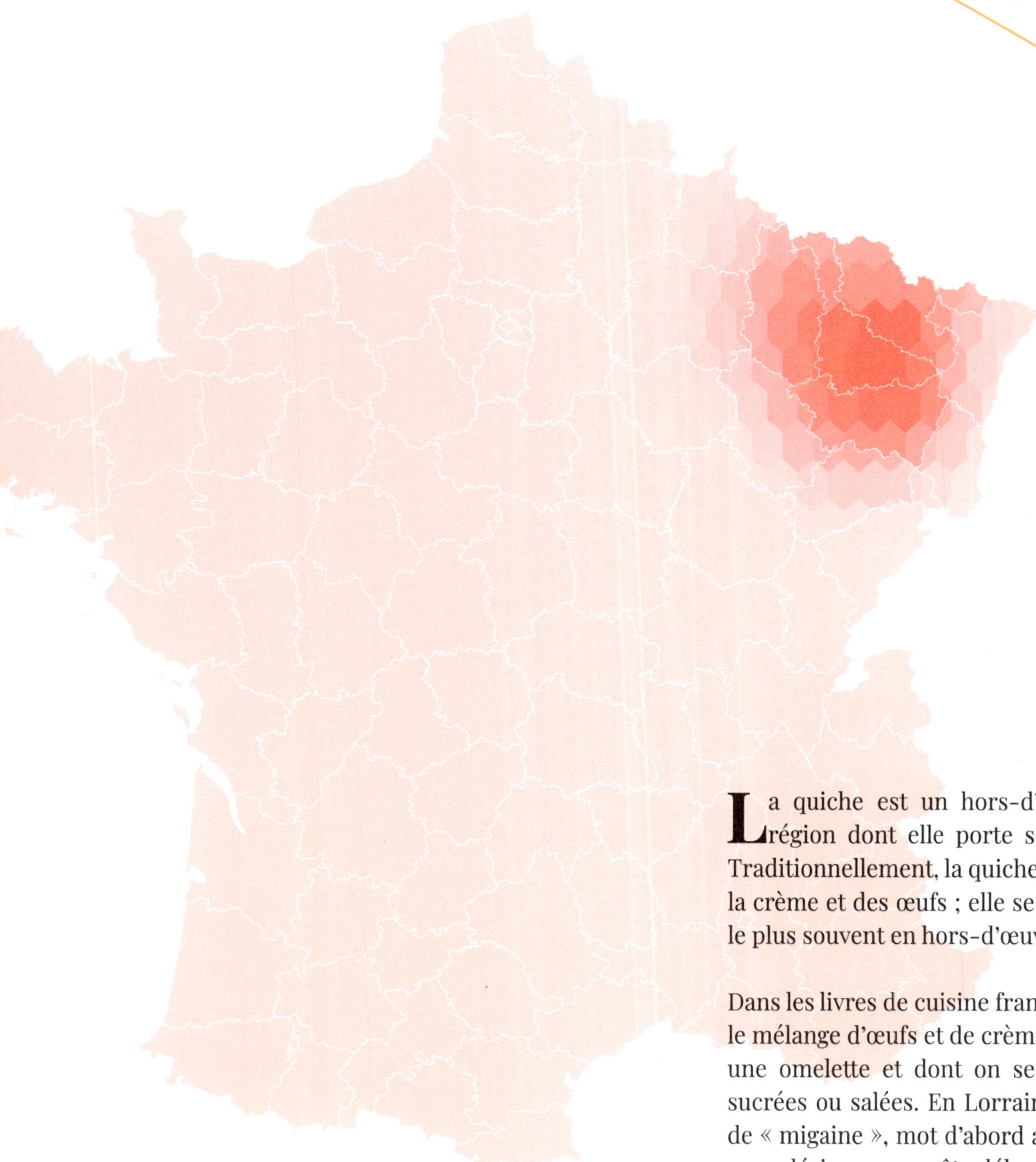

La quiche est un hors-d'œuvre emblématique de la région dont elle porte souvent le nom, la Lorraine. Traditionnellement, la quiche lorraine contient du lard, de la crème et des œufs ; elle se consomme chaude ou tiède, le plus souvent en hors-d'œuvre.

Dans les livres de cuisine française, on appelle « appareil » le mélange d'œufs et de crème fraîche que l'on bat comme une omelette et dont on se sert pour garnir les tartes sucrées ou salées. En Lorraine, ce mélange porte le nom de « migaine », mot d'abord attesté dans les patois locaux pour désigner une pâte délayée. Ce sens a été conservé en Moselle pour nommer la préparation dont on se sert pour faire des crêpes ou des gaufres.

MAIS QUELLE QUICHE !

Le mot *quiche* apparaît dès le XVIe siècle dans le livre de comptes de la maison du duc Charles III de Lorraine. Cependant, à cette époque, ladite quiche ne ressemble que de loin à la tarte que nous connaissons. Il s'agit d'une pâte sur laquelle on a jeté œufs, crème et beurre – parfois quelques oignons, bref, à quelque chose qui ressemble davantage à ce qu'on appelle aujourd'hui une « flammeküche ».

> **« Il ne reste plus de quiche au lard, mère Gogotte ? Ni de tourte non plus ? Oh ! quel dommage ! la migaine qui était dessus fondait dans la bouche comme du blanc fromage qu'on aurait fait réchauffer. »**
>
> **George Chepfer,**
> « La Première Communion du gamin »,
> Saynètes, paysanneries, 2, 1945.

> **« Si tu viens de le rencontrer, le cas n'est pas forcément désespéré, il a peut-être été bousillé par sa mère obèse ou une spécialiste de la flammekueche avec qui il se faisait chier comme un rat. Tu peux donc devenir sa diet coach. »**
>
> **Capucine Cousin,**
> *Le super mec est un mytho. Et alors ?*, 2014.

POUR TOUS LES GOÛTS

Dans certaines régions, une quiche désigne n'importe quelle tarte salée réalisée avec une migaine agrémentée d'autres ingrédients, puis passée au four : une quiche à l'oignon, une quiche aux épinards, une quiche vegan, etc.

LE SAVIEZ-VOUS ?

L'étymologie du mot *quiche* est à chercher dans le substrat. En francique lorrain, *Kuchen* désigne un « gâteau, tarte ». Mot qu'on retrouve sans adaptation dans le nom d'une autre spécialité culinaire du Grand Est, la flammeküeche (littéralement « tarte à flamme », mais qu'on a traduit en français par « tarte flambée »). Longtemps considérée comme une spécialité alsacienne, la flammeküeche a aujourd'hui largement conquis l'Europe.

GOUMEAU

En Franche-Comté, la migaine s'appelle « goumeau ». On dit aussi « coumeau », voire « k'mau » ou encore « koumeau » – nous ne signalons pas toutes les variantes orthographiques.
Le terme est à rattacher au français classique *goumer*, « humecter, imbiber, tremper », attesté dès le XVIe siècle en Suisse.

GUÊLON

Dans les cantons de l'arc jurassien en Suisse, ce mélange est appelé « guêlon », issu du verbe *guéler*, « étendre le guêlon sur un gâteau », d'origine contestée.

LA FÊTE DE

Ça se dit près de chez nous !

On peut voir que les francophones d'Europe qui célèbrent la Saint-Nicolas sont tous établis sur un croissant dont les pointes vont de l'ancienne région Nord-Pas-de-Calais à la Suisse romande.

0% 50% 100%

LE SAVIEZ-VOUS?

Aujourd'hui, la Saint-Nicolas est surtout fêtée dans les pays germaniques ou en contact avec un pays germanique (l'Allemagne, l'Autriche, la Belgique, le Luxembourg, les Pays-Bas, la Suisse) ou suivant des traditions orthodoxes (Chypre, Grèce, Pologne, Russie, etc.).

La Saint-Nicolas est une fête chrétienne, qui met en scène saint Nicolas de Myre, qu'on appelle plus généralement « saint Nicolas », et son méchant compagnon le Père Fouettard. Dans l'ouest de l'Europe, cette fête est célébrée le 6 décembre : dans les pays orthodoxes, c'est le 19 décembre. En Lorraine, de Nancy à Metz, comme à Fribourg, en Suisse romande, la Saint-Nicolas est célébrée le premier week-end de décembre, à grands coups de spectacles, de défilés et de feux d'artifice. À Strasbourg, le célèbre marché de Noël fut longtemps appelé le « marché de la Saint-Nicolas ».

En Belgique, la Saint-Nicolas est une véritable institution. Dans certaines familles, l'événement jouit d'une plus grande importance que Noël. Dans cette région comme dans le nord de la France, des défilés sont organisés dans les rues, et c'est une occasion de sortie pour les Géants (*ducasse*[**]).

D'un pays à l'autre, les traditions diffèrent. Le point commun réside dans la distribution aux enfants de friandises au cours de la nuit. Les différences dans les représentations concernent :

- **La locomotion de Saint-Nicolas :** dans certaines régions, saintNicolas se déplace sur un âne magique, dans d'autres il arrive sur un bateau tiré par un cheval.
- **L'image du Père Fouettard** qui l'accompagne, représenté tantôt comme un diable, tantôt comme un charbonnier, voire comme un paysan rustre, bruyant et sale...
- **Les formes de pâtisseries** que l'on confectionne pour l'occasion, pâtisseries que l'on nomme communément « bonhomme de Saint-Nicolas », mais dont il existe de nombreuses variantes.

LA SAINT- NICOLAS

VOUS DITES [MÄNNLE] OU [MÄNNLA] ?

À la Saint-Nicolas et jusqu'à l'épiphanie, les boulangers établis dans les régions où l'on fête la Saint-Nicolas fabriquent de petites pâtisseries briochées en forme de petits bonshommes, nature, au sucre, aux raisins secs ou aux pépites de chocolat.

Dans l'est de la France, ces pâtisseries changent de nom en fonction des différents endroits où elles sont consommées. En Alsace, c'est le mot alsacien *männle*, qui est utilisé, et qui signifie littéralement « petit homme » (*männ* : homme, *-le* : suffixe diminutif). La prononciation de ce mot diffère toutefois entre la Basse-Alsace (au nord) et la Haute-Alsace (au sud), puisque le mot y est prononcé [mäennleu] ou [männla], respectivement.

"homme" → MÄNN**LE** ← "petit"

En Lorraine, on parle de brioche « de Saint-Nicolas », voire de « Saint-Nicolas » tout court (par métonymie avec le personnage).

Dans les Vosges, on utilise la forme dialectale *coualé*, qui signifie « tordu », en raison de la forme de la pâtisserie.

Dans le nord de la Franche-Comté et dans le sud de la Bourgogne, la locution *Jean-Bonhomme* est typique.

Au Luxembourg, on parle de *Boxemännchen*, un mot luxembourgeois qui signifie *box*, « boîte », *männ*, « homme » et *chen*, « petit, joli ».

Dans le Nord-Pas-de-Calais, cette pâtisserie prend le nom de « coquille ».

En Belgique, on parle de « cougnou » ou de « cougnole ».

PETIT JÉSUS À CROQUER

En Belgique comme dans les départements de France qui bordent la Wallonie, ces petites brioches prennent la forme de petits jésus et portent aussi des noms qui varient en fonction des régions.

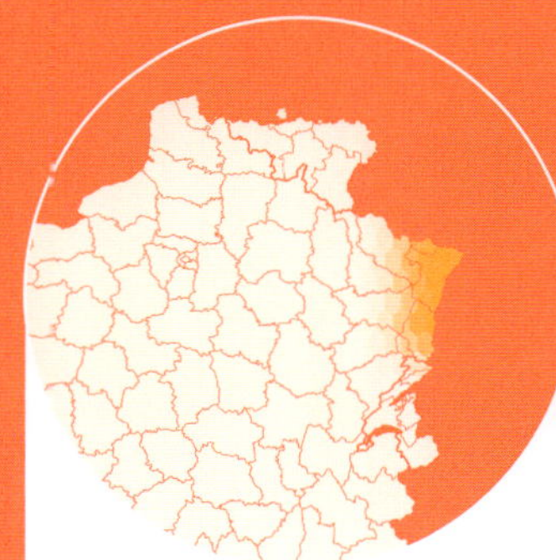

Ça se dit près de chez nous !

Sur la carte est représentée l'aire où l'on consomme des *männle* pendant la période la Saint-Nicolas. La prononciation du mot diffère entre le nord et le sud de l'Alsace. Dans le Bas-Rhin, on prononce [männle], alors que l'on dit plutôt [männla] dans le Bas-Rhin.

0% 50% 100%

ÇA GEHT'S MOL ?

Ça se dit près de chez nous !

L'expression *ça geht's mol ?* est connue en Alsace, en Lorraine, mais aussi dans le Territoire de Belfort et la Suisse romande.

0% 50% 100%

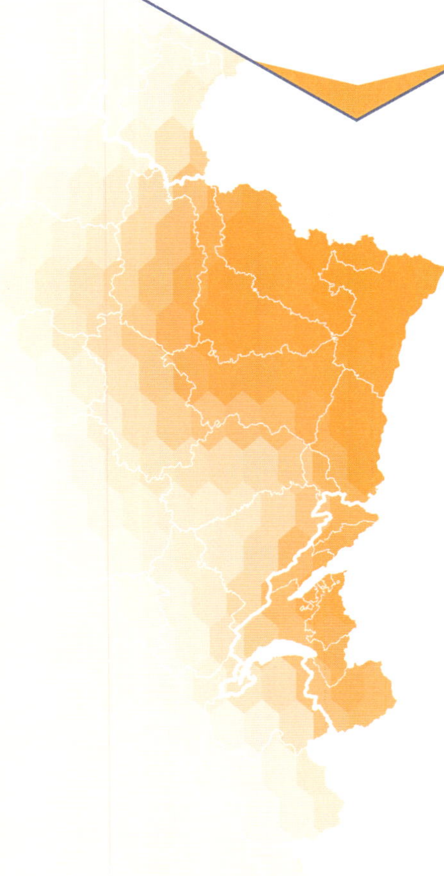

L'Alsace et la Lorraine sont deux régions voisines, mais de tradition linguistique distincte. La première est historiquement germanophone bien que, dans un certain nombre de localités à l'ouest du Haut-Rhin, on parle traditionnellement des dialectes gallo-romans. La seconde est historiquement romane, bien que la moitié de la Moselle parle des dialectes germaniques.

Cette situation de contact entre des systèmes linguistiques différents a donné naissance à des expressions hybrides qui mêlent le français et le dialecte germanique. L'expression *ça ghet's (mol)*, en est l'une des plus typiques et emblématiques.

UNE ALLIANCE FRANCO-ALLEMANDE

Sémantiquement, la locution s'emploie comme une formule de salutation ou de politesse, équivalente au français général ça va : « Comment qu'c'est ? » « Moi ça geht's mol ! »

Si on décortique la tournure, on voit qu'il s'agit d'une hybridation qui intègre du français (« ça », pronom impersonnel qu'on retrouve dans le tour « ça va ») et de l'allemand (*wie geht's*, qui signifie, dans la langue de Goethe, « comment ça va ? ») :

- ***Wie*** signifie « comment »
- ***geht*** veut dire « va »
- ***'s*** est ici une particule exprimant un sujet impersonnel, qu'on peut traduire par « ce » ou « ça ».

En pratique donc, le français a emprunté la forme *geht's* et l'a ajoutée à la base *ça*. Mot à mot, *ça geht's* peut être traduit ainsi : « Ça va ça ? »

- ***mol*** signifie littéralement « une fois », mais qui a le sens de « bien » : « Ça va bien ? »

pronom impersonnel

ÇA « ça »

« va » GEHT'S

MOL ?

« bien »

ÇA ROULE, MA POULE !

On a coutume de dire que la question « ça va ? » interroge l'état des selles d'un individu. Autrement dit : « Est-ce que vous allez bien à la selle ? » En réalité, l'emploi du verbe *aller* renvoie simplement à une idée de fonctionnement et de changement d'état, notamment en matière de santé, puis de façon plus générale. En revanche, la dimension scatologique n'est qu'un aspect de la chose ! On remarquera que dans « ça va ? » comme dans « ça roule ? » ou « ça marche ? », il y a une idée dynamique d'évolution. C'est pour cela qu'on pose la question ! Car cet état dont on s'inquiète est toujours susceptible de se transformer, de basculer, pour le meilleur ou pour le pire.

En français de Suisse, on demande si « ça joue » et, là encore, on comprend que le verbe *jouer* a une valeur spéciale qui renvoie au fait de « se déplacer, ne pas garder sa forme ». Cette valeur est à lier à l'idée de jeu comme « espace » : « Il faut donner du jeu à cette fenêtre ; ça coince quand on veut l'ouvrir. » Quand on dit « ça joue », cet emploi impersonnel correspond aux usages de *marcher, aller, rouler* ! ■

ça joue ?

LE SAVIEZ-VOUS ?

Les germanophones ont pris l'habitude d'appeler « *Welsches* », prononcé [velches], les habitants des pays romans, soit des localités où l'on parlait naguère des dialectes gallo-romans.
En allemand, *Welsch* est un mot qui signifie originellement « étranger parlant une langue non germanique ». Il a longtemps été utilisé pour désigner les peuples parlant une langue romane, ce qui inclut l'espagnol, l'italien et le français, de même que leurs dialectes.
Aujourd'hui, il est souvent donné comme vieilli, y compris dans les régions comme la Lorraine, le Jura et la Suisse, où il était surtout utilisé par les locuteurs germanophones pour désigner les francophones.

WELSH ET WALLON

Le mot allemand *Welsch* est à rattacher à un mot germanique ancien **Walhoz*, « Celtes », lui-même emprunté au latin *Volcae*, nom d'un peuple celte du Languedoc. C'est à **Walhoz* que se rattachent les formes *wallon* et *Wallonie*.

LES GERMANISMES

La région du Grand Est est frontalière avec des territoires où l'on parle des variétés de langue germanique. Il n'est dès lors pas étonnant que ces dernières aient laissé des traces dans le français que l'on parle dans le Grand Est.

En Alsace ainsi qu'en Moselle, les dialectes germaniques ont joué au regard du français le rôle de substrat*. Pendant des décennies, le français n'a pas été utilisé dans les familles ni transmis de génération en génération : on apprenait le français à l'école, et on parlait le dialecte à la maison.

A contrario, les langues germaniques n'ont jamais été les langues maternelles des Wallons en Belgique ni des Romands (les Welsches en Suisse). En Wallonie comme en Suisse romande, ce sont les dialectes gallo-romans qui ont joué le rôle de substrat* ancestral, le français jouissant du rôle de « langue-toit* » et les dialectes germaniques servant à l'occasion d'adstrat*.

On reconnaît facilement ces germanismes à leur forme. Ceux qui commencent par la suite de consonnes *sch-* sont particulièrement nombreux et répandus. Ils sont d'ailleurs parfois employés par des locuteurs établis dans des régions où l'allemand n'a jamais été la langue maternelle. ■

*SUBSTRAT, ADSTRAT ET LANGUE-TOIT

En linguistique, le terme ***substrat*** désigne la couche linguistique en présence au moment où arrive un autre système linguistique (langue, dialecte, parler, etc.). En Alsace, l'alsacien joue le rôle de substrat par rapport au français (*sub-* = en-dessous).

On parle d'« **adstrat** » pour faire référence à la couche qui s'ajoute à un système linguistique en présence. En Suisse romande, l'allemand est un adstrat (*ad-* = en plus). Les substrats et les adstrats peuvent avoir des rôles plus ou moins importants sur l'évolution d'une langue.

Enfin, on parle de « langue-toit » pour parler de la langue « standard » qui chapeaute plusieurs dialectes ou langues locales. En France, à la fin du XIXe siècle, le français jouait le rôle de langue-toit.

LA LEÇON DE DIALECTOLOGIE

Comme les langues romanes, les langues germaniques se divisent en plusieurs variétés et dialectes. En Alsace et en Suisse, les parlers germaniques se rattachent au groupe qu'on appelle « alémanique », alors qu'en Lorraine (Moselle, essentiellement), au Luxembourg et en Belgique, les parlers germaniques font partie de la famille du francique.

EN *SCH-*

UN PETIT SCHNAPS ?

Aujourd'hui, de plus en plus de francophones connaissent et utilisent le mot *schnaps* pour désigner un alcool relativement fort, obtenu à partir de la macération de fruits (poire, mirabelle, prune, etc.) ou de baies (cerise, framboise, cassis, etc.). On l'utilise surtout comme synonyme du mot *digestif*. Cet emprunt à l'allemand est attesté en français dès la fin du XVIIIe siècle, dans le sens qu'on lui donne aujourd'hui, et est employé bien au-delà des terres germanophones ! ■

QUELLE BONNE IDÉE, CETTE SCHNAPSIDEE !

En Alsace et en Suisse – mais c'est aussi le cas en allemand et dans ses dialectes –, on appelle « schnaps-idée » ou « schnapsidee » une idée farfelue, qu'on a pu avoir alors qu'on était ivre… ou pas !

* DÉRÉGIONALISATION

En linguistique, la **dérégionalisation** est le processus par lequel un mot originellement employé localement passe dans le français général. En d'autres termes, c'est quand un régionalisme cesse de l'être, car il n'est plus employé qu'à l'intérieur de sa zone d'origine, mais au-delà.

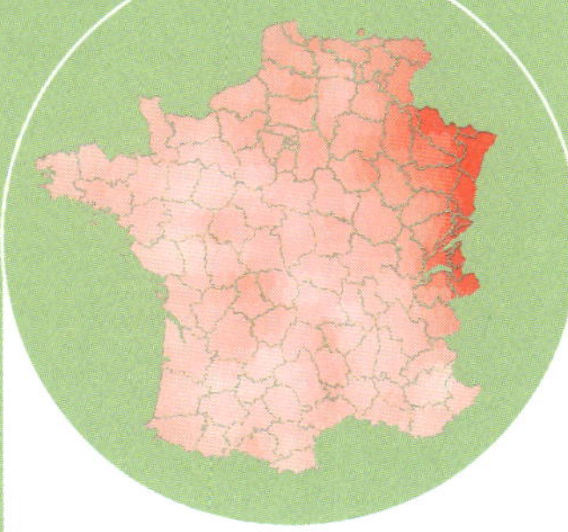

Ça se dit près de chez nous !

Schnaps, au sens de « alcool fort, eau-de-vie », est connu sur une large frange allant de la Belgique à la Suisse, tout le long de la frontière avec les régions où l'on parle des dialectes germaniques.

Ailleurs, il est de plus en plus connu et utilisé. On peut dire qu'il est en voie de dérégionalisation*.

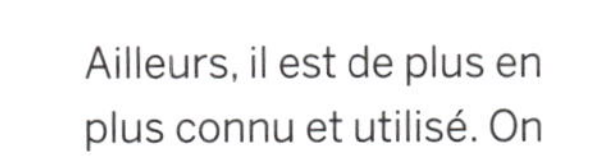

FERME TA SCHNESS

Bon nombre de germanismes en *sch-* sont connus uniquement dans les régions où les dialectes jouent le rôle de substrat. Certains ne sont pas connus en dehors des frontières de la Moselle. C'est par exemple le cas du mot *schness*, qui désigne la bouche, la gueule, le visage, une adaptation du mosellan *schnéss* ou *schniss*, à rapprocher de l'allemand *Schnauzen*. Le mot est surtout employé dans l'expression *ferme ta schness !* Pas besoin de vous faire un dessin…

SCHNESS

↓

Schnauzen

« bouche » en allemand

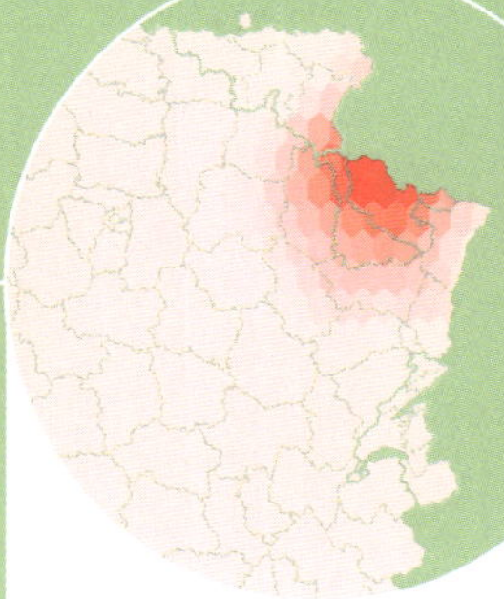

Ça se dit près de chez nous !

Le mot *schness* est surtout employé dans le département de la Moselle. Sa vitalité d'usage décroît drastiquement dès que l'on sort de ce département.

0% 50% 100%

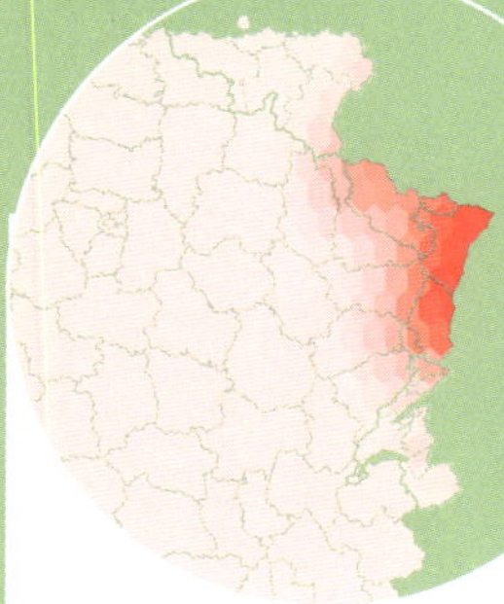

Ça se dit près de chez nous !

Le mot *schmoutz* jouit d'une vitalité extrêmement importante dans le Haut-Rhin et dans le Bas-Rhin, il est employé dans une proportion moindre en Moselle et au-delà.

0% 50% 100%

UN SCHMOUTZ ET AU LIT !

D'autres germanismes sont connus sur l'ensemble des terres historiquement germanophones de France. Mentionnons à titre d'illustration le substantif *schmoutz* et sa variante *schmoutzi* – le *-i* est un suffixe diminutif en alsacien –, qui signifie « baiser, bisou ». Du moyen haut allemand *smuz*, le mot a connu de nombreuses variantes au fil du temps et des dialectes. Sa forme rappelle celle de l'anglais *smack*.

SCHMOUTZ

↓

Smuz

SCHMER

Certains germanismes en *sch-* sont employés par des locuteurs établis dans des régions où l'allemand n'a jamais été la langue première de personne. C'est le cas de *schmer*, aussi orthographié « schmère », un emprunt au francique lorrain ou à l'allemand, de même forme et de même sens, qui désigne une cigarette dans l'argot des jeunes Lorrains de Nancy. ■

Ça se dit près de chez nous !

Le mot est courant dans l'argot des jeunes Lorrains, notamment des jeunes de la ville de Nancy. Il est également employé en Moselle et dans une petite partie du sud-est de la Wallonie dite des « Trois-Frontières ».

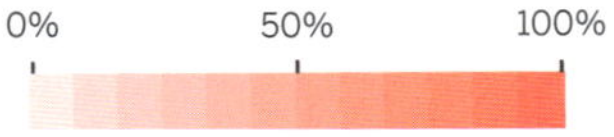

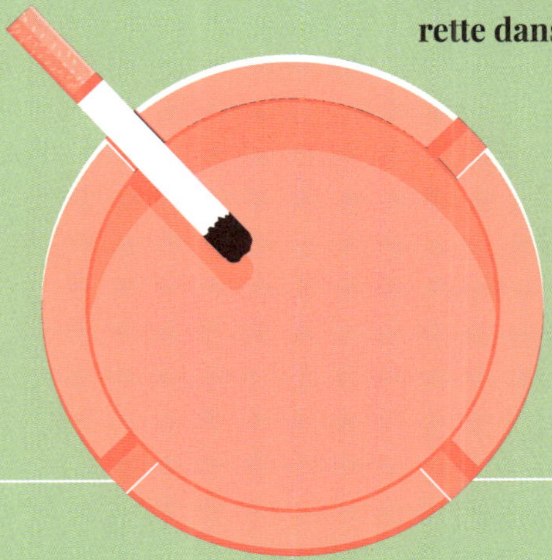

« Le sucre c'est pour mettre dans le café (n'est-ce pas Maxwell) qui va bien avec une bonne p'tite schmère. »

SCHLOUCK

***Schlouck*, au sens de « gorgée, coup », est un autre régionalisme emblématique du Grand Est. Il est surtout employé dans l'expression « boire un schlouck » d'eau, de bière ou de soda. Il provient de *Schluck*, emprunté aux dialectes germaniques, de même sens.** ■

COMMENT ÇA S'ÉCRIT ?

Signalons que, comme c'est le cas pour de nombreux régionalismes, l'orthographe de tous ces mots n'est pas fixée, ce qui explique qu'on les trouve écrits « à la française », avec *ch-* : *chness*, *chmer*, *chlouck*, *chmer*. Rappelons aussi qu'en allemand, la lettre *u* se prononce [ou], ce qui explique pourquoi on écrit parfois *schlouck* et *schmoutz* avec un *ou* et non un *u*. (*schlap*··, *spritz*··, *schneck*··).

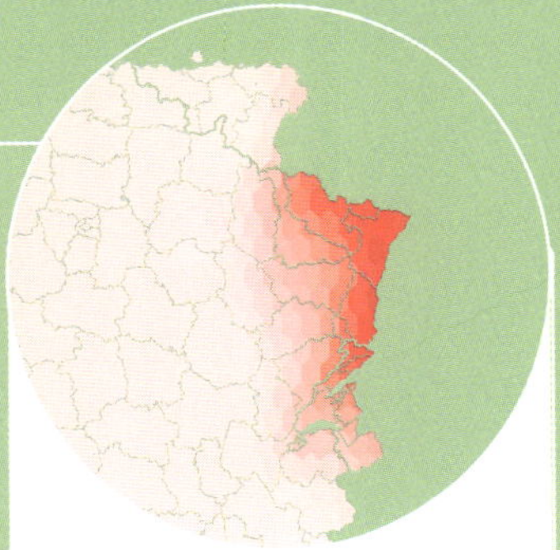

Ça se dit près de chez nous !

Le mot *schlouck* est actuellement utilisé dans le nord de la Suisse romande et dans les départements voisins de l'Alsace, le long de la frontière avec l'Allemagne.

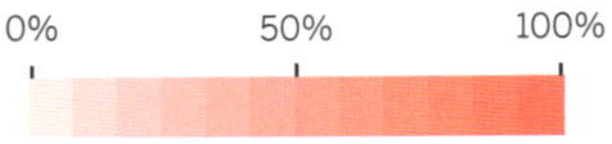

SCHLAPS OU SCHLOPPE ?

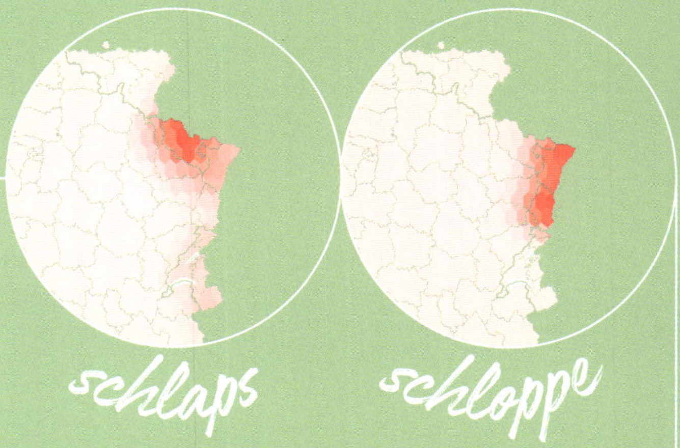

L'Alsace et la Moselle sont historiquement des territoires où l'on parle des dialectes germaniques. Cette situation de contact a favorisé les interférences entre les systèmes linguistiques en présence, et de nombreux mots allemands sont passés en français.

Il arrive qu'un mot d'origine germanique soit adopté en Moselle et en Alsace, mais sous des formes différentes. Dans les milieux germanophones de l'est de la France, ce que les Français de l'intérieur* nomment « pantoufle », « savate » ou « chausson » prend le nom de « schlappe » ou « schloppe » (prononcé avec une voyelle interne qui oscille entre les sons [a] et [o]).

Si l'on y regarde de plus près, on observe toutefois une différence entre les locuteurs de Moselle et les Alsaciens. Les premiers ont adapté le mot au système du français (il est plutôt prononcé sans voyelle finale : *schlop* ou *schlap*, et c'est le *s* qui marque le pluriel à l'écrit). Les seconds ont gardé le système de l'alsacien, qui signale le pluriel au moyen d'une voyelle finale audible (d'où les graphies *schloppe* et *schloppa* que l'on rencontre çà et là). ■

En Alsace, le lancer de charentaises (ou de pantoufles) prend le nom de… « lancer de schlappes » !

Fête de la Tarte flambée et championnat de lancer de schlappes

ces 13 et 14 juillet :
Qui sera sacré champion 2019 du lancer de schlappes ? Pour le savoir, rendez-vous ce dimanche 14 juilletà Ritzing à la fête de la Tarte flambée.

Républicain Lorrain, 12 juillet 2019.

*** FRANÇAIS DE L'INTÉRIEUR**

On appelle France de l'intérieur (ou Français de l'intérieur) la partie de la France qui exclut l'Alsace-Lorraine. L'expression est surtout utilisée dans les milieux germanophones. Elle a été forgée comme pendant à l'expression « France de l'extérieur », utilisée par le gouvernement français pour désigner l'Alsace-Moselle pendant son occupation par l'Allemagne (entre les années 1871 et 1918).

SCHNOUGEL

En Moselle, le mot *schnougel* (prononcé [chnou-guèl]) désigne du mucus nasal ou, plus familièrement, ce qu'on appelle de la morve. Le terme se rattache à un étymon germanique ayant donné l'allemand moderne *schnäuzen*, « se moucher, expulser le mucus du nez ». ■

schnäuzen

« se moucher » en allemand

SCHNOUGEL

« morve »

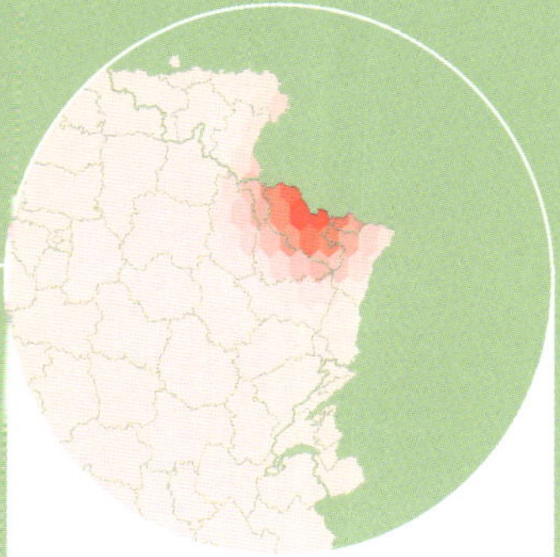

Ça se dit près de chez nous !

L'aire de *schnougel* épouse parfaitement les frontières du département de la Moselle.

0% 50% 100%

SCHPATZ

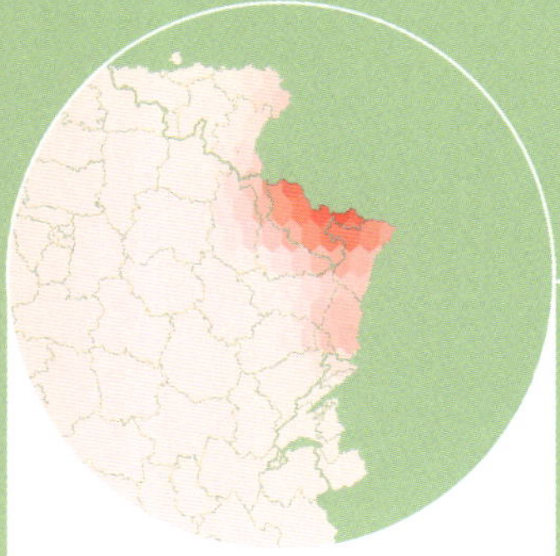

Ça se dit près de chez nous !

Schpatz, au sens de zizi d'un petit garçon, est utilisé en Moselle et dans l'arrondissement de Haguenau, dans le Bas-Rhin.

0% 50% 100%

En francique lorrain, comme en allemand et dans d'autres dialectes, le mot *schpatz* désigne un petit oiseau. Comme en français et dans d'autres langues, il peut désigner le sexe d'un petit garçon – ne dit-on pas à quelqu'un qui n'a pas fermé sa brayette que le « petit oiseau » risque de sortir ?**

LE PETIT OISEAU VA SORTIR !

Cette relation entre le petit oiseau et le sexe d'un petit garçon se retrouve dans de nombreuses langues et variétés de langues :

- **québécois : *mouéneau*, « moineau » ;**
- **italien : *uccellino*, « petit oiseau » ;**
- **grec : *pouláki*, « petit oiseau » ;**
- **espagnol : *pajarillo*, « petit oiseau » ;**
- **roumain : *cocosel*, « coquelet » ; *pasarica*, « petit oiseau » pour la vulve.** ■

ESCARGOT ou SCHNECK

Ça se dit près de chez nous !

Schneck, utilisé pour désigner un pain aux raisins, est surtout utilisé en Moselle, dans le Bas-Rhin et, plus sporadiquement, dans le Haut-Rhin.

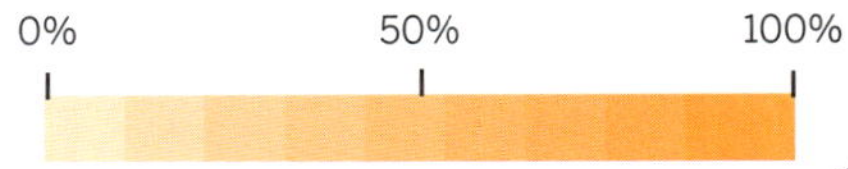

Dans la plupart des régions de France, on appelle « pain aux raisins » cette viennoiserie faite de pâte briochée, assortie de raisins secs et de crème pâtissière, en forme de coquille d'escargot. En Alsace, c'est le germanisme *schneck* (*schnaps*••, *louck*••, *schlappe*••), prononcé [chnèk], « escargot, limace », qui est en usage. La version française « escargot » est, quant à elle, connue sur un territoire beaucoup plus large, qui englobe l'Alsace, la Lorraine ainsi que la Suisse romande.

MASCULIN / FÉMININ

Il y a schneck et schneck ! Au masculin, le mot *schneck* désigne la viennoiserie. On peut déguster un schneck aux raisins, mais aussi prendre quelques libertés avec un schneck aux noisettes.

En revanche, si le mot est employé au féminin, il désigne alors le sexe de la femme. Ce n'est pas étonnant car, en allemand, dans un registre argotique, une « shnecke » est une jeune fille. Reste à établir le lien entre l'escargot, la viennoiserie, la fille et le sexe...

Ce rapport est métaphorique et métonymique. Bien que le sexe féminin n'ait rien d'une spirale, il se rapproche de l'escargot par sa texture et sa viscosité. La forme hélicoïdale de la coquille rappelle, quant à elle, celle du serpent enroulé sur lui-même. Adam, Ève, le serpent, ça vous rappelle quelque chose ? ■

> « Que tu sois premier de la classe
> ou la pire des crasses
> ça impressionne que dalle,
> avec ou sans stress, avec ou sans strass
> Range tes pecs, ta museu, ta collec' de schnecks
> ça a peu de valeur à nos yeux, tu t'effaceras aussi sec. »
>
> **La Gale,**
> *Tes balafres*, 2012.

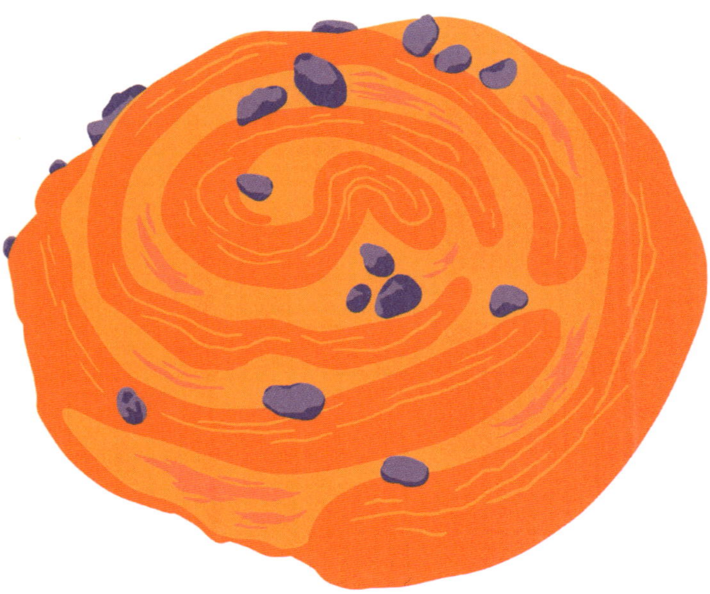

IL A GAGNÉ À L'EUROMILLION, IL A EU DE LA SCHNECK !

Comme il est rare que le sexe féminin ait des connotations positives en français, ne boudons pas notre plaisir ici puisqu'il est cette fois synonyme de *chance*. La schneck, c'est aussi cela ! Vous remarquerez que, dans un registre familier, on a de la schneck comme on a de la chatte ou de la moule.

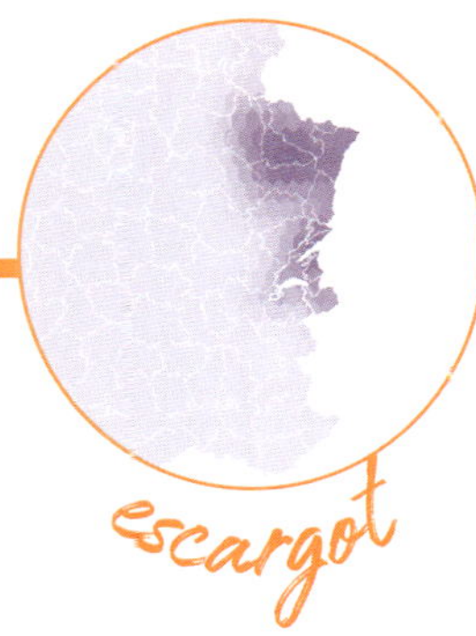

L'utilisation du mot *escargot* (traduction française du mot *schneck*) pour dénommer ce qu'on appelle ailleurs un « pain aux raisins » est connue sur un territoire beaucoup plus large, qui englobe l'Alsace, la Lorraine mais aussi la Suisse romande.

L'ESCARGOT, LE SCHNECK ET LE CHINOIS

Le petit dernier de la bande vient aussi de l'est de la France et a également des allures de schneck. À cela près qu'il est plus grand que tous les autres ! En effet, il se compose de plusieurs escargots juxtaposés pour former un grand gâteau de pâte levée, garni de crème ou de fruits secs, souvent parfumé à la cannelle et nappé d'un glaçage. Reste un mystère jusqu'ici irrésolu : l'origine du nom *chinois*. On se perd en hypothèses peu concluantes, loin des frontières de la Chine, qui nous pousseraient trop loin à l'est...

ET À LYON ?

Dans la capitale des Alpes, on parle de « pain russe » !

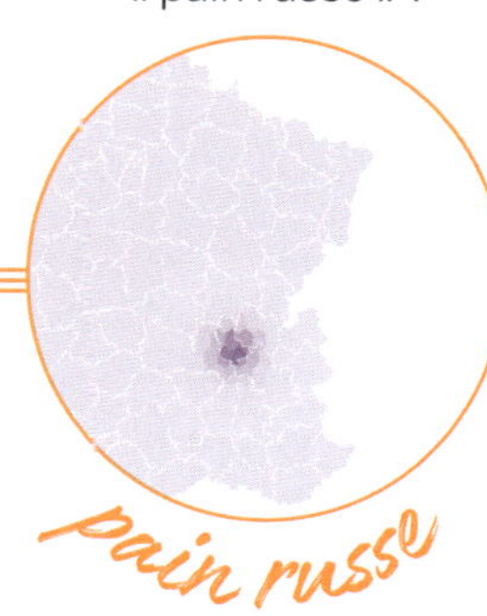

LE SPRITZ, VOUS LE SIFFLEZ OU VOUS LE CHUINTEZ ?

Ça se dit près de chez nous !

Spritz, prononcé avec le son [ch], est surtout employé sur une large frange des régions francophones qui s'agencent le long de la frontière germanophone. Mais cette prononciation à l'allemande est connue ailleurs.

0% 50% 100%

Vous connaissez sans doute le spritz, cet apéritif rafraîchissant comportant du vin pétillant et une liqueur amère à base de plantes ? Dès l'approche des beaux jours et tout au long de l'été, on ne consomme presque plus que ça sur les terrasses.

La marque Aperol spritz® a lancé en 2018 un sondage sur la prononciation du mot *Spritz* en français. « Vous dites Aperol Spritzzzz ou plutôt Aperol Schhpritz ? » En termes phonétiques, la question revient à savoir si vous prononcez le mot avec une chuintante – que l'on retranscrit *ch* en français – ou avec une sifflante, que l'on orthographie généralement avec un *s*.

QUAND ÇA CHUINTE

En allemand comme dans les variétés dialectales de cette langue parlées en Autriche, en Suisse, dans l'est de la France, etc., le mot *spritz*, et toutes les formes et variantes qui s'y rattachent, se prononce avec une chuintante, comme les mots en *sch-* *schlouck*••, « gorgée », ou *schlappe*••, « chausson ».

En français standard, la graphie *sp-* se prononce avec une sifflante, témoin la prononciation des mots *spéléologie*, *spécificité*, etc.

Il n'est pas étonnant toutefois que les Français qui parlent allemand ou qui côtoient des germanophones – en particulier ceux qui sont établis sur tout le flanc est de la francophonie d'Europe – utilisent la prononciation avec chuintante lorsqu'ils commandent, à la terrasse d'un café ou ailleurs, un s(ch)pritz !

VIENNE ET VENISE ?

Saviez-vous que, malgré ses racines vénitiennes, le nom du spritz était d'origine germanique ? Le spritz est originaire de Venise, mais ses origines seraient autrichiennes ! À la fin du XVIIIe siècle, la ville de Venise est brièvement occupée par l'Autriche. Les soldats, ayant trouvé les vins locaux trop forts, auraient demandé qu'on les « spritze », donc qu'on les « arrose » d'eau gazeuse. Après quelques décennies, la recette a changé : on arrose désormais avec du vin blanc pétillant une liqueur faiblement alcoolisée et légèrement amère. Mais le nom est resté ! ■

[ch-pri-tz]

SPRITZ

[sp-ri-tz]

spritzer

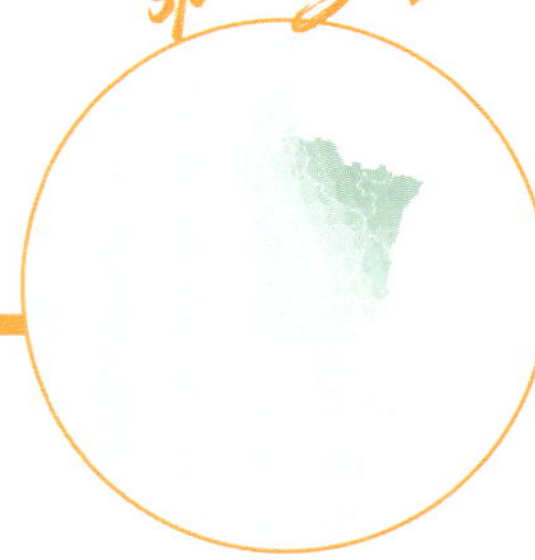

ÇA FAIT PSSHITTT !

En Alsace et en Moselle, le verbe allemand *spritzen*, qui signifie « arroser », a été légèrement adapté (sous la forme *spritzer*) et est utilisé en français avec le sens général de « éclabousser, jaillir en éclaboussant » : « Je hais les merguez... Surtout quand ça spritz quand on les coupe. »
Des formes dérivées de *spritzen* ont été relevées dans les parlers dialectaux de Wallonie (*espritcher*) ou de Suisse romande (*esfritcher*).

La forme *trisser* (variante : *détrisser*), qui s'est diffusée à l'intérieur des terres romanes de la Lorraine, appartient à la même famille que le verbe *spritzer*.

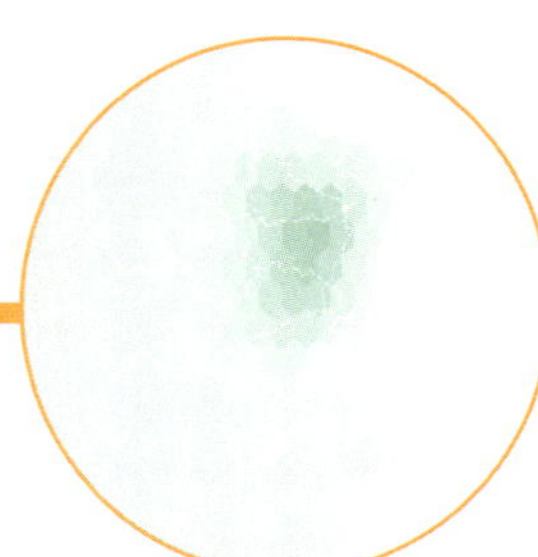

trisser

UN PETIT DÉTOUR PAR L'ANGLAIS ?

Depuis quelques années, on voit le terme *spritzer* (prononcé [spritzeur]) se diffuser de plus en plus largement sur les cartes des cafés et sur les pages web proposant des recettes innovantes de cocktails.

Emprunté à l'anglais *(wine) spritzer*, le mot *spritzer* désigne un mélange rafraîchissant comprenant au minimum du vin blanc ou rouge et de l'eau pétillante. Dans les Ardennes, c'est le verbe *cliffer*•• qui est utilisé.

« C'est trop ! de l'eau chaude, de l'eau froide, on n'a qu'à appuyer sur un bouton, ça trisse de partout. Ah ! ils en ont fait des frais, la maison est réchauffée à la vapeur. »

George Chepfer,
« Noces de campagne »,
Saynètes, paysanneries 1, 1922.

L'ALSACE DIVISÉE : MESSTI OU KILBE ?

Selon que vous êtes originaire du Bas-Rhin ou du Haut-Rhin, il est fort probable que vous n'utilisiez pas le même terme pour désigner la fête foraine annuelle, celle qui consacrait naguère le saint patron de la localité et qui s'accompagne d'une grand-messe, d'un marché, de banquets et surtout de diverses attractions. Dans le Haut-Rhin, cette fête s'appelle « kilbe » ; dans le Bas-Rhin, elle prend le nom de « messti ».

MESSTI

Le mot *messti*, masculin, est un emprunt récemment fait par le français à l'alsacien. La première attestation dans un texte en français remonte à 1889 ; en Alsacien, on le trouve déjà évoqué dans un texte de la ville de Saerven rédigé en 1313. *Messti* est à rattacher à l'allemand *Messetag* ou *Meßtag*, qui désigne originellement la fête de village (*Messe* = foire).

Messetag → Messti

DITES-LE COMME UN ALSACIEN

Pour passer pour un local, prononcez le mot *messti* à l'alsacienne ! Le cas échéant, essayez de colorer la première voyelle pour qu'elle tire sur un *a* et de prononcer le *t* à mi-chemin entre un *t* et un *d*, tout en accentuant bien la première syllabe, ce qui donne [maesdi].

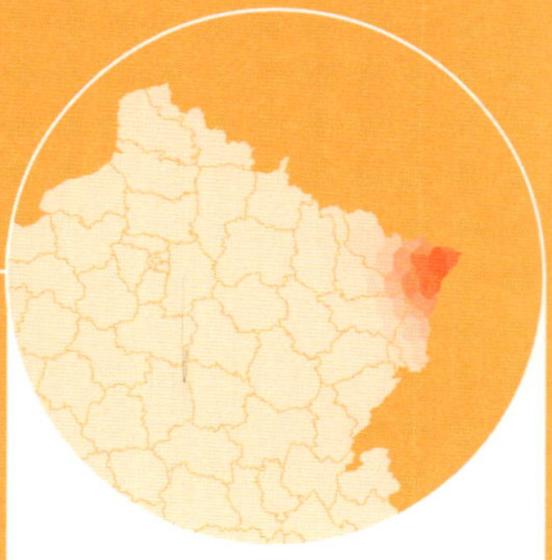

Ça se dit près de chez nous !

Messti est typique du Bas-Rhin, alors que *kilbe* est davantage utilisé dans le Haut-Rhin. Tous deux signifient « fête foraine ».

0% 50% 100%

KILBE

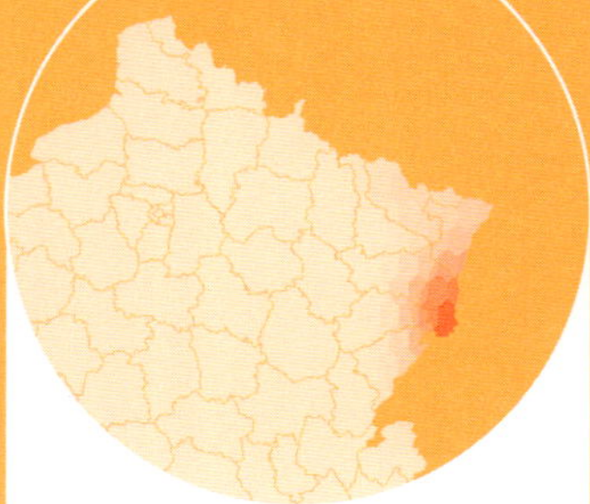

Ça se dit près de chez nous !

Kilbe (et les formes apparentées, *kirb*, *kirbe*, etc.) est typiquement utilisé dans le Haut-Rhin, dans la région de Colmar.

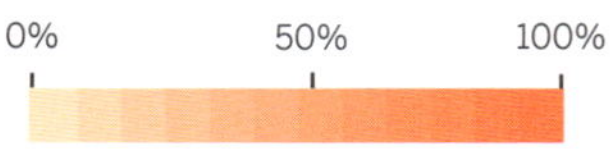

DITES-LE COMME UN ALSACIEN

Pour passer pour un local, prononcez le mot *kilbe* à l'alsacienne ! Accentuez bien la première voyelle, et ensuite vous avez le choix : soit vous prononcez la dernière voyelle en articulant un [v] plutôt qu'un [b], ce qui donne [kilve] ; soit vous ne la prononcez pas, auquel cas la consonne finale se rapproche d'un [p], ce qui donne [kilp].

Kilbe, mot féminin, résulte comme *messti* d'un emprunt aux dialectes locaux, en l'occurrence au mot *Kirchwihe*, « jour de fête correspondant à la date de célébration de l'église », formé avec *Kirch*, « église », et *wihe*, « saint », forme dialectale correspondant à l'allemand standard *Weih* de même sens. Le mot est attesté depuis au moins le début du XVIe siècle dans différentes régions où l'on parle allemand (ouest de l'Autriche et sud de l'Allemagne). ■

VIENS FAIRE UN TOUR DANS MON AUTOBOX !

Si vous allez dans un *messti*, vous aurez l'occasion de faire un tour d'autobox (ou autoboxe), une formation lexicale originale qu'on ne retrouve que dans cette partie de l'Europe et qui désigne ce qu'on appelle ailleurs une « autotamponneuse », voire « autotamponnante » dans la région de Lyon. De l'autre côté de la frontière, dans la région de Pforzheim, on peut entendre la variante *boxauto*.** ■

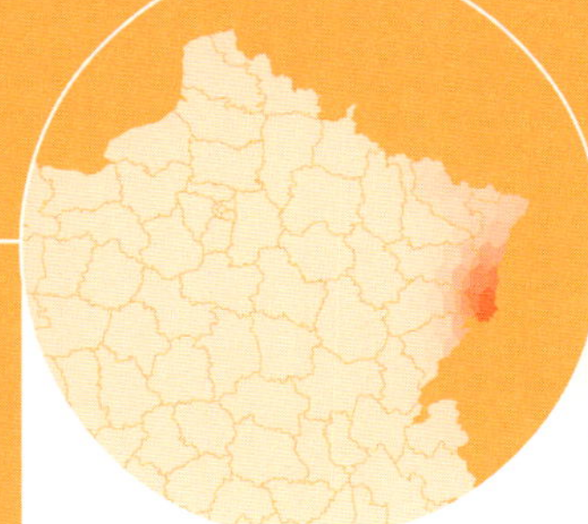

Ça se dit près de chez nous !

Le mot *autobox* est surtout utilisé en Moselle et dans le Bas-Rhin ; il est également attesté dans le Haut-Rhin, mais inconnu en dehors de cette zone.

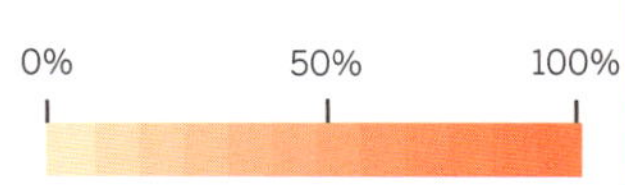

UNE BONNE RABASSE !

Ça se dit près de chez nous !

Le mot *rabasse*, au sens de « averse soudaine et bruyante » et synonyme d'« averse », n'est pas connu en dehors des frontières de la région Bourgogne-Franche-Comté.

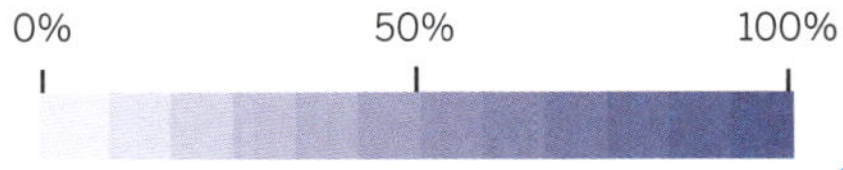

En France, il existe des dizaines de termes différents pour désigner une averse soudaine et violente (*drache*••, *renâpée*••). En Bourgogne et en Franche-Comté, le mot *rabasse* (variantes : *rabaisse*, *raibaisse*, *abette*, *rabassée*) est le plus communément employé.

D'OÙ ÇA VIENT ?

Le mot se rattache à une racine prélatine, **rabb-*, qui porte le sens général de « bruit ». On retrouve cette racine dans le mot *rabâcher* en français général.

DEUX EMPLOIS

Dans le français de la région de Dijon, *rabasse* est employé de façon absolue, c'est-à-dire sans complément : « il est tombé une bonne rabasse », « se prendre une rabasse ». Mais, de plus en plus, il tend à être complété par des syntagmes exprimant la nature de l'ondée : « une rabasse de pluie », « une rabasse de flotte », « une rabasse de grêlons », etc.

EST-CE UN PLÉONASME* ?

Non, cet usage ne doit pas être envisagé comme un pléonasme ! Si le mot *rabasse* est assorti de compléments, c'est parce qu'il est interprété comme désignant une précipitation soudaine, abondante et bruyante, dont la nature n'est pas spécifiée. Le phénomène existe aussi avec le français général *averse*, qui désigne étymologiquement une pluie soudaine et abondante, mais que l'on emploie souvent en précisant son type : « averse de neige », « averse de pluie », etc. ■

*PLÉONASME

Un **pléonasme** est un terme ou expression qui ajoute une répétition (volontaire ou involontaire) à ce qui vient d'être énoncé.

ÇA GAUGE, ÊTRE GAUGÉ

Ça se dit près de chez nous !

D'un point de vue géographique, il est probable que le mot *gauger*, au sens de « imbiber d'eau boueuse, en parlant d'un vêtement », ait un jour joui d'une extension plus large, comme le montrent les attestations aujourd'hui isolées en Vendée, où le mot est attesté dès le XVe siècle, avec le sens de « remplir ses sabots en marchant dans la boue ».

0% 50% 100%

Si on se prend une rabasse sur la tête, il y a de fortes chances qu'en conséquence on soit gaugé, c'est-à-dire qu'on aura les pieds trempés. Plus spécifiquement, l'adjectif *gaugé* s'utilise pour exprimer le fait de tremper dans des vêtements mouillés. Comme après avoir marché dans une flaque d'eau, par exemple : « Regarde où tu mets les pieds, tu vas te gauger ! » Ou après avoir fait tomber une bouteille d'eau dans son lit : « Je me réveille, mon lit était gaugé. »

Sur le plan étymologique, certains ont proposé un rapprochement avec le mot *gouille*, qui désigne une flaque boueuse dans les parlers de l'est et du centre-est de la francophonie d'Europe (la zone appelée « Gallo-Romania »), et le mot *bauge*, qui désigne le gîte d'un animal ou un mortier de terre grasse. Ces étymologies sont peu vraisemblables. Il semblerait en effet que *gauger* soit à rattacher à un mot en ancien francique, **walgjan*, qui signifie « rouler, pétrir », mais qui a pris très tôt le sens de « patauger » dans les parlers gallo-romans.

DEUX EMPLOIS

Selon les personnes, le verbe *gauger* est employé de façon pronominale : « je me suis gaugé », « elle s'est gaugée », ou non pronominale : « À cause de cette rabasse en début de randonnée, j'ai gaugé tout le long dans mes chaussures mouillées. » ■

COMMENT EST-ON PASSÉ DE *WALGJAN* À *GAUGER* ?

Beaucoup de mots germaniques commençant par un *w* ont muté lorsqu'ils sont passés dans la bouche de locuteurs romans, pour devenir *gu-*. Ce n'est pas toujours le cas et c'est ce qui explique la parenté entre les mots *wallon*, *gaulois et galle* (comme dans pays de Galles, que l'on appelle « *Wales* » en anglais, ou dans le prénom « Guillaume / William », etc.).

WALGJAN GAUGER

C'EST QUOI CE CHENI ?

Ça se dit près de chez nous !

En France, la forme *cheni*, au sens de « poussière, petit déchet », est répandue en Franche-Comté et dans le sud de la Bourgogne, mais aussi en Haute-Savoie. Elle est également connue de tous les Suisses romands.

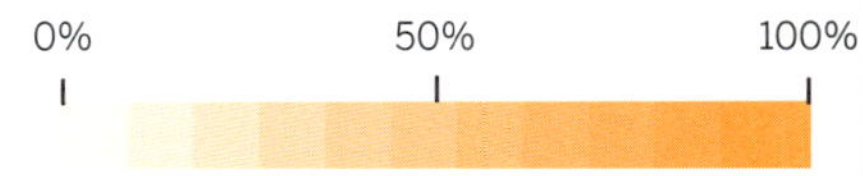

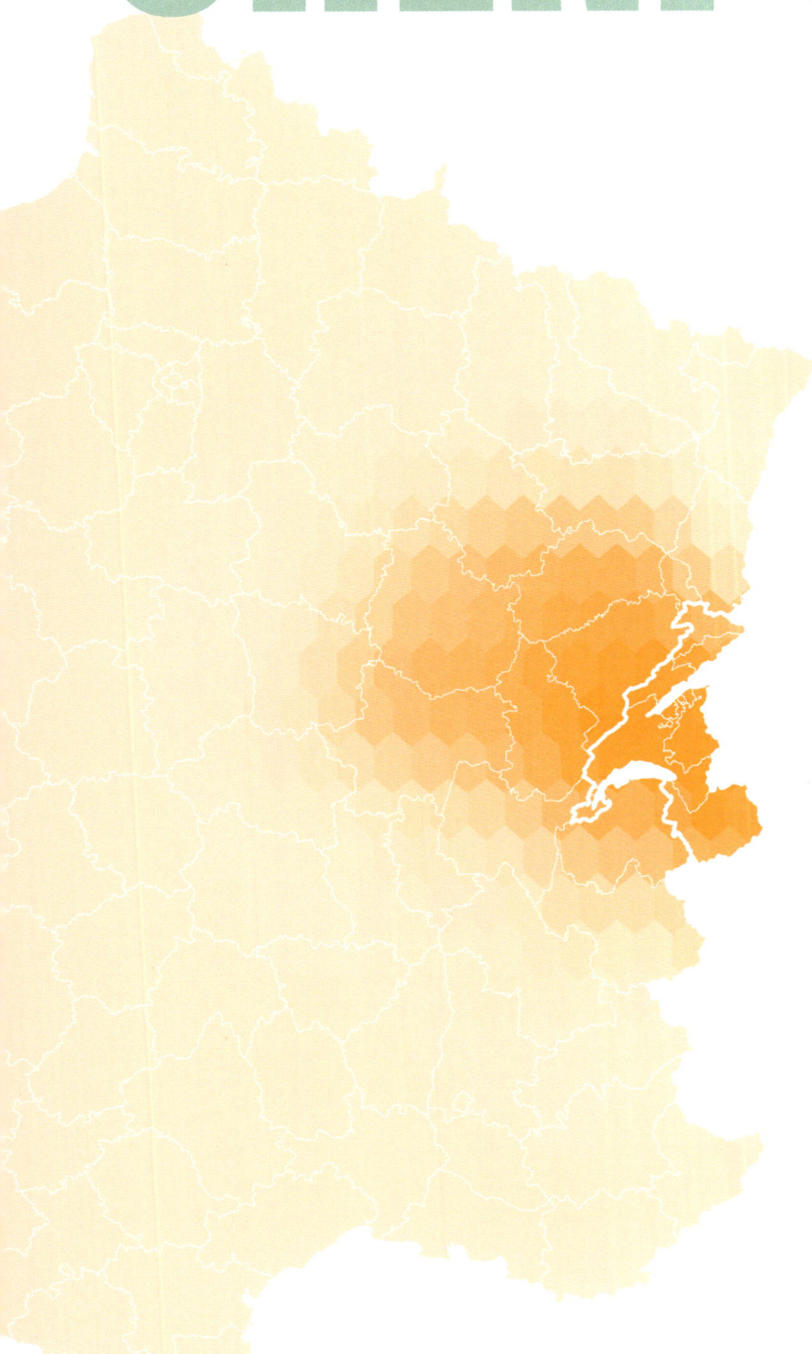

Le mot *cheni* (prononcé [chni]) est emblématique du français que l'on parle en Franche-Comté, mais aussi en Suisse romande. Il désigne de la poussière, des épluchures, des cheveux ou toute autre matière qu'on peut balayer : « Quand j'ai déplacé les meubles, il y avait du cheni partout. » Il est aussi synonyme de « saleté » ou « grain de poussière » : « avoir un cheni dans l'œil ».
Par extension, il peut désigner des ordures ménagères. On dit « mettre ou jeter au cheni » pour « jeter aux ordures » :

> **« Cela n'avait pas duré, mais on avait retrouvé un tonneau oublié sous du chenit dans une remise. »**
>
> **Albert Itten, Roger Bastian,**
> *En çà… en là !*, 1990.

Cheni peut également désigner, par extension, un objet, une chose sans valeur :

> **« C'est bien beau l'jardin, mais ça donne du boulot, hein !
> J'ai pas r'trouvé mon cerfeuil. J'ai dû l'arracher,
> ben c'est ça, j'ai cru c'était du cheni,
> des cochonneries, quoi, pi j'ai dû l'arracher. »**
>
> **Laurence Sémonin,**
> *La Madeleine Proust*, 1990.

En outre, il peut être utilisé comme synonyme de « désordre, bazar, pagaille » :

> **« Et ça j'en remercie encore mes collègues euh mes anciennes collègues, parce que c'est elles qui sont venues foutre le chenis et pis euh… c'était le pire bazar, quoi ! »**
>
> **Suisse romande,** Oral.

On croit souvent que le mot *cheni* est à rapprocher du français *chenil*, « lieu où on loge les chiens », et de son sens dérivé de « maison, logement malpropre », d'où la graphie *chenil* qu'on rencontre parfois. Or *chenil* provient du latin **canile*, « niche de chien », ce qui n'est pas le cas de *cheni*, qui se rattache non à la niche, mais au chien, *canis* en latin. Dans les parlers dialectaux de l'est de la France et de Suisse romande, l'emploi de *cheni* (et de ses variantes) était très courant.

UN CHENI MASSIF !

Le mot *cheni* s'emploie comme un nom « massif » : pas parce qu'il fait mal quand il nous tombe dessus, mais parce qu'il désigne quelque chose qu'on ne peut pas compter ou dénombrer avec précision, en l'occurrence de la poussière. C'est dans ce cas qu'on dit « du cheni ». Les linguistes parlent aussi de « nom non comptable ». C'est moins marrant, mais c'est plus clair !

Vous l'aurez remarqué, le mot *cheni* s'emploie également avec un article défini ou indéfini – « un cheni, le cheni » – et il est alors synonyme de « grain de poussière » ou d'« élément perturbateur ». C'est la même différence qu'on fait entre « de la poussière » et « une poussière ».

CHENI

↑

canis

« chien » en latin

Dans le Nord-Pas-de-Calais, la *pelle à cheni* prend le nom de *ramasse-poussière* !

DU CHENI À LA PELLE !

Signalons enfin qu'il entre également en composition pour désigner une petite pelle et un petit balai : un porte-cheni ou plus fréquemment pelle à cheni, qui s'utilise avec une brosse à cheni (bourrier••).

La formation composée *pelle à cheni* est plus locale : elle est typique des départements du Jura et du Doubs en France, alors qu'en Suisse elle ne dépasse guère les frontières des districts francophones du Jura.

QUEL CHENI ?

Cheni est aussi orthographié « chenil », « chenit » ou « chenis ». Pour cette dernière forme, c'est sans doute par analogie avec les mots du même champ sémantique : « fouillis », « cafouillis », « grouillis », etc.

DITES-LE COMME 20/20

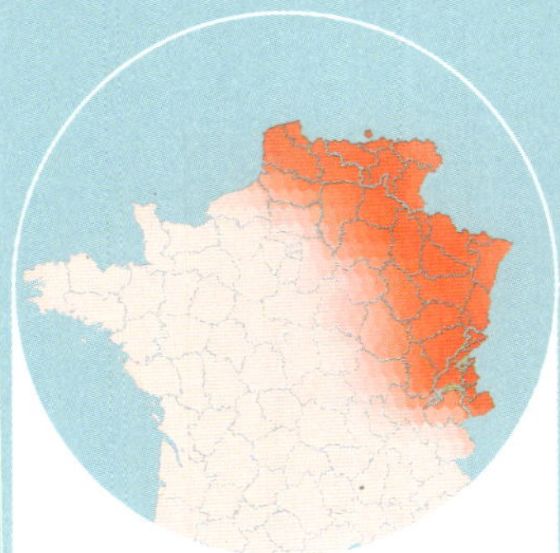

Ça se dit près de chez nous !

La plupart des dictionnaires et des manuels de phonétique normative ne répertorient pas la prononciation du *t* final du mot *vingt* bien qu'elle soit fortement implantée sur tout le flanc oriental de la francophonie d'Europe, sur un croissant qui va de la Suisse romande au Nord-Pas-de-Calais, en englobant l'Alsace, la Lorraine, la Champagne et les Ardennes.

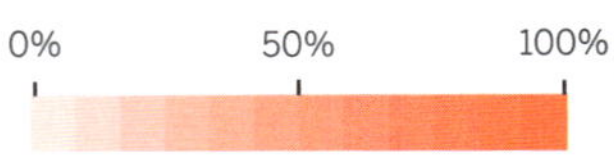

BIZARRERIE

Partout en France et dans la plupart des régions de la francophonie, quand le mot *vingt* entre en composition avec d'autres adjectifs numéraux de la même dizaine, on prononce le *t* final, qu'il commence par une voyelle (« vingt et un ») ou par une consonne (« vingt-deux », « vingt-trois », etc.). Pourtant, quand on dit « quatre-vingt-un » ou « quatre-vingt-onze » et donc que *quatre* entre en composition avec *vingt*, le *t* ne se prononce pas (y compris dans l'est de la francophonie d'Europe). Allez y comprendre quelque chose…

L'une des caractéristiques les plus saillantes de l'accent des francophones du Grand Est de la France consiste en la prononciation de la consonne finale du mot *vingt* devant une pause et certains mots qui commencent par une consonne : « Tu as eu combien à ton devoir de math ? J'ai eu [vinte] sur [vinte] ! » En Lorraine, comme le rappelle une phrase qu'on lit beaucoup sur les réseaux sociaux et qu'on voit souvent affichée sur des t-shirts : « le *t* à la fin de *vingt* on le prononce, parce que le vin, on le boit ! »

Pourquoi, dans l'est de la France, est-ce que les locuteurs prononcent le *t* final du mot *vingt* quand il est isolé ? Il n'y a pas de réponses simples à cette question : le besoin d'éviter l'homophonie avec le mot *vin* en est une. Le fait qu'on prononce le *t* dans *vingt et un* et les autres chiffres de la série en est une autre. Il y a sans doute également des raisons historiques à prendre en compte : depuis l'ancien français, on a toujours écrit le mot *vingt* avec un *t* final : « vint ». Le *g*, purement étymologique, a été rétabli au XVIIe siècle, en raison du latin *viginti*, mais on ne dispose pas de données précises sur la prononciation du mot *vingt* au fil des siècles. ■

DANS L'EST

OÙ TU IRAIS, J'IRAI

Une autre particularité de la prononciation du français que l'on parle dans l'Est réside dans le maintien de règles de prononciation aujourd'hui disparues dans le reste de la France. Pourtant, dans de nombreux ouvrages relatifs à la prononciation du français standard, on peut lire encore que les formes de la première personne des verbes conjugués au futur simple et au conditionnel ne se prononcent pas de la même façon.

Concrètement, « je serai » (futur simple) ne rime pas avec « je serais » (conditionnel présent).

futur simple	conditionnel présent
je serai [é]	je serais [è]

La norme stipule que le verbe au futur se prononce avec la voyelle [é], comme dans des mots tels *juré*, *paré*. Cette même norme indique que le verbe au conditionnel présent se prononce avec le son [è], comme dans *belle* ou *mère*. ■

LE SAVIEZ-VOUS ?

La norme prescrit que cette règle s'applique pour tout un tas d'autres mots qui sont homophones dans la bouche des Français :

j'ai [é] VS jet [è]

(passé simple) je chantai [é]

VS

(imparfait) je chantais [è]

Le premier membre de chaque paire, se terminant par *-ai*, est prononcé avec la voyelle fermée [é], le second membre avec la voyelle ouverte [è].

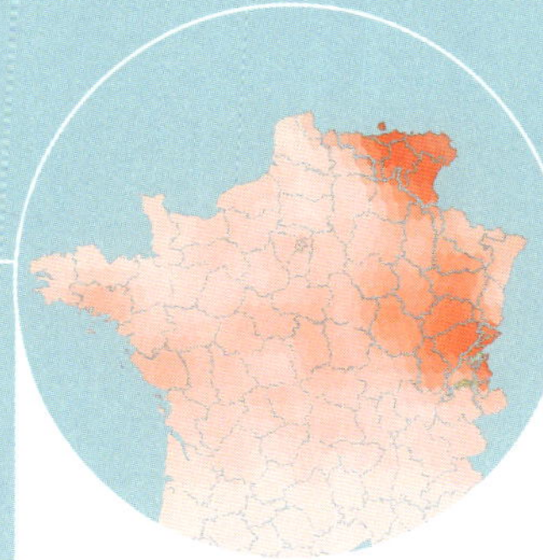

Ça se dit près de chez nous !

Aujourd'hui, la règle de l'opposition à l'oral entre *irai* et *irais* (première personne du singulier, futur simple *vs* du conditionnel présent) est quasiment tombée en désuétude dans la plupart des régions de l'Hexagone, mis à part en Franche-Comté, en Bourgogne et dans une partie de la Lorraine, de même qu'en Belgique et en Suisse !

0% 50% 100%

IL VEUT PLEUVOIR

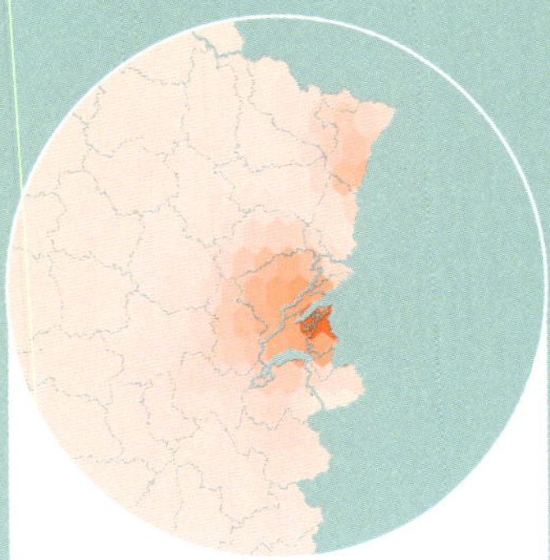

Ça se dit près de chez nous !

L'utilisation de *vouloir* comme auxiliaire pour former le futur proche est aujourd'hui en train de sortir de l'usage en Europe. Seuls quelques témoins établis en Franche-Comté, en Alsace et dans le Jura romand ont déclaré l'employer.

0% 50% 100%

Y A PAS QUE LA PLUIE ET LE BEAU TEMPS

On trouve encore aujourd'hui des attestations d'expressions avec des sujets « personnels » où l'agent qui fait l'action est une personne : « Attention, tu veux tomber ! », « On dit qu'il veut faire faillite », « On dirait que le petit veut être malade ». Alors que la personne ne veut pas du tout que ça arrive !

ILS VEULENT LA PLUIE !

On entend les variantes *ils veulent la pluie* (« il va pleuvoir »), *ils veulent du soleil* (« il va y avoir du soleil »), *ils veulent beau* (« il va faire beau »), etc. exclusivement en Alsace. L'origine de ces emplois est à chercher dans le dialecte alsacien : « si welle Ràje », mot à mot : « ils veulent [la] pluie ».

En français, on forme l'expression du futur proche avec le verbe *aller*. Si quelqu'un dit qu'il va pleuvoir, c'est que l'orage gronde, que le ciel est couvert, que la foudre est tombée, etc. En Franche-Comté comme en Suisse romande, l'expression du futur proche peut aussi se construire avec le verbe *vouloir*. Ainsi, dans ces régions, il n'est pas impossible d'entendre encore « il veut pleuvoir », au sens de « il va pleuvoir ». Vous pouvez l'adapter en fonction de la météo : « il veut neiger », « il veut faire beau », etc.

D'OÙ ÇA VIENT ?

L'utilisation de *veut* au lieu de *va* dans la phrase *il veut pleuvoir* n'est pas une faute, comme on peut le lire parfois. Il s'agit de la survivance d'un tour fréquent en ancien et en moyen français, et naguère connu sur une aire beaucoup plus large que celle dont il jouit actuellement. Lorsqu'on emploie le verbe *vouloir*, on évoque une idée non encore réalisée et dont on aimerait qu'elle advienne dans un avenir plus ou moins proche. C'est pour cela que *vouloir* peut servir à la formation du futur. Sur le plan historique, l'utilisation du verbe *vouloir* pour exprimer le futur proche est attestée dès le XVIe siècle à Rouen, dans l'ouest de la France. Par la suite, on la retrouve dans tous les parlers dialectaux de toute la frange nord-orientale de la Gallo-Romania : Wallonie, Alsace, Lorraine, Bourgogne, Champagne, Franche-Comté, Romandie. ■

LE SAVIEZ-VOUS ?

Dans le français de Côte d'Ivoire, l'utilisation de *vouloir* comme auxiliaire du futur est régulièrement employé !

J'AI PERSONNE VU !

Si vous demandez à un Franc-Comtois une expression typique de sa région, il y a de fortes chances qu'il mentionne l'expression *j'ai personne vu !*, que tout francophone comprend, mais que beaucoup trouveront bizarre, car l'ordre des mots ne respecte pas la structure canonique des phrases que l'on apprend à l'école. En français standard, le pronom indéfini se place en effet après le verbe, pas entre l'auxiliaire et le verbe. On dit « j'ai vu personne » et on écrit même plutôt « je n'ai vu personne ».

D'OÙ ÇA VIENT ?

Beaucoup croient qu'il s'agit d'une influence de l'allemand, car dans cette langue, le complément d'objet se met entre l'auxiliaire et le verbe quand celui-ci est à un temps composé : « *Ich habe niemanden gesehen* », soit, mot à mot, « J'ai personne vu ». Cette hypothèse n'est toutefois guère soutenable, étant entendu que l'influence germanique, si elle pouvait éventuellement rendre compte de l'existence de ces phénomènes en Suisse, ne peut pas être invoquée pour expliquer la situation dans les régions alpines et jurassiennes de France, ces régions n'ayant jamais été germanophones.

L'ORDRE DES MOTS

En fait, les dialectes francoprovençaux, qui ont coexisté pendant des siècles avec le français et qui jouent par rapport à cette langue le rôle de substrat, sont de meilleurs candidats pour expliquer l'existence de cette tournure. Dans les parlers gallo-romans des Alpes et du Jura, les correspondants patois de *personne (nyon, non, nen*, etc., dérivés du latin *nec unus,* voir p. 168) sont monosyllabiques et se placent avant le verbe, comme le pronom *rien* en français : « J'ai rien¨ mangé. » Si, aujourd'hui, les locuteurs de cette région ne parlent plus patois, ou presque, ils prorogent en français l'ordre des mots du patois.

Y A RIEN À VOIR

Aujourd'hui, l'antéposition de *personne* est quasiment figée dans l'expression *j'ai personne vu*. On ne la trouve que rarement dans d'autres contextes : « J'ai personne rencontré », « Il a personne aperçu », « Ils ont personne entendu ». ■

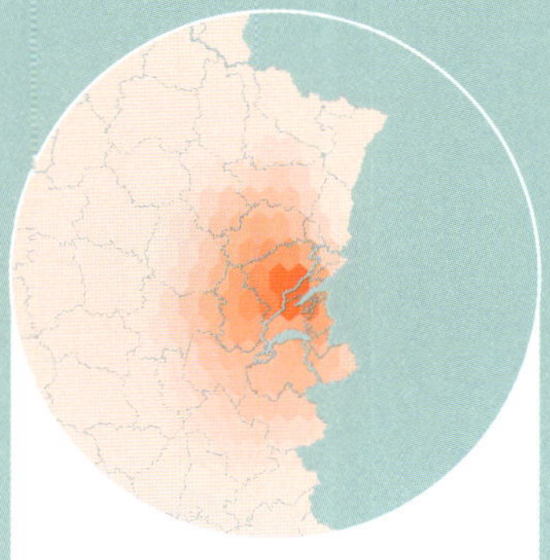

Ça se dit près de chez nous !

L'antéposition de personne avant le verbe (*j'ai personne vu*) est un régionalisme emblématique de Franche-Comté. Naguère, il était connu beaucoup plus largement. Il en reste d'ailleurs des traces jusqu'en Bourgogne, en Savoie et dans l'ensemble de la Suisse romande.

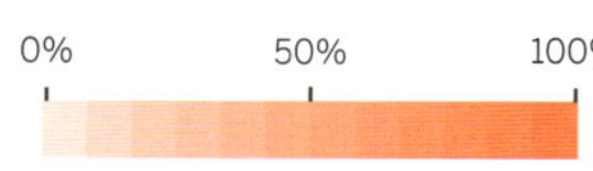

ENVOYER AUX PIVES

Ça se dit près de chez nous !

Pive est employé dans toute la Suisse romande. En France, il n'est guère connu en dehors des régions limitrophes, dans les départements du Jura et du Doubs.

0% 50% 100%

Dans les variétés de français les plus diffusées, on appelle « pomme de pin » le cône des conifères, quels qu'ils soient. Dans la région du Jura, où l'usage distingue encore bien le pin du sapin – surtout en montagne, car les épicéas ne poussent pas en plaine –, le mot composé *pomme de pin* ne s'emploie presque jamais pour désigner les cônes de l'épicéa ou du sapin : c'est le mot *pive* qui est en usage.

Le mot *pive* continue le latin **pipa*, « sifflet, flûte », dérivé du verbe *pipiare*, qui a donné les mots *pépier* et *piper*. Cette étymologie s'explique sans doute par la ressemblance entre la forme du cône et le sifflet. En effet, les pives sont plus allongées que les cônes de pin « classiques ».

• *Pive* est un emprunt aux parlers dialectaux. En France, les équivalents patois du mot *pive* étaient connus plus ou moins dans les mêmes régions que celles que l'on voit sur la carte, c'est-à-dire sur les bords des départements du Jura et du Doubs.

MAIS QUELLE PIVE !

Le mot est devenu emblématique du français de Suisse romande, si bien qu'il est utilisé par les locuteurs de la région Haut-Doubs, frontalière avec la Suisse, pour désigner les ressortissants helvètes installés de l'autre côté de la frontière !

Les dictionnaires ne consignent pas les usages, pourtant nombreux et fréquents, où *pive* est employé comme synonyme d'abruti, d'idiot :

> **« J'ai oublié de mettre mon réveil ce matin, quelle pive je fais ! »**
> **« Non mais quelle pive, ce Président ! »**

PIPA « sifflet, flûte » → PIVE

ENVOYER AUX PIVES

Le mot *pive* entre dans l'expression familière *envoyer aux pives*, qui signifie « envoyer promener » : « Qu'est-ce que tu vas faire avec les étudiants qui ont triché à ton examen ? Tu vas tous les envoyer aux pives ? »

PAYER AVEC DES PIVES

Pive est le nom donné à la monnaie locale, qui circule aux côtés de l'euro dans l'ensemble de la Franche-Comté. C'est un moyen d'échange accessible à tous, consommateurs, commerçants, entrepreneurs, collectivités, associations…

cocotte

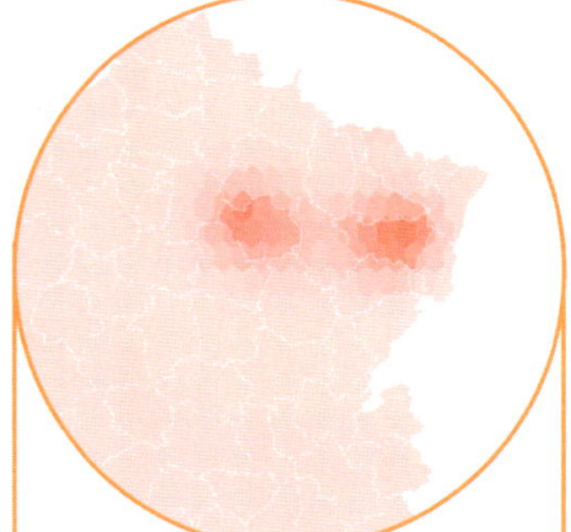

Ça se dit près de chez nous !

Le mot *cocotte* pour désigner le cône du conifère est employé dans les départements de l'Aube et des Vosges.

0% 50% 100%

> **« On se sert comme projectile d'un fruit de palmier qui est très dur, arrondi un peu comme une pive de pin et qu'on lance avec le bâton dans le camp opposé. »**
>
> *Bulletin* **de la Société neuchâteloise de géographie,** 1898.

ET DANS LES VOSGES, ON L'APPELLE COMMENT ?

Celle qu'on appelle « pive » en Franche-Comté prend le nom de « cocotte » dans le français des Vosges, que l'on retrouve également dans le département de l'Aube. D'ailleurs, *cocotte* est le terme en circulation pour désigner le cône des conifères au Canada ! Sur le plan étymologique, *cocotte* est sans doute à rattacher au substantif d'origine onomatopéique *cocotte* (mot imitant le cri de la poule), à l'origine du mot *coq* (« mâle de la poule »), en raison de la ressemblance des pétales du cône avec la crête de l'animal.

LE SAVIEZ-VOUS ?

Le mot *coq* entre dans la formation des noms de nombreux végétaux et fruits : *coquelicot* (altération de *coquerico)*, *coucourelle* (variété de figue dont le cœur est rouge), *coqueret* ou *coquerelle* (physalis), etc.

LA BUGNE LYONNAISE

Ça se dit près de chez nous !

Bien que l'on parle parfois de *bugne lyonnaise* (c'est sous cette appellation que la préparation s'est exportée et que les recettes que l'on trouve sur le Net ou dans les ouvrages de gastronomie y renvoient), le mot *bugne* au sens de pâtisserie est connu bien au-delà de la ville de Lyon et de l'ex-région Rhône-Alpes.

0% 50% 100%

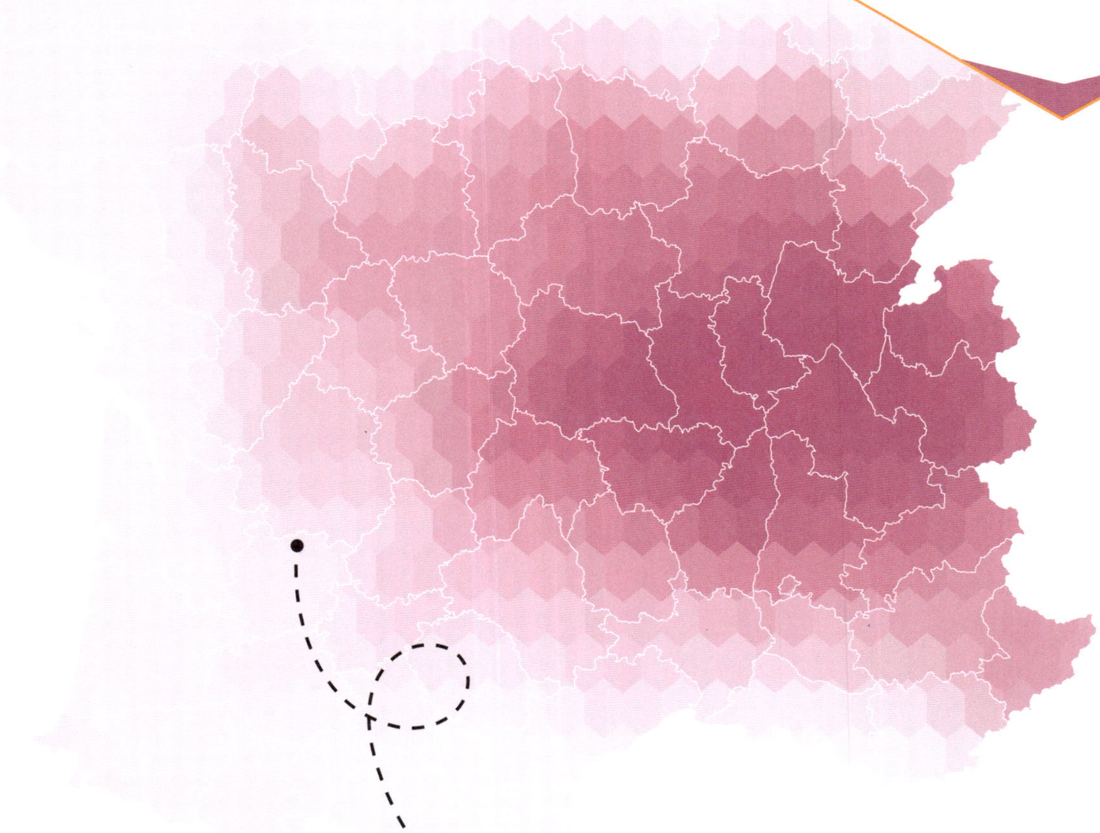

D'un bout à l'autre de l'Europe, les recettes de pâtisseries bien grasses et bien sucrées que l'on déguste au cours de la période du carnaval changent de nom d'une région à l'autre. Dans le français parlé au cœur de l'ex-région Rhône-Alpes, ces pâtisseries prennent le doux nom de *bugnes*.

Traditionnellement, les *bugnes* consistent en des boudins de pâte faite avec de la farine, du lait, des œufs et divers arômes (zestes d'orange ou de citron, extrait de vanille, etc., selon les recettes) que l'on roule en les entrelaçant et que l'on fait frire. Elles sont servies tièdes ou froides, recouvertes de sucre glace.

BUGNER, BEUGNER… ET EMBUGNER !

Dans la région de Lyon comme dans le sud-est et le grand-est de la France, le substantif *bugne* (ou *beugne*) désigne un coup, une gifle, une bosse.

D'où les verbes *bugner* et *beugner*, « mettre ou prendre un coup », qu'il s'agisse d'une personne ou d'une voiture, et qui commencent à être aujourd'hui utilisés par tous les Français.

La variante *emb(e)ugner*, dont l'aire d'extension est plus locale que celle de *bugne*, permet d'exprimer que le coup marque une bosse à l'intérieur. « Embugner sa voiture », c'est l'accidenter légèrement de sorte que la carrosserie est légèrement enfoncée : « On m'a encore embugné ma voiture… Je commence à en avoir marre de payer pour les autres ! »

emb(e)ugner

LA BUGNE, LA BEIGNE ET LE BEIGNET

Étymologiquement, *bugne* se rattache à la racine **bunia*, « souche d'arbre, excroissance qui se forme sur certains arbres », qui a donné l'ancien français *bignet*, devenu notre actuel *beignet*. C'est également à cette racine que se rattachent les verbes *bugner* et *beugner* (en Normandie on dit plutôt *bigner*, qui rappelle l'ancien français *bigne*, « enflure, tumeur, grosseur »), mais aussi le français général *beigne* (« gifle, coup »). Selon toute vraisemblance, le sens de coup associé au mot *bugne* et *beigne* a été dérivé métaphoriquement à partir du premier : la bugne comme le beignet ont une forme gonflée ou cloquée.

« […] il n'arrêtait pas de provoquer tout le monde. Un pied sur une bagnole, un talon sur une autre. Vas-y que je te racle une carrosserie. Que je t'en bugne une autre. Raaang. Et ça passe. »

Bayon,
Le Lycéen, 1987.

LE CARÊME

Dans la tradition chrétienne, le mercredi des Cendres marque le début du carême, période pendant laquelle on alterne des jours de jeûne et des jours d'abstinence – notamment en ce qui concerne la consommation de viande, de produits laitiers, de sucres, etc. – jusqu'à Pâques. La veille du mercredi des Cendres est le dernier jour de la semaine dite « des sept jours gras ». Elle est associée à une journée rimant avec festivités, où de nombreux excès, pas seulement gastronomiques, sont permis. C'est aussi pendant cette période que l'on se retrouve à l'occasion de diverses manifestations pendant lesquelles les gens sortent dans les rues, masqués ou déguisés, pour parader, danser et chanter autour de différentes animations et divers cortèges. Dans l'Antiquité, cette période marquait surtout la fin de l'hiver, le retour du printemps et donc de la fertilité.

À LA VOGUE

Ça se dit près de chez nous !

Superposition des aires de *vogue* en français régional et en dialecte. Le terme *vogue* est employé en France bien au-delà de l'aire classique des dialectes francoprovençaux. Il est en effet utilisé dans les Hautes-Alpes, l'Ardèche et la Haute-Loire, mais aussi en Saône-et-Loire. En Suisse, il n'est guère connu au-delà des frontières du canton de Genève. Dans les parlers dialectaux, il était connu jusque dans les Alpes-Maritimes.

0% 50% 100%

Attestations de *vogue* *en* gallo-roman.

D'après ALF 556.

Dans l'aire francoprovençale française et genevoise, *vogue* est l'appellation que l'on donne aux fêtes patronales annuelles qui se tiennent dans les villes ou les villages, au cours de la période allant de la fin mai au début d'octobre.

Étymologiquement, *vogue* se rattache au germanique **wogon*, « voguer, être balancé », sans doute en raison de la métaphore « se déplacer par vague, affluer ». Sur le plan historique, l'usage du mot *vogue* est ancien. Il est attesté pour la première fois en 1460, dans un texte rédigé dans la région de Lyon (en français et non en francoprovençal). Depuis cette date à nos jours, sa vitalité n'a pas faibli, même si son sens a légèrement évolué. Dans les pratiques des locuteurs du début du XXe siècle, il désignait spécifiquement des fêtes de village qui s'étalaient sur un ou plusieurs jours, avec des activités ludiques pour les petits et les grands, des repas pris en groupe et un bal clôturant les festivités.

Aujourd'hui, il est surtout synonyme de « fête foraine » et il s'emploie également au figuré, surtout à Lyon, pour « désordre, confusion », par allusion aux bruits et à l'agitation de la fête.

QUELQUES VOGUES CÉLÈBRES

À Lyon, plus précisément dans le quartier de la Croix-Rousse, la vogue des marrons, ou vogue aux marrons, est célébrée depuis près de 150 ans. Elle a lieu en octobre et c'est la dernière de l'année. Elle doit son nom au fait que l'on y déguste les premiers marrons de la saison.

À Firminy, dans la région de Saint-Étienne, on célèbre la vogue des noix à la même période que celle des marrons. D'une durée de huit jours, elle peut se targuer d'être l'une des plus grosses foires de France, en raison du nombre de gens qu'elle attire, mais aussi du nombre de manèges ! La première vogue des noix remonte au début du XVIe siècle et, à l'origine, il s'agissait d'une fête qui avait lieu après une foire aux noix. ■

« Par bonheur je m'étais trouvé à la vogue de Mont-Fleury avec une de ces dames et son mari [...]. »

Stendhal,
Mémoires d'un touriste, t. II, 1838.

ET AILLEURS, ON Y DANSE ?

Ailleurs, on appelle ces fêtes ducasse••, messti••, kilbe••, fête votive•• ou pardon••, frairie•• , assemblée••.

AUTOTAMPONNANTE

Si d'aventure vous vous rendez dans une vogue un jour, n'y cherchez pas des autotamponneuses. Dans les vogues, on appelle « autotamponnantes » ces petites voitures électriques, protégées par un bourrelet de caoutchouc, qui circulent et se heurtent sur une piste (autobox••).

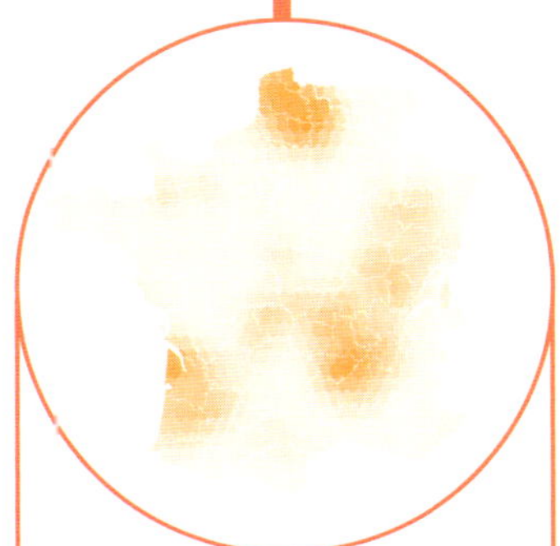

Ça se dit près de chez nous !

Autotamponnante est une variante du français standard *autotamponneuse*, avec laquelle elle a naguère dû être en concurrence. Aujourd'hui, cette forme ancienne survit dans la région de Lyon, celle de Bordeaux mais aussi dans le Nord-Pas-de-Calais.

0% 50% 100%

VOGUE

wogon

« voguer, être balancé »

le Y neutre : ON VOUS Y

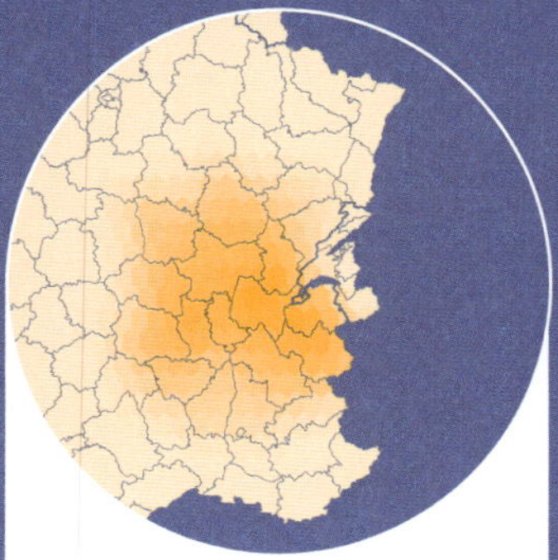

Ça se dit près de chez nous !

L'usage du pronom *y* au lieu du pronom *le*, que l'on a souvent qualifié de savoyard, de genevois, de dauphinois, de lyonnais, de bressan ou de bourguignon, couvre une aire géographique plutôt large, qui ne correspond pas tout à fait aux limites du domaine du francoprovençal.

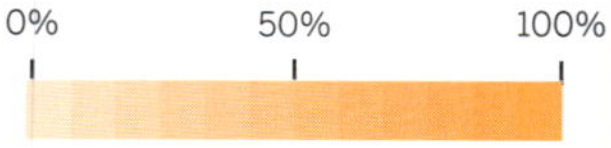

Qui n'a jamais été frappé, en se rendant dans les Alpes, d'entendre les locaux introduire des « y » un peu partout dans leurs phrases, comme dans les tours *je vais y faire, je vais y prendre, je vais y manger* ?

Contrairement à une opinion bien répandue, dans ces contextes, le pronom *y* ne remplace pas un complément de lieu ou d'objet indirect – comme dans les phrases *j'y vais, j'y dis* – mais bien un complément d'objet direct.

Ainsi, dans les phrases mentionnées, le pronom *y* remplace des compléments de type « quelque chose » ou « ça » :

Je vais y faire. = Je vais faire quelque chose.
Je vais y prendre. = Je vais prendre ça.
Je vais y manger. = Je vais manger quelque chose, à ça.

Et non des compléments indirects de type « à quelque chose » ou « à ça » :

****Je vais faire à quelque chose.***
****Je vais prendre à ça.***
****Je vais manger à quelque chose, à ça.***

L'astérisque signale ici que l'énoncé est agrammatical !

Mais alors pourquoi, dans ces régions, les gens n'utilisent-ils pas le pronom *le*, comme le font la plupart des francophones (« je vais le faire », « je vais le prendre », « je vais le manger ») ?

UN PEU D'HISTOIRE

D'après Gaston Tuaillon, dialectologue spécialiste du francoprovençal, l'existence de ce pronom *y* s'explique par les patois qui étaient encore parlés par nos arrière-grands-parents. Dans les patois francoprovençaux, de même que dans les parlers d'oïl du sud de la Bourgogne, les pronoms objets directs, qui se placent avant le verbe, comportent trois formes :

1 une forme pour le masculin : *lo* ou *lou*, équivalent du *le* français, comme dans la phrase *je vais le prendre.*

2 une forme pour le féminin : *la*, équivalent du *la* français, comme dans la phrase *je vais la prendre.*

EXPLIQUE !

3 une forme pour le neutre : *o* ou *ou*, qui n'a pas d'équivalent en français standard, mais qui correspond à notre *y* régional, comme dans la phrase *je vais y prendre*.

Quand le français a commencé à être parlé dans les régions de Lyon, de (Haute-)Savoie, du sud de la Bourgogne ou du Dauphiné, les locuteurs patoisants ont conservé un système à trois cas – masculin, féminin et neutre : ils utilisaient la forme *y* du français pour « traduire » les pronoms *o* et *ou* du francoprovençal en français.

Aujourd'hui, si cet usage continue d'être couramment employé dans le français régional, c'est parce qu'il permet de marquer des nuances de sens dont le français standard ne permet pas de rendre compte ! *Se non è vero, è ben trovato !**

* Si ce n'est pas vrai, c'est bien trouvé !

J'AI RIEN DORMI ?

Une autre curiosité de la grammaire du français local consiste en l'utilisation du pronom *rien*, comme dans la phrase, très courante : « J'ai rien dormi. » Selon toute vraisemblance, il s'agit là aussi d'un calque de la structure des dialectes sur la structure du français. Dans les dialectes de cette région, le pronom *rien* était en effet synonyme de « point, pas du tout » : « né ran drémé » (« j'ai rien dormi » = « j'ai point dormi »).

Contrairement au pronom *personne* (p. 119), dont l'emploi est relativement figé, le pronom *rien* s'utilise avec toute une série de verbes : « il a rien peur » (= « il n'a pas du tout peur »), « ça a rien servi » (= « ça n'a servi à rien »), « y a plus rien de pain » (= « y a plus du tout de pain »), etc.

RIEN = POINT, PAS DU TOUT

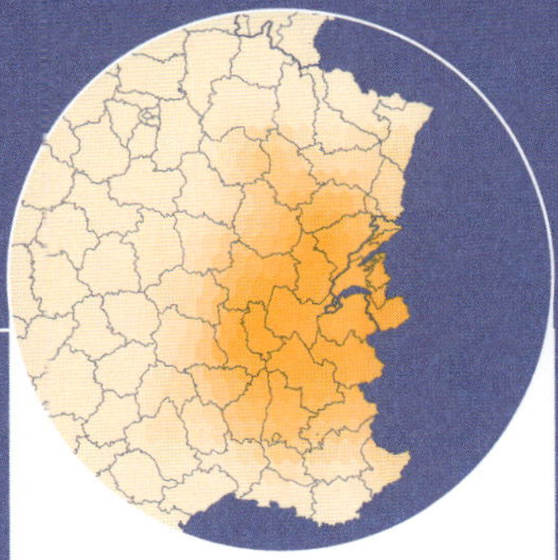

Ça se dit près de chez nous !

L'usage de *rien* comme synonyme de « point, pas du tout » dans une phrase comme « j'ai rien dormi » est répandu de la Bourgogne, au nord, au Dauphiné, au sud ; à l'ouest, il ne dépasse pas le département de la Loire.

0% 50% 100%

Dites-le comme en RHÔNE-ALPES

LA LEÇON DE MORPHOLOGIE ALPINE

En français, il existe de nombreux outils à la disposition des locuteurs pour former un nouveau mot par « dérivation ». En linguistique, la dérivation est la formation d'un nouveau mot à partir d'un autre. Généralement, le mot dérivé contient soit un préfixe ou un suffixe, ajouté à ce qu'on appelle « la base ». Le français de Lyon se caractérise par l'utilisation de mots qui n'ont pas dérivé au moyen des mêmes suffixes que ceux du français que l'on parle dans le reste de l'Hexagone. ■

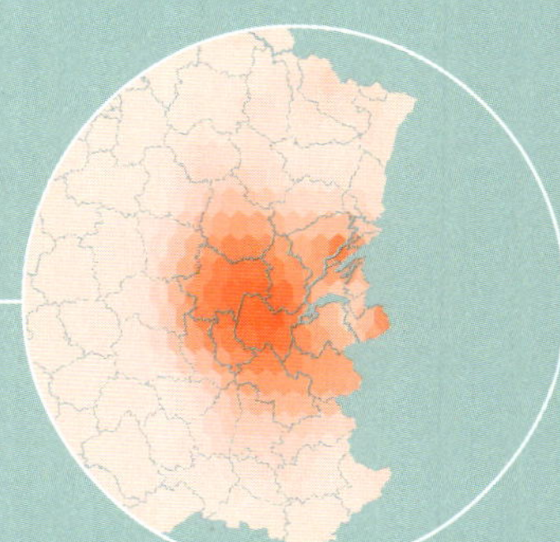

GRIBOUILLAGES *VS* GRIBOUILLONS

Prenons l'exemple du mot *gribouillon*, équivalent du français général *gribouillage*. Tous deux sont des dérivés du verbe *gribouiller*, qui signifie « faire un mauvais dessin, une mauvaise peinture », souvent en parlant d'œuvres enfantines, mais pas seulement. Mais les deux n'ont pas le même suffixe. Le premier a été dérivé avec la forme *-on* (valeur diminutive, comme dans *chat* ↠ *chaton*, ou valeur augmentative, comme dans *balle* ↠ *ballon*). Le second a été dérivé au moyen du suffixe *-age* (qui indique le résultat d'une action : *raser* ↠ *rasage*).

Dans la région dessinée sur la carte, le mot *gribouillon* peut également qualifier la personne qui réalise le dessin. On dit par exemple d'un enfant (de sexe masculin ou féminin, *gribouillon* ne s'accorde pas) qu'il est *gribouillon* s'il ne s'applique pas en écrivant. ■

FRANÇAIS AVANCÉ

Le mot peut également être transformé en verbe, et on trouve sur le Web de nombreuses attestations de *gribouillonner* : « Je te regarde jouer et gribouillonner sur une feuille. »

ÉTENDOIR *vs* ÉTENDAGE

ÉTEND DE QUOI ?

Par étymologie populaire, certaines personnes de la région de Lyon ne disent pas « étendage » mais « étend de linge ».

Dérivé du verbe *étendre* avec le suffixe *-oir* (suffixe utilisé pour créer le nom de l'objet qui sert à faire l'action du verbe, ou du lieu où on fait l'action du verbe), le mot *étendoir* existe depuis la fin du XVIIe siècle, avec le sens de « ce qui sert à étendre (en particulier le linge) ».

Dans le français de la région de Lyon (mais également dans la partie méridionale de la Suisse romande), c'est le suffixe *-age* qui a été choisi pour désigner l'objet sur lequel on fait sécher le linge. Ce suffixe exprimant une action (gribouillage), il est possible que le mot en soit venu à désigner l'objet par métonymie. ■

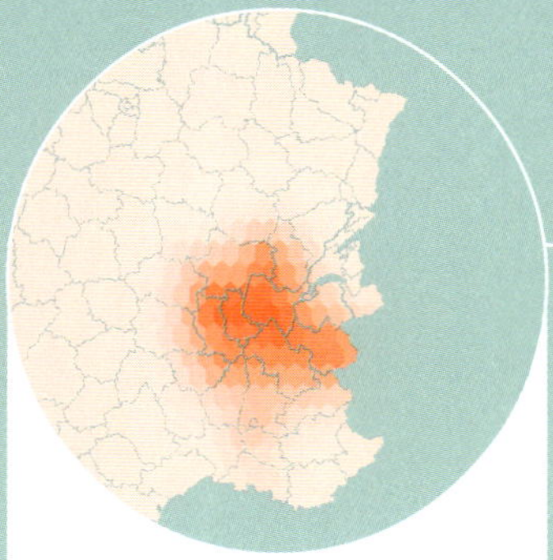

Ça se dit près de chez nous !

Aujourd'hui, le mot *tatan* comme synonyme de *tante*, *tatie* est utilisé dans la plupart des départements de l'ex-région Rhône-Alpes, à part en Haute-Savoie. Naguère, le terme était connu en Normandie, dans le Poitou et en Lorraine.

0% 50% 100%

TATA *vs* TATAN

« Sans doute Félicie et Gaëtan sont à Grenoble ? Donne-moi un peu de leurs nouvelles et de celles de ma tatan Gagnon [sa grand-tante Élisabeth], car je n'ai rien su d'elle depuis deux jours après sa rechute [...]. »

Stendhal,
Lettres à Pauline,
7 décembre 1800.

Pour nommer la sœur d'un parent (qu'il s'agisse du père ou de la mère), voire de la belle-sœur du père ou de la mère, le français dispose de nombreux mots : *tante* (altération, d'après une forme enfantine, sur le moule *ta ante* ↠ tante), *tatie* (sur le modèle de *mamie*), *tata* mais aussi *tatan* (sans doute par analogie entre *tata* et *maman*).

Naguère, *tatan* était utilisé un peu partout en France, de la Normandie aux Charentes, mais aussi dans tout l'est de la France. Aujourd'hui, la forme *tatan* ne survit que dans le français local de la région de Lyon ! ■

MIRON

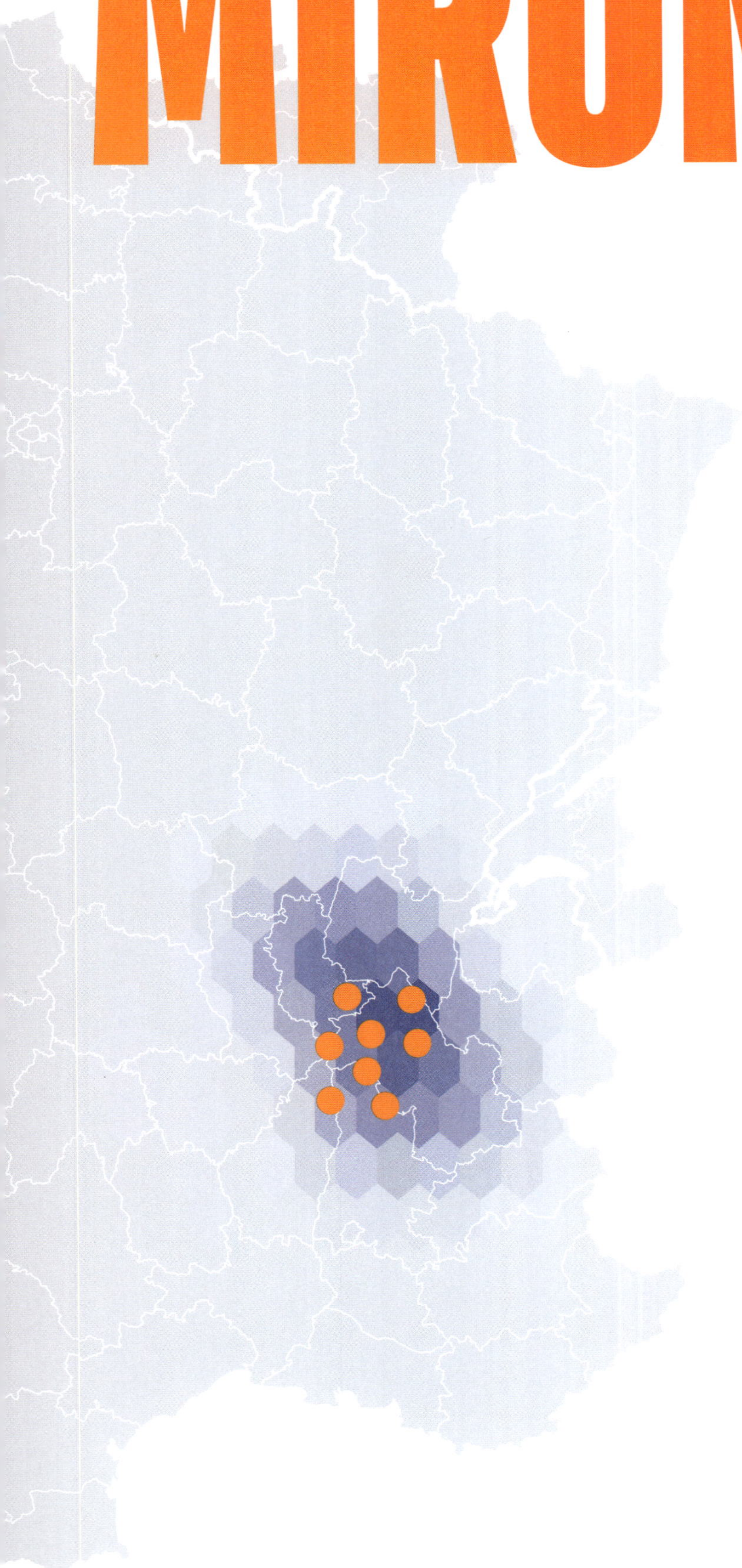

Ça se dit près de chez nous !

En français comme en patois, l'utilisation du mot *miron* pour désigner un chat est cantonnée à la ville de Lyon et aux communes alentour.

D'après ALF 250.

Le mot *miron* est un régionalisme emblématique du français de Lyon. Il figure en effet dans la plupart des recueils de régionalismes consacrés au parler lyonnais et aux spécificités du Dauphiné. Récemment, le mot a même inspiré une fête : « La fête du miron, chat vous dit ? »

Dans la région du Dauphiné (nord de l'Isère), mais aussi dans le sud de l'Ain, dans le département du Rhône et au nord-ouest de la Haute-Savoie, les locuteurs interrogés à la fin du XIXe siècle par Edmond Edmont (p. 228) ont donné des réponses que l'on peut regrouper sous l'étiquette « miron ».

On aurait pu penser qu'une aire si petite serait vouée à disparaître en même temps que les derniers locuteurs natifs des dialectes de la région. Il n'en est pourtant rien puisque, comme le montre la carte élaborée à partir des données de français régional enregistrées au début du XXIe siècle, le fait d'appeler un chat *miron* est une habitude qui perdure.

MIRON, MIRON, PETIT PATAPON

Si, sur le plan géographique, l'aire de la forme *miron* n'a guère changé au fil des décennies, sa signification a subtilement évolué.

Dans les dialectes

Miron ou l'une de ses variantes, *meron, mirou, miraou*, etc. désignait le chat mâle, le matou.
Mire était utilisé pour désigner la femelle.

Dans le français régional de Lyon

Miron est surtout utilisé comme terme affectif ou expressif. Il peut d'ailleurs désigner les humains !
La forme mire, elle, a presque disparu des usages en français contemporain. Des témoins nous ont signalé utiliser à la place la forme *mironne*, recréée selon les règles du français sur *miron*, pour désigner une chatte ! ■

MIRON, CAYON··, QUE D'ANIMAUX EN -*ON*

Dans les dialectes gallo-romans, il y avait deux façons de nommer la taupe : soit à l'aide d'un mot se rattachant au latin *talpa* (qui a donné le français *taupe*), soit au moyen de mots se rattachant à une forme ancienne de type **darbo* (qui a donné les formes *darbon*, *darbou*, *derbon*, *drabon*, etc.).
En français régional, on peut entendre encore des gens appeler « darbon » (ou « derbon ») une taupe, mais ces locuteurs sont plutôt isolés et peu nombreux (ils sont localisés à la frontière de la France et de la Suisse à la hauteur de Morzine en Haute-Savoie).

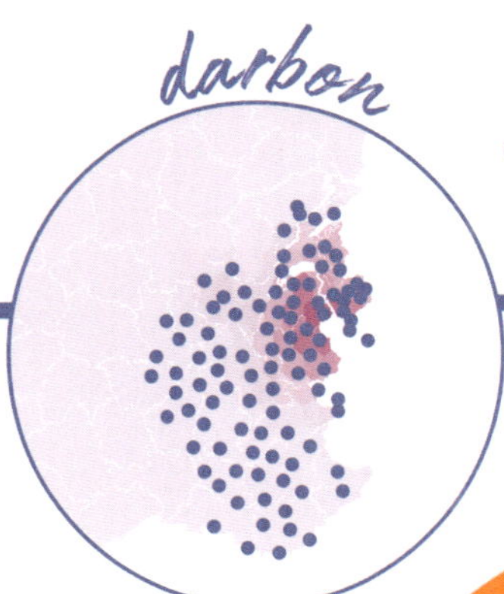

● Attestations de *darbon* en gallo-roman.

D'après ALF 1061.

MINOU

« miaou »

IL FAIT « MIAOU », LE MINOU

Le radical *min-* est à la base de nombreux noms familiers du chat dans plusieurs parlers gallo-romans et correspond à l'onomatopée évoquant le cri de l'animal. En effet, *miau-*, qui est à la base du verbe *miauler*, a une origine onomatopéique.

Mite : ancien nom populaire du chat.

Minette : attesté d'abord au féminin, puis *minet*.

Minou : a un sens érotique, mais désigne aussi les chatons de certains arbres au Québec et les amas de poussière sous les meubles en Belgique.

Minon : comme *minou*, renvoie aux chatons des arbres et aux moutons de poussière.

Minouchet : régional et familier.

Minouche, minouchon et minoune : surtout au Canada.

Mistigri : nom familier du chat et nom donné à un jeu de cartes, issu de celui attribué au valet de trèfle. Il va sans dire que, comme les mots *chatte* et *chat*, ces mots ont presque tous une connotation érotique...

AU RESTAURANT

UN MÂCHON DANS UN BOUCHON

Mâchon désigne à Lyon un repas pris à la mi-journée, constitué de préparations rustiques et roboratives, que l'on arrose généralement de bons vins. Le mot est dérivé sur le français *mâche*, de la même famille que le verbe *mâcher* qui fut naguère synonyme de « manger » en français populaire.

Actuellement, le mot *mâchon* est en voie de dérégionalisation, notamment en raison de l'expansion des restaurants qui arborent ce nom dans leur enseigne (notamment à Paris).

La cuisine lyonnaise est une cuisine de terroir mondialement connue. La métropole comporte plus de 1 000 enseignes, ce qui représente la plus grande concentration de restaurants par habitant en France ! Et si vous cherchez les meilleurs, ne cherchez point de brasserie, mais demandez dans quels bouchons on peut déguster le meilleur mâchon du coin !

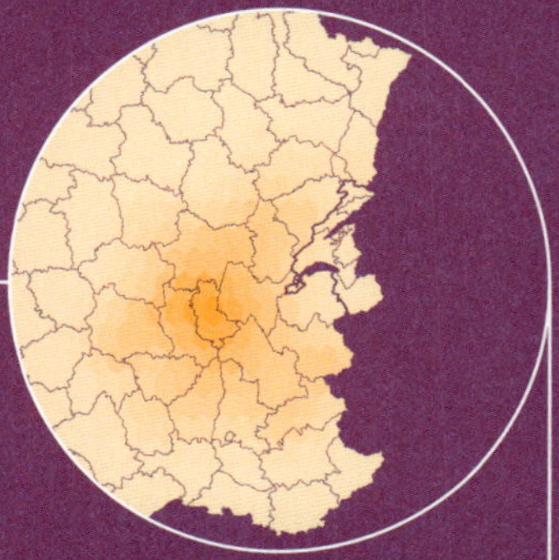

Bouchon est le nom que l'on donne dans la région aux brasseries locales – débits de boissons offrant une restauration à base de plats simples et traditionnels. Il s'agit d'un mot ancien, sorti des usages généraux du français. Il désignait naguère une botte ou un rameau de feuillage que l'on suspendait comme enseigne au-dessus de la porte d'un cabaret. Par métonymie, le mot a été utilisé pour désigner les cabarets, ainsi que les débits de boissons en général. Cette façon de parler ne s'est guère conservée en France en dehors de la ville de Lyon.

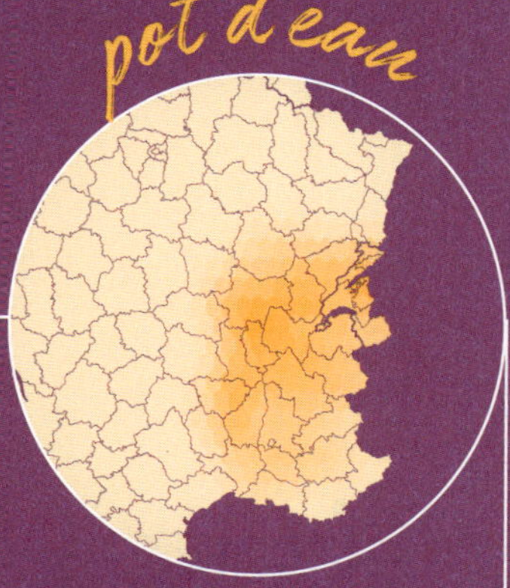

CONNAISSEZ-VOUS LE POT LYONNAIS ?

Si, à Paris, on sert l'eau dans des brocs ou des carafes, à Lyon et dans les départements alentour, on vous la servira dans un pot. Méfiez-vous toutefois, et n'oubliez pas de préciser que vous voulez un pot d'eau, car sinon on risque de vous demander si vous préférez du beaujolais ou un côtes-du-rhône ! Le pot lyonnais prend la forme d'une bouteille au fond très épais, de teinte verdâtre ou transparente, fabriquée à partir de verre recyclé.

AU CENTILITRE PRÈS...

Au Moyen Âge, on tirait le vin des tonneaux pour remplir des cruches, des pichets ou des bouteilles qui permettaient de contenir alors 2,08 litres. Au XVIIe siècle, la contenance du récipient diminue de moitié et atteint 1,04 litre. Quand le pot lyonnais fait son apparition au XIXe siècle, les canuts, qui sont des ouvriers originaires du quartier de la Croix-Rousse, à Lyon, recevaient un demi-litre de vin de leurs patrons. En 1843, une loi fixe la contenance du pot lyonnais à 46 centilitres.

POURQUOI 46 CL ?

C'est 50 centilitres moins le verre du patron, que vous ne verrez pas car le cul de la bouteille, de 4 centimètres d'épaisseur, donne à la bouteille l'allure d'un vrai demi litre ! ■

LE SAVIEZ-VOUS ?

Au XVIe siècle, *verser un pot de vin* à quelqu'un était synonyme de « donner un pourboire », en d'autres termes d'une somme permettant de se payer à boire en attendant de recevoir son salaire !

VARIANTE

Autour des villes de Privas, en Ardèche, et de Valence, dans la Drôme, on parle de *pot-à-eau* (prononcé [potâo]).

LA CHARCUTERIE LYONNAISE

pâté-croûte

Ça se dit près de chez nous !

Dans la région lyonnaise, on dit « pâté-croûte » et non « pâté en croûte ». Lyon partage cette coquetterie linguistique avec Reims !

0% 50% 100%

PÂTÉ-CROÛTE OU PÂTÉ EN CROÛTE ?

La ville de Lyon est réputée pour ses spécialités charcutières à base de porc – ou de cayon**, comme diraient les Savoyards. Certaines de ces spécialités sont connues ailleurs, mais sous d'autres noms. Aussi, ne soyez pas surpris, dans un restaurant lyonnais, que l'on vous propose du « pâté-croûte » et non du « pâté en croûte ». Considéré comme un plat emblématique de la gastronomie lyonnaise, le pâté-croûte est souvent vu d'un mauvais œil en raison de sa piètre qualité quand il est fabriqué de façon industrielle. C'est pourtant un plat dont la conception est très technique et qui, s'il est bien fait, est des plus savoureux à déguster !

Depuis 2009, les meilleurs chefs de la Terre entière se retrouvent en région lyonnaise pour tenter de remporter le « Championnat du monde de pâté-croûte » – et non de « pâté en croûte », dénomination que l'on retrouve dans la presse nationale et qui n'a rien de locale. Le premier s'est tenu à Sathonay-Village (dans le Rhône), et a été remporté par des Lyonnais. En 2019, c'est un Japonais qui a raflé la mise. Sur le plan patrimonial, ce concours est important car il met en valeur la gastronomie lyonnaise et revalorise également le métier de l'artisan charcutier, qui tend à se perdre malheureusement en France.

LE GODIVEAU

À Lyon et dans sa région, ne cherchez pas de chipolatas, vous avez peu de chances d'en trouver. Dans la région, cette petite saucisse à base de viande de porc s'appelle « godiveau ». Ce terme désigne un hachis de viande façonné en boulettes oblongues de la grosseur du doigt, pochées à l'eau bouillante salée. Le sens régional qu'il a pris dans les Alpes est relativement ancien puisque les premières attestations remontent au XVIe siècle. Sur le plan étymologique, *godiveau* est une altération de *godebillaux*, sous l'influence de *veau*. Le radical *god-* renvoie à un objet « enflé » et *beille* désigne le « ventre », du latin *botulus*, « boyau ».

LA ROSETTE

Cette spécialité typique de la région se présente sous la forme de saucisson assez long (jusqu'à 1 mètre), mais surtout très large (de 5 à 10 cm), de forme cylindrique et ficelé. Jusqu'au siècle dernier, chez les paysans, la rosette était un mets de choix dont la consommation était réservée aux grands événements comme les baptêmes, communions, mariages. La viande que l'on utilisait pour la fabriquer provenait en effet obligatoirement de parties nobles du cochon (échine et noix du jambon).

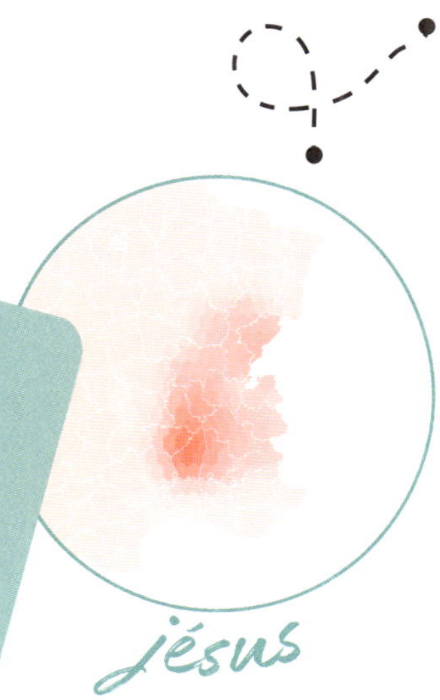

LE JÉSUS DE LYON

On confond souvent la rosette avec le jésus de Lyon car les préparations de viande que l'on emploie sont les mêmes. Le jésus de Lyon est toutefois moins long et plus large : il a la forme d'une poire, en raison du boyau assez large dans lequel il est embossé, que l'on appelle « sac de porc ». Il est également moins sec et plus tendre. Il semblerait que le jésus de Lyon soit une appropriation culturelle des Lyonnais, car les plus anciens usages du mot *jésus* pour désigner un saucisson en forme de poire dans un filet – par analogie avec l'enfant Jésus emmailloté dans la crèche – sont tous localisés dans le Doubs (où est produite la variété de jésus la plus connue, le jésus de Morteau). ■

Dans les parlers de la région lyonnaise, le mot *rosette* se trouvait en concurrence avec des formes comme *boyau culier, culard, boyau du cul, boyau crottier.* C'est parce que la rosette tire son nom du boyau qu'on utilisait pour l'embosser : le « fuseau », c'est-à-dire la partie terminale de l'intestin du porc se terminant par l'anus, que l'on appelle aussi « rosette » du fait de sa couleur !

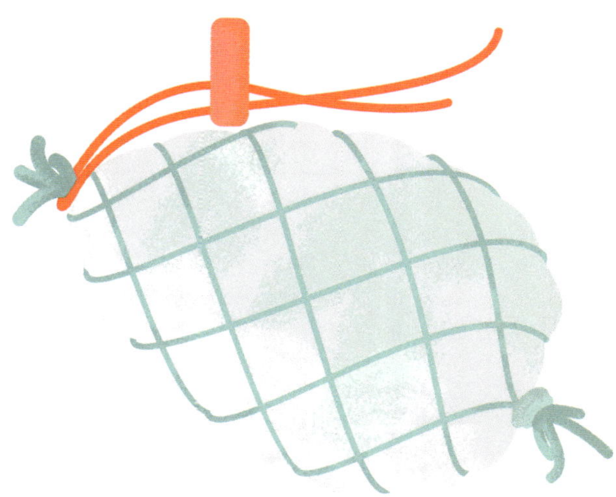

LA FLORE

Les noms de plantes, de légumes et les autres domaines de la botanique constituent des lieux privilégiés pour l'étude des régionalismes lexicaux. Dans la région de Lyon, beaucoup s'entendent encore dans les conversations, malgré la propagation des termes du français standard diffusés par l'école et les médias. ■

BARABANS

Ce qu'on appelle en français standard des « pissenlits » prennent le nom de « barabans » dans la métropole lyonnaise. Le mot était déjà utilisé dans la même zone depuis plus d'un siècle dans la bouche des locuteurs patoisants. Étymologiquement, le mot *baraban* se rattacherait au patronyme *Barrabas*, nom d'un personnage des Évangiles qui n'apparaît qu'au cours du procès de Jésus. ■

LE PISSENLIT, PLANTE DIURÉTIQUE

La forme *pissenlit* est attestée dès le milieu du XVe siècle. Si on la décompose, on voit qu'elle est constituée de trois mots : *pisse* + *en* + *lit* = pisser au lit. Cette appelation s'explique par les propriétés diurétiques de cette plante. C'est le même processus de création lexicale qui est à l'origine du mot *chienlit*, qui désigne un certain désordre.

PISSENLIT

pisser au lit

LE SAVIEZ-VOUS ?

Le pissenlit commun est aussi connu sous le nom de « dent-de-lion », en raison de la forme dentée et recourbée de ses feuilles. C'est ce terme originaire du français des anciens botanistes lyonnais qui a été adapté en anglais sous la forme *dandelion*, mais que l'on retrouve aussi en italien (*dente di leone*), en catalan (*dent de lleó*), en espagnol (*diente de león*), en portugais (*dente-de-leão*), en allemand (*Löwenzahn*), en danois (*løvetand*), en roumain (*dintele leului*), en norvégien (*løvetann*), en néerlandais (*leeuwentand*) et sans doute aussi dans tout un tas d'autres langues !

Ça se dit près de chez nous !

Le mot *baraban* n'est guère connu au-delà des frontières de la métropole lyonnaise, comme c'était le cas déjà dans les parlers dialectaux que l'on pratiquait couramment au début du XXe siècle.

0% 50% 100%

CAROTTE ROUGE

Au supermarché, tout le monde peut acheter des betteraves, mais sur les marchés des petites villes, c'est la locution *carotte rouge* qu'on lira sur les écriteaux annonçant le prix des légumes.

Historiquement, les conditions de l'apparition de la locution *carotte rouge* sont complexes. À partir du XVIe siècle, le français emprunte au latin scientifique le terme (*daucus*) *carota* pour désigner tout ce qui ressemble à une plante dont la racine charnue est comestible. Le mot est alors utilisé comme synonyme du terme *pastenade* ou *panais*.

La betterave est importée d'Italie un siècle plus tard, au XVIIe siècle, en même temps que la pomme de terre (tartiflette**). Le français régional de Lyon opère alors une répartition sémantique entre la « pastenade », qui désigne aussi bien la carotte (orange) que le panais, et la « carotte » – tout court – qui désigne ce nouveau légume, la betterave.

Petit à petit, en raison de la diffusion du français standard, la synonymie devient gênante. C'est pourquoi le mot *carotte* commence à être accompagné d'un adjectif rappelant la couleur de la racine et qu'apparaît la carotte rouge. Aujourd'hui encore, beaucoup de paysans de la région croient que la locution *carotte rouge* est connue de tous les Français, car dans leur usage, le mot *betterave* désigne la betterave fourragère, soit celle que l'on donne aux animaux, et qui n'est pas comestible par les humains. ■

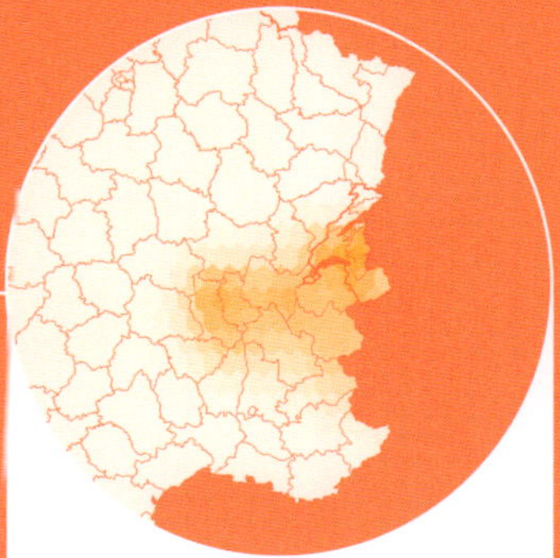

Ça se dit près de chez nous !

La répartition des dénominations entre les différents types de légumes à racine – que l'on appelle en français standard « carotte », « panais », « betterave potagère » et « betterave fourragère » – rend assez délicate la comparaison avec les dialectes car les locuteurs ont élaboré des stratégies relativement diverses pour éviter les ambiguïtés dans les conversations.

0% 50% 100%

LE PARLER

GAGA

français populaire parlé dans la région de Saint-Étienne

Le terme *gaga* désignait à l'origine les habitants de la ville de Saint-Étienne, mais il s'est étendu au nom de la variété de français parlée dans cette région. D'abord utilisé pour qualifier le dialecte forézien ou stéphanois, c'est-à-dire le parler relatif à la ville de Saint-Étienne, dans le département de la Loire, le mot *gaga* s'emploie désormais pour caractériser le français populaire que l'on parle dans toute la région de Saint-Étienne.

La plupart des régionalismes et des spécificités linguistiques de ce parler gaga se retrouvent dans l'ensemble de la région qui irradie autour de Lyon. À vrai dire, il existe peu de mots qui ne soient pas connus en dehors des frontières du département de la Loire. Citons le terme *baraban*••, également l'adjectif *berche*, qui s'emploie pour désigner une personne à qui il manque des dents ou qui a des dents tordues. Ou encore la tournure *se mettre à cacasson*, qui signifie « en position accroupie ». ■

VOUS AVEZ DIT « GAGA » ?

L'origine du terme *gaga* est obscure. L'hypothèse la plus vraisemblable serait que le mot remonterait au latin *gagates* qui désigne une pierre noire et qui a donné *geais* en français. Saint-Étienne est en effet le berceau de l'exploitation de la houille et la ville lui doit en grande partie son essor du XIXe siècle. C'est d'ailleurs à cette date que le mot *gaga* apparaît pour la première fois, et c'est ce qui expliquerait qu'on le trouve alors écrit avec un *t* final, *gagat*.

BABET

Dans le parler gaga, un « babet » désigne ce qu'on appelle en Suisse et en Franche-Comté une « pive•• », et dans les Vosges une « cocotte•• », en d'autres termes, une « pomme de pin » ! En Isère, on peut entendre les variantes *babelle* et *babé* (dans le stéphanois, on prononce *babet* avec un *è* ouvert, comme dans le mot *bête*). Étymologiquement, *babet* est dérivé sur une base *bab-*, qui désigne les lèvres d'un animal. ■

GAGA

BERCHE

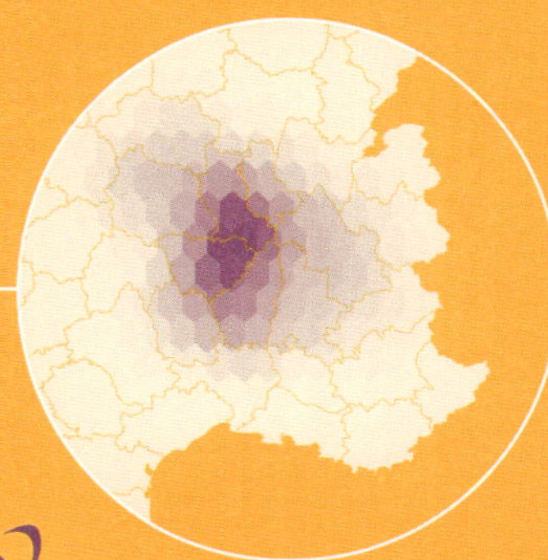

Cet adjectif s'applique à des personnes qui présentent différentes sortes de problèmes au niveau de leur mâchoire, ou à des outils qui sont mal en point. *Berche* est un régionalisme qui fut naguère connu sur une aire beaucoup plus grande : jusqu'en Suisse romande et en Pays de Savoie. On trouve aussi la forme *berchue*. ■

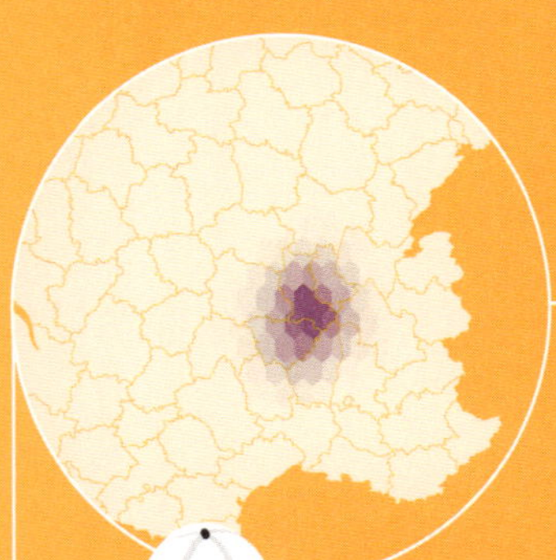

À CACASSON

La tournure *à cacasson* signifie « se mettre accroupi ». Elle est à rapprocher des autres variantes en circulation dans la région comme *se mettre à cacabosson* (en Ardèche et dans la Drôme) ou *s'accagarser* (dans le Sud).

La forme a des origines peu nobles : elle est composée de *caca*, « excrément » (*cagade*••), et de *bosson* ou *botson*, forme locale du français *bouse*.
Variantes : *se cacasser, s'acacassonner*. ■

SURVIVANCES DU

Le savoyard est le nom que l'on donne aux parlers gallo-romans, issus du latin, qui étaient jadis employés par l'ensemble des habitants des Pays de Savoie.

Taillé pour décrire au plus près les réalités du mode de vie des habitants – climat, relief, faune, flore, etc. –, le savoyard comporte de nombreux mots qui n'ont aucun équivalent en français standard. Aussi, quand les Savoyards se sont mis à parler la langue de la République, ils n'ont pas eu d'autre choix que de franciser certains mots de patois, avec d'éventuels changements de sens et des adaptations phonétiques, enrichissant ainsi la langue responsable du déclin de leur langue… ■

LES PAYS DE SAVOIE

La région que l'on appelle « Pays de Savoie » désigne depuis le XVIIe siècle les terres des princes de la maison de Savoie, appelées aussi à l'époque « États de Savoie ». Elle correspond actuellement aux départements 73 (Savoie) et 74 (Haute-Savoie), mais ses frontières ont fluctué à travers les siècles. La zone a englobé un temps l'actuel Bas-Valais de Suisse, dit aussi « Valais savoyard », mais également certaines vallées italiennes comme le Val d'Aoste.

CHALET

Certains de ces mots d'origine savoyarde sont entrés dans la langue il y a déjà plusieurs siècles. C'est notamment le cas du mot *chalet*, du latin *cala*, « abri », popularisé au XVIIIe siècle par Jean-Jacques Rousseau dans sa *Nouvelle Héloïse*, et qui désigne originellement une habitation d'alpage et que l'on utilise aujourd'hui pour désigner une « maison à façade de bois », où qu'elle se trouve. ■

« Suivant mon calcul, nous avons encore au moins cinq ou six jours jusqu'au retour de la maman. Serait-il impossible durant cet intervalle de faire un pèlerinage au chalet ? »

Jean-Jacques Rousseau,
Julie ou La Nouvelle Héloïse,
1761.

PATOIS SAVOYARD

SÉRAC

C'est aussi le cas du mot *sérac* (lorsque la pente d'un glacier est très irrégulière, le glacier se fissure et forme des séracs entourés de crevasses). L'origine du mot est intéressante : formé sur le radical du latin *serum*, « petit lait », *sérac* (auquel se rattachent les variantes *séré, sarasse*) désigne d'abord, en Savoie comme en Suisse romande, un fromage blanc compact et cassable, friable. Par analogie avec ce fromage, on a appelé « sérac » le bloc de glace qui se détache d'un glacier et qui dégringole en se brisant.

PIOLET, AVALANCHE ET NÉVÉ

De nombreux autres mots relatifs à la montagne sont également des emprunts aux parlers savoyards et, plus généralement, francoprovençaux.

On pense notamment aux mots :

Piolet : diminutif de *piola*, il désigne dans les parlers locaux une hache. On le prononce [piôla].

Avalanche : formé sur la contraction du terme alpin *aval*, « descente », et du savoyard *lavantse*, « coulée de neige ».

Névé : désigne un amas de neige gelé en haute montagne, notamment sur les glaciers, ou qui perdure sur les pentes élevées même en été.

A R'VI PA !

Ça se dit près de chez nous !

On peut voir sur la carte que l'expression *a r'vi pa* est exclusivement savoyarde.

0% 50% 100%

Régionalisme emblématique du parler savoyard, *a r'vi* est une interjection que l'on emploie pour prendre congé de quelqu'un : « Il fait nuit, ça veut dire que c'est l'heure de rentrer. A'rvi ! » Elle peut être suivie de la particule *pa* (aussi orthographiée « pâ » ou « pas ») ou plus rarement *donc*. « En route, vous autres. A r'vi, pas ! A r'vi, donc ! »

En dialecte savoyard, *r'vi* (aussi écrit « rvi ») correspond au français *revoir*. Dans cette expression, la voyelle *a* joue le même rôle que la préposition française *à*. *A r'vi* se traduit ainsi par « au revoir », ou plus précisément « à la revoyure ». Quant à la particule *pa*, il semblerait qu'il s'agisse d'une forme raccourcie de l'équivalent patois de *n'est-ce pas*.

CE N'EST PAS UN ADIEU…

On rappellera que l'expression *a r'vi pa* s'oppose à l'origine à *adieu* (prononcée [adgeu] en Savoie), qu'elle est utilisée pour saluer quelqu'un que l'on rencontre, pour lui dire « bonjour » et non « au revoir ». Signalons toutefois que cet usage remarquable d'*adieu* n'a rien de spécifiquement savoyard : il est également tout à fait courant dans le sud-ouest de la France, de même qu'en Suisse !

Si, régionalement, *adieu* est une formule de rencontre équivalant à *bonjour*, elle apparaît au XIIe siècle comme formule de séparation. En disant « adieu », on recommande notre interlocuteur à Dieu et on le place sous sa protection en attendant de le retrouver. Il faut attendre le XIXe siècle pour faire la distinction entre *adieu* et *au revoir*. Les adieux prennent alors une tournure définitive !

Ça se dit près de chez nous !

L'emploi d'*adieu* comme formule de salutation à l'égard de quelqu'un qu'on rencontre est employée en Savoie et dans l'Ain, mais aussi dans tout le quart sud-ouest de la France (des traces dans le sud-est de l'Hexagone laissent penser qu'elle y était également employée, mais que son usage s'y est raréfié).

CE N'EST QU'UN AU REVOIR

Le revoir désigne « le fait de revoir quelqu'un ». C'est de ce nom masculin qu'est née, au XVIIe siècle, l'expression *adieu jusqu'au revoir* puis, simplement, *jusqu'au revoir*. Depuis le XVIIIe siècle, nous n'employons plus que la locution *au revoir* lorsqu'on se salue pour se quitter. *À la revoyure* est un dérivé familier d'*au revoir* qu'on emploie depuis le XIXe siècle.

BONJOUR LA SIMPLICITÉ !

Si on vous dit que *bonjour* se dit parfois aussi quand on se sépare… Cet usage, attesté dans diverses régions de France, est très usuel en français du Canada.

MONCHÛ

Ça se dit près de chez nous !

Le mot *monchû* au sens de « touriste en séjour dans les Alpes » est exclusivement employé dans les départements 73 et 74, comme de nombreux autres sabaudismes*.

0% 50% 100%

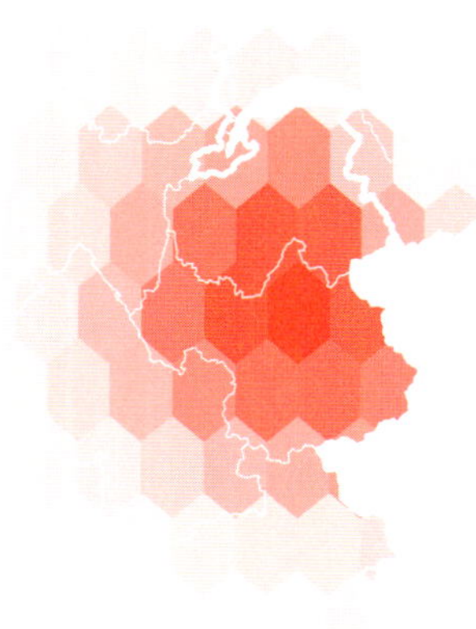

Le mot *monchû* désigne, dans la bouche des Savoyards, un vacancier, prototypiquement originaire de la région parisienne, identifiable grâce au numéro de la plaque d'immatriculation de la voiture sur laquelle il place les chaînes du mauvais côté (à l'avant si la voiture est à traction arrière, à l'arrière si la voiture est à traction avant) ou les porte-skis à l'horizontale. En dehors de sa voiture, on reconnaît le *monchû* à son accoutrement : c'est ce vacancier qui skie en jean, qui laisse traîner ses spatules (de ski) derrière lui ou qui débarque au supermarché de la plaine en tenue de ski, avec aux pieds ses Moon Boot®, voire ses chaussures de ski…

MÔSSIEUR

Sur le plan linguistique, *monchû* est la forme dialectale correspondant au français *monsieur*. Elle était originellement employée par les patoisants de la région de Chamonix (prononcé [chamoni] sans le *x* final, p. 150) pour désigner les touristes en quête d'air pur, les « môssieurs » aisés et habillés de la ville. Passé en français, le mot a perdu ses lettres de noblesse pour finir par désigner péjorativement des touristes typiquement maladroits, peu au fait des règles de bonne conduite à adopter en station.

On trouve encore le mot *monchû* dans les romans de Roger Frison-Roche, avec le sens noble qu'il avait naguère :

> **« Suffit, gamin, n'y revenons plus… C'est trop triste, vois-tu, d'aller finir ses jours à remonter le réveil dans une cabane et à préparer le thé pour les monchûs qui vont en course. »**
>
> **Roger Frison-Roche,** *Premier de cordée*, 1941.

Bien qu'absent de la plupart des dictionnaires scientifiques consacrés aux régionalismes du français, il constitue sans doute l'un des particularismes linguistiques les plus emblématiques des Pays de Savoie.

MONCHÛ

« môssieurs »

PARIGOT TÊTE DE VEAU

Parigot est un synonyme familier de *Parisien*, apparu à la fin du XIXe siècle et qui s'est formé à l'aide du suffixe argotique *-got*. Cependant, le mot a des connotations différentes de celles de *parisien* puisqu'il correspond à faubourien avec une idée de gaieté populaire. Le Parigot est un titi des faubourgs, soit des quartiers populaires situés en dehors de la ville. La formule « Parigot tête de veau » est célèbre parmi les ruraux et les provinciaux depuis le début du XXe siècle. Souvent complétée par « Parisien tête de chien », elle renvoie aux caractéristiques qu'on attribue, d'une part, au veau depuis le XVIIe siècle : sans-gêne et un peu nigaud et, d'autre part, au chien qu'on retrouve dans « temps de chien », « humeur de chien » ou « chienne de vie ». Elle permet de dresser le portrait d'un énergumène lourdingue qui tire tout le temps la tronche…

* SABAUDISME

On appelle **« sabaudismes »** les régionalismes issus des parlers savoyards. Le mot est construit sur l'ancien francoprovençal *sabaudia*, probablement issu d'un mot composé gaulois latinisé, *sapaudia* (*sapa* = « sapin », *uidus* = « forêt », soit « forêt de sapins »). Il a évolué pour donner en français moderne le mot… *Savoie* !

CAYON

Ça se dit près de chez nous !

Le mot *cayon*, au sens de « porc, cochon », vient du patois et s'est implanté en français régional. L'aire dialectale est la même que celle du français régional.

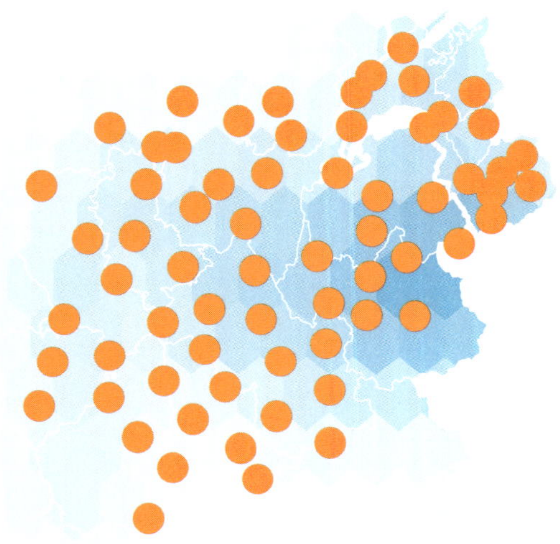

En France, le mot *cayon* (ainsi que ses variantes : *caïon*, *caion*, *câillon*, voire *cayou*, *caïou*) jouit d'une vitalité plus forte en Pays de Savoie que dans les départements voisins. En Suisse, le mot est connu dans les cantons francophones du Valais, de Fribourg, de Vaud et de Genève.

LE COCHON EN FÊTE

Naguère, le fait de posséder un cayon était considéré comme une providence pour les familles vivant dans les campagnes, notamment pour celles propriétaires de fermes isolées en montagne. La mise à mort de l'animal, en général au début de l'hiver, s'accompagnait de diverses célébrations. Cette tradition populaire, qui existe depuis l'Antiquité et qui est répandue dans divers pays d'Europe, porte le nom de « tue-cochon » ou, en Suisse romande, celui de « boucherie ».

Aujourd'hui, il n'existe presque plus de fermiers élevant des porcs seulement pour leur propre consommation, mais la tradition de la fête demeure. À Annecy, la fête du Cayon réunit le deuxième samedi de novembre de nombreux visiteurs venus déguster les spécialités autour du cochon et participer au concours du « cri du cochon ». En Suisse romande, on célèbre dans plusieurs cantons la Saint-Caïon.

SAUCISSES DE CAYON

Une spécialité régale les locaux comme les « monchûs·· », et est relativement dérégionalisée aujourd'hui, en raison de son succès commercial (on commence à la trouver dans tous les supermarchés de France) :

Les « diots » sont des petites saucisses (de porc, ou de cayon, c'est selon) à bouillir ou griller que l'on sert avec une sauce au vin blanc et que l'on accompagne de « polente » (en Savoie, on a francisé ce mot qui a gardé sa forme italienne en français standard, *polenta*). Le terme est un emprunt au savoyard *diô*, d'origine inconnue (ne pas confondre avec le *godiveau*··, de forme plus proche qu'une chipolata). ■

AVANT DE PASSER À TABLE : DU LARD OU DU COCHON ?

Le mot lard, vient du latin *laridum*, « graisse entre la peau et la chair des mammifères » et, plus spécifiquement, chez le porc. Ainsi, lorsqu'on se tâte pour savoir si c'est « du lard ou du cochon » on se demande si on n'essaie pas de nous refiler du gras en le faisant passer pour de la chair…
Cochon est un terme courant employé dans des contextes domestiques, familiers, alors que le mot *porc* est d'un registre plus relevé. Dans un contexte formel, commercial par exemple, on évoquera « l'élevage du porc » plutôt que celui du cochon. Le mot *porc* désigne communément la chair de l'animal mais, en matière de gastronomie, il est devenu plus chic d'inscrire au menu une belle « côte de cochon « plutôt qu'une « côte de porc ». Il faut croire que cochon et cochonnailles ont le vent en poupe !

> « À la Saint-Caïon, tout est bon dans le cochon. »
>
> **Journal *24 Heures***

> « Propre ou non, tout engraisse le cochon. »
>
> **Proverbe.**

LE SAVIEZ-VOUS ?

Par extension métaphorique, *cayon* désigne également un homme sale ou libertin. En Lorraine, *(du) caillon* signifie « (du) désordre » : « Range ta chambre, c'est un vrai caillon ! »

TOUT EST BON DANS LE CAYON !

À l'époque, posséder un cochon est un signe de richesse. Dès la seconde moitié du XVIIIe siècle, on voit fleurir les tirelires en forme de porc. On peut tirer le meilleur profit de l'animal d'après le proverbe qui dit bien que « dans un bon cochon jusqu'aux poils tout est bon ». S'il mange de tout, tout en lui est délectable ou, du moins, exploitable : du sang jusqu'aux soies. Un produit de qualité sera dit « pur porc », au sens propre comme au figuré !

LA MAUVAISE RÉPUTATION

En langue française, il ne fait pas bon être un cochon… Les insultes fleurissent : « vieux cochon ! », « sale porc ! », « gros lard ! », « vieille truie ! », « tête de lard ! ». On reproche deux ou trois choses au cochon.

Sale – et bête – comme un cochon

On dira à quelqu'un qui se goinfre qu'il « mange comme un cochon ». L'animal a non seulement la réputation de se vautrer dans la fange mais encore de ne pas hésiter à s'en repaître. Il ne fait pas la différence entre les choses de valeur et les déchets.

Lubrique comme un cochon

Sa réputation lubrique est relativement récente puisque avant lui, c'était le chien qui symbolisait la luxure. Vers la fin du Moyen Âge, le chien est devenu le meilleur ami de l'homme et le cochon a endossé ses vices. *Gros cochon, petite cochonne*, sont autant de locutions qui renvoient à un comportement érotique. L'expression *frotter son lard* (1534) est encore une autre façon de dire que l'on copule…

PLUTÔT PATCHOQUE OU PEUF ?

Ça se dit près de chez nous !

C'est dans les régions où l'on trouve les grandes stations de ski, à savoir dans les Alpes (sud de la Suisse romande, Haute-Savoie, Savoie, Isère, Hautes-Alpes) et, dans une moindre mesure, dans la région des Pyrénées (à la frontière entre la France et l'Espagne), que le mot *peuf* au sens de « neige poudreuse » est le plus répandu. Il est connu sporadiquement ailleurs, sans doute par des vacanciers fans des sports d'hiver.

0% 50% 100%

La *peuf* désigne ce que l'on appelle plus communément de la « neige poudreuse » ou, dans le jargon des jeunes vivant dans les Alpes, de la « pow-pow » – prononcé [popo] –, un emprunt à l'argot anglais *pow* ou *pow-pow* pour « *powder* », littéralement « poudre ».

Historiquement, on peut faire l'hypothèse que le mot *peuf* est passé en français par intermédiaire des dialectes gallo-romans que l'on parlait naguère couramment en Haute-Savoie et à l'ouest du Valais romand, en Suisse. Dans ces régions, les patoisants utilisaient le mot *poefa* comme équivalent du français *poussière*.

DE LA *PŒFA* À LA *PEUF*

La voyelle finale n'étant pas accentuée en francoprovençal, le français local a adapté *pœfa* en *peuf*, sans doute pour continuer à désigner de la poussière, puis, par extension métaphorique, ce type de neige poudreuse qui s'envole comme de la poussière quand on glisse dessus ou lorsqu'elle tombe d'un arbre.

Le mot se serait ensuite répandu dans le reste des Alpes francophones par l'intermédiaire des skieurs, puis se serait rendu dans les Pyrénées, où l'on skie également. Parallèlement, les vacanciers ou les monchûs, comme on les appelle dans le pays, auraient ensuite appris ce mot si particulier lors de leurs séjours dans les Alpes. Et c'est comme ça qu'il se serait exporté hors de sa région d'origine !

PATCHOQUE

Moins connu que les deux précédents, le mot *patchoque*, n'en est pas moins représentatif du français que l'on parle en Savoie. Probablement à rattacher au patois *patiăcă*, le mot *patchoque* désigne dans les dialectes savoyards une sorte de « bouillie épaisse ». En français régional, il est surtout utilisé pour désigner de la neige fondue et brunâtre dans laquelle on patauge, notamment au printemps, lors du redoux (période du printemps quand les températures remontent).

On retrouve la forme *patchoque* dans :

Patchoquer : « marcher dans la patchoque et se salir » ;

Patchoqué : « sali, recouvert de boue »

« Quand il est rentré à la maison, il était tout patchoqué ! » ;

Patchôcon : se dit d'un enfant qui aime se salir, notamment en mangeant.

« Arrête de faire le patchôcon ou tu vas sortir de table ! »

On rencontre le mot *patchoque* écrit *patiôque*, *patioque*, *patçoque* voire *patchauque*, selon que l'on prononce [ti] comme dans « petit » ou comme dans « tchi » ou que l'on prononce le *o* de façon ouverte, comme dans « bof », ou fermée, comme dans « beau ».

DE LA BONNE, DE LA FORTE

Ailleurs en France et chez les plus jeunes, e mot *peuf* a une tout autre signification. Elle n'est pas régionale, mais a-gotique, et renvoie à de la drogue. Ironiquement, pas de la poudre blanche, mais de la résine de cannabis. Dans ce cas, *peuf* est le verlan de *frappe* : une résine tellement puissante qu'elle frappe fort…

patchoque

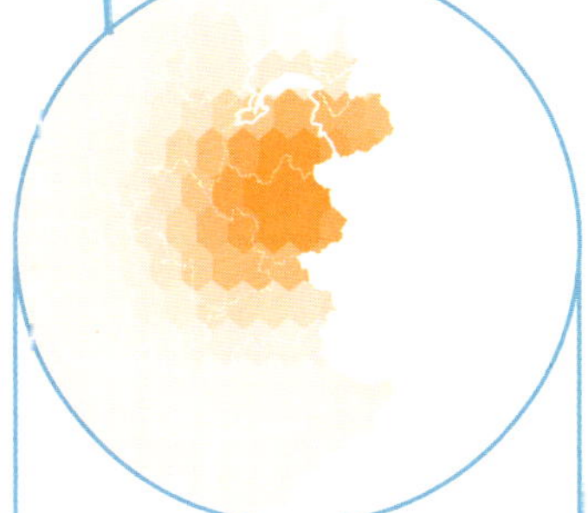

Ça se dit près de chez nous !

Vitalité et aire d'extension de *patchoque*, au sens de « neige fondue et boueuse ». Le terme est employé dans les deux Savoie et déborde également en Isère.

0% 50% 100%

CINQUANTE NUANCES DE NEIGE

Il existe plusieurs dizaines de termes pour désigner les différents types de neige en français local. Voici les plus courants :

La béton : attention aux chutes !

La croûtée : c'est une *peuf* qui a durci sur le dessus, à cause du vent ou d'une pluie suivie de gel.

La de-printemps : bonne le matin, « soupe » dès le début d'après-midi.

La soupe : c'est un peu l'équivalent de la *patchoque*.

Dans le domaine culinaire, le mot *patchoque* désigne une préparation liquide mais compacte, laissant en bouche un goût pâteux.

TOPONYMIE ALPINE : les noms en *-OZ*, *-AZ*, *-EX*, *-IEUX*, etc.

Ça se dit près de chez nous !

Carte de densité des toponymes se terminant par le suffixe *-az*, *-oz*, *-uz* et *-ix*, *-ex*, *ieux*, etc. On peut voir que l'aire dessinée, au cœur des Alpes françaises, suisses et italiennes, épouse plus ou moins parfaitement la zone dialectale des parlers francoprovençaux.

Dans le domaine du francoprovençal, à cheval sur la France, la Suisse et l'Italie, de nombreux toponymes*, se terminent par les lettres *-az*, *-oz*, *-uz*, *-ax*, *-ex*, *-ux*, *-oux*, ou encore *-ieux*.

Citons, parmi les plus célèbres :
***Avoriaz* et *La Clusaz* pour leurs stations de ski, la première située en Haute-Savoie, la seconde en Savoie.**
***Chamonix* pour son glacier, le mont Blanc.**
***Bardonnex* pour sa douane : il s'agit d'une commune localisée au sud du canton de Genève, à la frontière entre la France et la Suisse.**
***Culoz* pour sa gare désaffectée dans l'Ain.**
***Le Val-de-Ruz*, dans le canton de Neuchâtel, en Suisse, célèbre pour son absinthe.**
***Bionaz*, l'une des plus importantes communes du Val d'Aoste, en Italie.**

Beaucoup de Parisiens – terme qui désigne assez largement tout touriste venu se relaxer dans ces contrées, ceux-là même que les Savoyards appellent des *monchûs* – prononcent la dernière lettre de ces mots : [avoriaz], [la clusaz], [chamoniks], etc. Cela déclenche des railleries de la part des locaux, car ces consonnes sont muettes selon les habitudes de prononciation locales.**

Tranchons une bonne fois pour toutes : on dit [avoria], [la cluse] ou [la clusa], [chamoni], etc. !

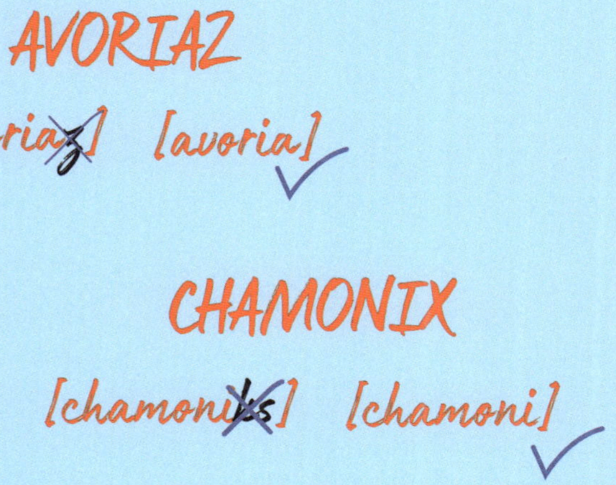

Au Moyen Âge (dès le XIIIe siècle, période où on ne parlait déjà plus le latin de Jules César, mais le francoprovençal), quand les scribes du duché de Savoie, qui s'étendait alors sur les actuels Pays de Savoie et sur une partie de la Suisse romande et du Val d'Aoste, ont commencé à écrire les noms des différentes paroisses et autres diocèses les entourant, ils ont eu l'idée d'utiliser les lettres inusitées de l'alphabet latin pour signaler une prononciation « locale ». La règle était la suivante :

- **Si le mot contient plusieurs syllabes et que l'accent tonique frappe l'avant-dernière syllabe du mot, alors on ajoute la lettre *z* à la fin du mot pour signifier que la voyelle finale se prononce en douceur : *la clus^{a}*, *cul^{o}*, (la syllabe accentuée est soulignée, la voyelle en exposant se prononce à l'italienne).**

(La syllabe accentuée est soulignée,
la voyelle en exposant se prononce à l'italienne.)

- **En revanche, si le mot contient plusieurs syllabes et que l'accent tonique frappe la dernière syllabe du mot, alors on ajoute la lettre *x* à la fin du mot pour signifier que la voyelle finale est pleine : *Chamoni*, *Mont-Saxonnè*, etc.**

Dorénavant, vous ne passerez plus pour des monchûs !**

POUR RÉSUMER

Les terminaisons en *-z* ou en *-x* sont donc des artifices graphiques pour indiquer quelle syllabe est accentuée dans le mot. Elles ne se prononcent pas ! Pas plus que le *-s* final de *Paris* ou le *-x* final de *chevaux* !

* TOPONYME

Un **toponyme** est un nom de lieu, du grec *topos*, « lieu, région », et *onoma*, « nom » : nom de ville, commune, hameau, lieu-dit ou autres.

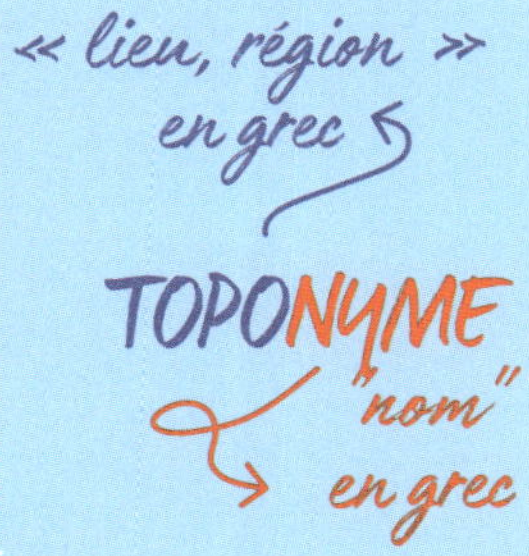

TARTIFLETTE

un exemple de faux régionalisme authentique

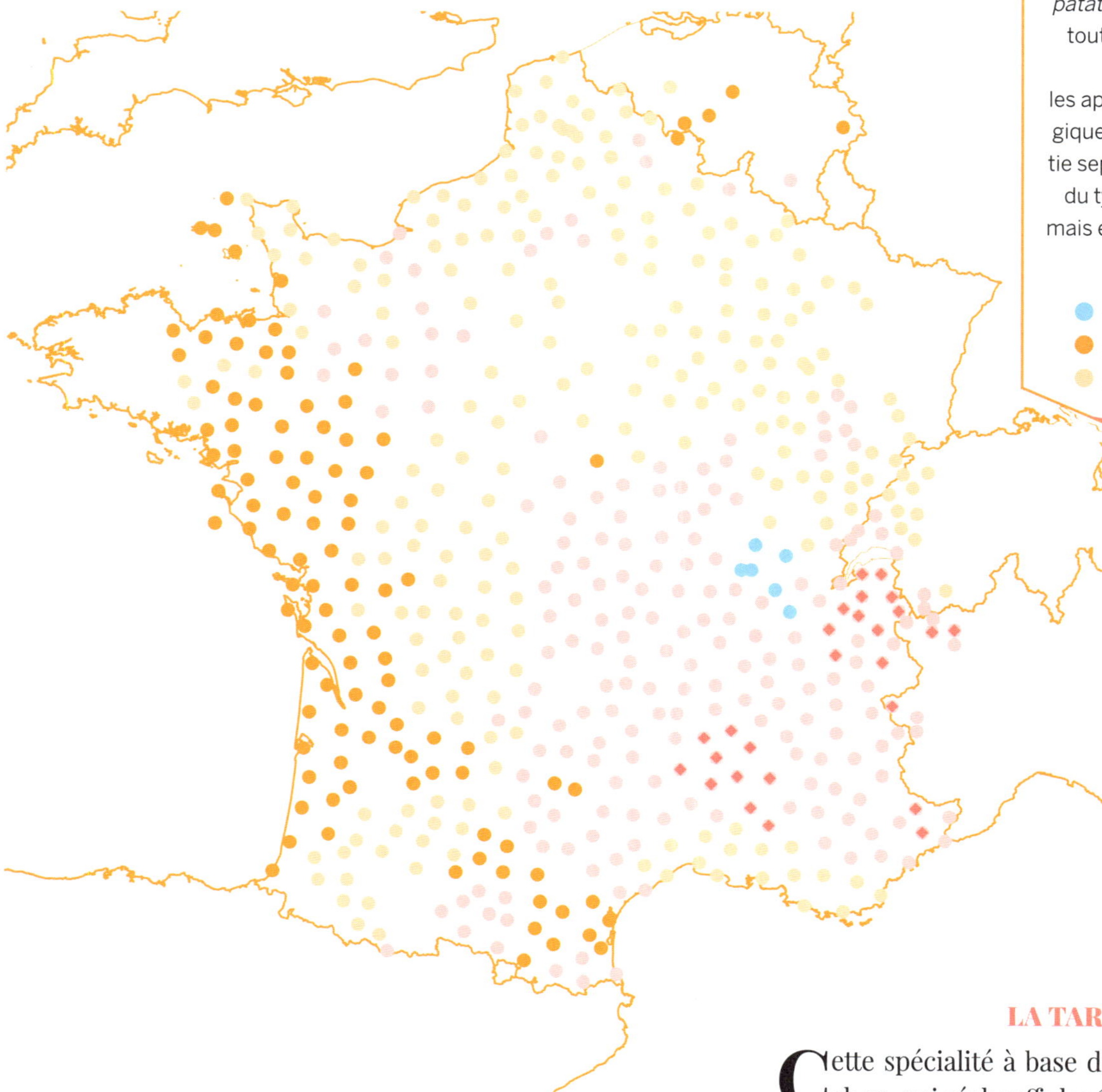

D'après ALF 1057.

Ça se dit près de chez nous !

Les dialectes gallo-romans de la fin du XIXe siècle gardent les stigmates de l'implantation en plusieurs phases de la pomme de terre, et de ses multiples provenances. La *patate*, venue d'Espagne, s'est implantée tout le long de la côte ouest alors que, dans le grand Centre Est, les appellations sont rattachées étymologiquement à l'italien *tartufo*. Dans la partie septentrionale de la France, les formes du type « pomme de terre » dominent, mais elles se sont implantées par-ci par-là dans le Midi et en Suisse.

- *cartoffel*
- *patate*
- *pomme de terre*
- *tartufo*
- *tartifle*

LA TARTIFLETTE

Cette spécialité à base de pomme de terre et de reblochon, qui réchauffe les âmes en hiver, est une spécialité emblématique des Alpes françaises, et plus spécialement des Pays de Savoie, où est produit le reblochon (AOC). Du point de vue linguistique, l'histoire du mot *tartiflette* est relativement singulière. S'il sonne en effet comme un mot typiquement local – dans le français parlé en Savoie comme dans les patois de cette région, *tartifle* désigne une « pomme de terre » –, le mot n'a pourtant rien d'authentique. Il a en effet été créé de toutes pièces par des commerciaux, en l'occurrence le Syndicat interprofessionnel du reblochon, dans les années 1980, pour doper les ventes de ce délicieux fromage. Lorsqu'en 1992 Albertville accueille les Jeux olympiques d'hiver, le monde entier découvre cette spécialité.

IN TARTIFLETTE WE TRUST

Cependant, le plat que l'on appelle « tartiflette » n'a pas été inventé avec le mot. Il existait déjà depuis des décennies dans les foyers savoyards, où il recevait le nom de « pêla », par analogie avec l'ustensile dans lequel cuisaient les pommes de terre qu'on recouvrait de fromage, et qu'on appelle en français une « poêle ». Devant le succès de la tartiflette, les restaurateurs ont créé la « croziflette » en dérivant le français régional *crozet*, petite pâte aplatie au rouleau et coupée en carrés. Ainsi que la « morbiflette », une tartiflette au morbier. Pourquoi se limiter ? ■

LA POMME… DE TERRE

Par analogie avec des formations allemande et néerlandaise, *erdapfel*, mot à mot « terre pomme », le français a créé *pomme de terre*.

Ça se dit près de chez nous !

Le mot *tartifle*, au sens de « pomme de terre », est encore utilisé dans le français régional des locuteurs des Pays de Savoie et, plus rarement, en Ardèche.

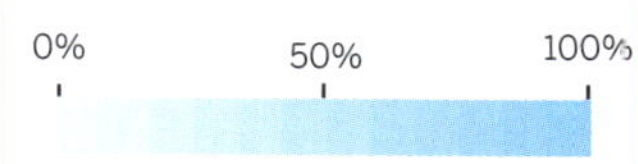

LA TRUFFE, UNE PATATE ?

Le mot *tartifle* vient de l'italien *tartufo*, qui a également donné les formes *tartuffe*, *truffe*, *triffe* et *tartifle* dans les dialectes gallo-romans (en rose sur la carte). Dans certaines régions, le mot *truffe* a servi à désigner la pomme de terre à partir du XVIIe siècle. Ce sens a survécu régionalement, au sud des Vosges, jusqu'au XXe siècle ainsi que dans le nom d'une spécialité auvergnate : la célèbre *truffade* ! Pomme de terre, fromage et ail en sont les ingrédients essentiels.

UN PEU D'HISTOIRE…

Lors de la conquête des Antilles et de l'Amérique du Sud au XVIe siècle, les marins espagnols reviennent au pays les bras chargés de pommes de terre. Le tubercule reçoit en Italie un nom similaire à celui de la truffe (*tartufo*), par analogie, parce qu'il pousse dans la terre et qu'il a souvent ce même aspect boursouflé. De l'Italie, la pomme de terre voyage en Suisse, puis en Allemagne, où elle s'adapte phonétiquement pour devenir *Kartoffel*. En France, la culture de la pomme de terre reste assez peu répandue en dehors de l'Alsace, de la Lorraine, de la Savoie et du Midi jusqu'au XVIIIe siècle, époque à laquelle Antoine Augustin Parmentier promeut sa culture dans la partie septentrionale de la France où sa consommation par l'homme était jusqu'alors considérée comme impropre.

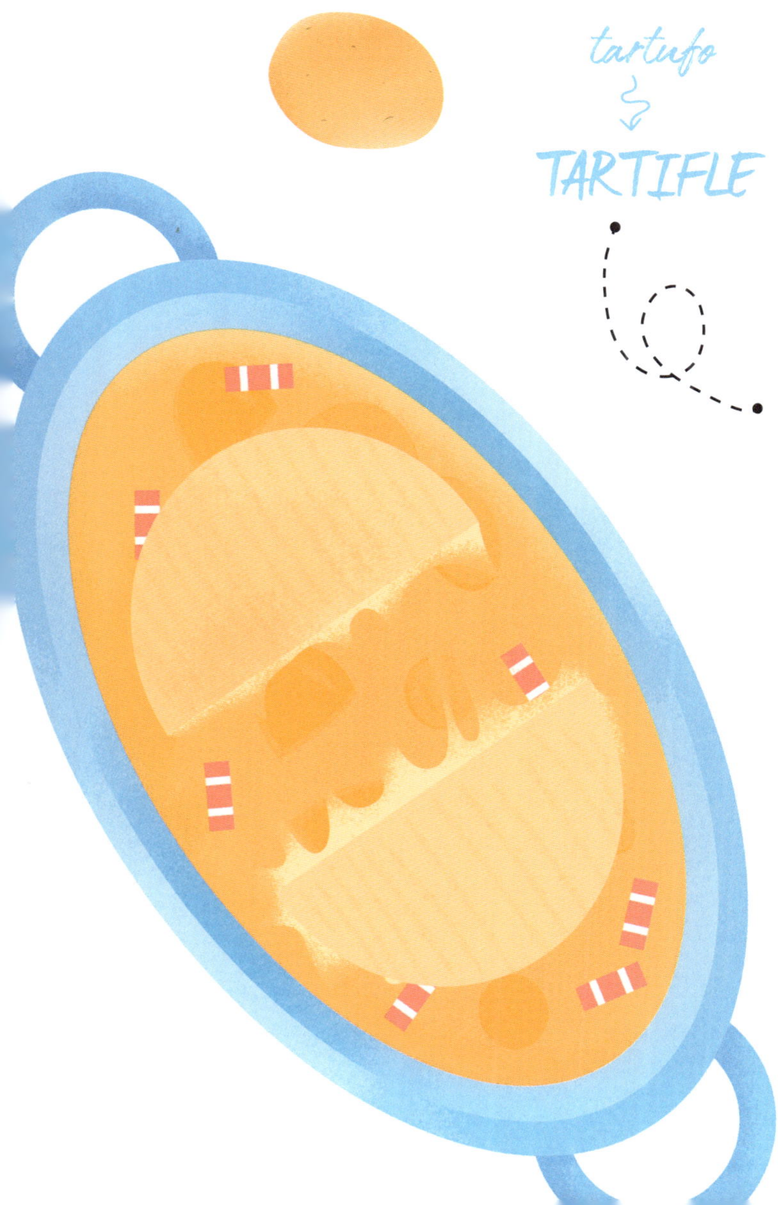

PARLEZ-VOUS

LE FRANCORSE, QUÉSACO ?

Francorse (ou *francorsu* dans l'idiome local) est un mot-valise formé à partir des mots *français* et *corse* (*francesu* et *corsu*). Le francorse est ce code linguistique hybride parlé en Corse qui résulte du mélange, conscient ou non, d'éléments de langue corse et de langue française. Cette hybridation se manifeste de plusieurs manières. La plus visible est le passage de mots corses, plus ou moins adaptés, en français. L'hybridation entre le français et le corse se manifeste aussi quand des éléments grammaticaux de la phrase corse sont copiés en français, ou « déteignent » sur le français. Les linguistes appellent ces phénomènes des « calques ».

GENRE DES NOMS

Des traces de la langue corse peuvent être décelées dans le genre de certains noms communs en français. Par exemple, en français, le mot *beignet* est masculin (on dit « un » beignet) ; les mots *dent* et *orange* sont féminins (on dit « une » dent, « une » orange). En corse, en revanche, *beignet* est un mot féminin (*una frittella*) ; *dent* et *orange* sont des mots masculins (*unu dentu* ; *unu aranciu*).

Les Corses qui utilisent plus souvent le corse que le français hésitent parfois sur le genre de ces mots lorsqu'ils parlent français et il n'est pas rare d'entendre, dans la bouche des locuteurs les plus âgés, « une beignet », « un dent », « un orange ».

QU'EST-CE QU'IL FERA ?

Enfin, une des particularités du français de Corse qui peut s'expliquer par le substrat corse concerne l'utilisation du futur* pour exprimer un doute, une hypothèse fort probable, pourtant impossible à vérifier à 100 %, mais qui devrait toutefois s'avérer correcte tout prochainement. Par exemple, si un Corse dit : « Maintenant il sera dix heures » (*Avali sarani deci ori*), c'est qu'il pense qu'il doit être dix heures, mais qu'il n'en est pas tout à fait sûr.

Ce futur s'emploie aussi dans des contextes où le locuteur peut marquer son énervement, voire son impatience. En Corse, la phrase « Qu'est-ce qu'il fera ?! » (*Chi farà iddu ?!*) doit être comprise comme « (Mais) que peut-il bien être en train de faire ?! ». ■

UNE DENT → UNU DENTU

[féminin en français] [masculin en corse]

LE OU LA WIFI ?

Il n'y a pas qu'en Corse que le genre des mots hésite. En français, le mot *vis* (féminin d'après les dictionnaires) est encore employé au masculin par beaucoup de gens du sud et de l'ouest de la France. C'est aussi le cas d'*horloge* ou de *vipère*, employés dans certaines régions au masculin. Pour des mots comme *après-midi*, *wifi* et plus récemment *covid*, les dictionnaires signalent que les deux sont possibles…

* FUTUR PRÉSOMPTIF

Les linguistes qualifient cette forme de **futur « présomptif »**. C'est un usage particulier qui existe en Corse et dans d'autres langues romanes. En français standard, cette utilisation du futur est assez rare et son existence prête à discussion. Un exemple que donnent souvent les linguistes est le suivant : vous êtes chez vous, vous attendez un colis et vous entendez quelqu'un frapper à la porte. Vous vous exclamez : « Ah ! ce sera le facteur ! »

LE FRANCORSE ?

SCARPU

Sur le plan du vocabulaire, citons, parmi les mots les plus fréquents, *scarpu* au singulier ou *scarpi* au pluriel qui correspond au français *chaussure(s)*. En effet, il n'est pas rare de l'entendre sous une forme francisée, *scarpe*, qui ne change pas selon qu'il est employé au singulier ou au pluriel : « Je me suis acheté une belle paire de scarpes ! » ■

POINTU DE LA POINTURE

Le mot *scarpe* remonte à un mot gothique ancien, qui signifie « qui se termine en pointe ». On le retrouve dans le mot français *escarpé*, « qui est en pente raide, abrupt », qui a pris cette forme suite à l'adjonction d'un *e* non étymologique, qu'on appelle « prosthétique », typique des parlers romans de France et de la péninsule Ibérique.

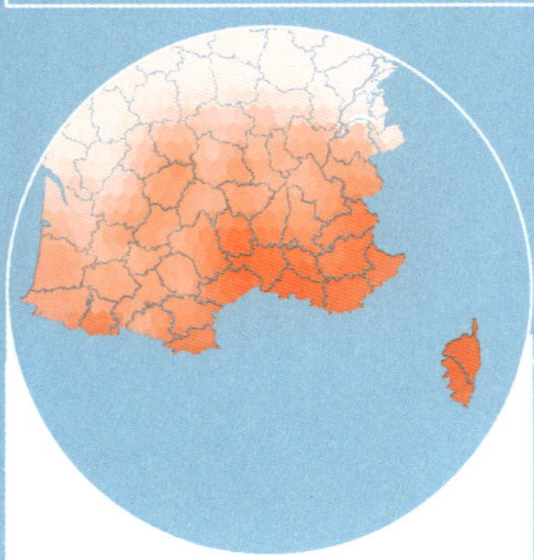

Ça se dit près de chez nous !

L'adjectif *ensuqué*, synonyme d'« assommé, étourdi », jouit d'une vitalité très élevée entre Montpellier et Marseille, mais aussi en Corse.

0% 50% 100%

CHI CALDU !

UNE CHALEUR MÉRIDIONALE

On reconnaît dans le mot *cal(d)u* l'évolution du latin *calidus* qui a donné le mot *chaleur* en français. Quant à l'utilisation du verbe *ensuquer* en Corse, il s'agit d'un emprunt aux parlers du continent.

En période de plein *cagnard*•• ou de *caldu* (variante *calu*), un Corse peut se plaindre, comme tout bon Méridional qui se respecte, d'être *ensuqué*, ou d'être *stancu* (ou *stanc'* en français), voire *stancu mortu*, « mort de fatigue ». ■

À TABLE

LA DIVISION DIALECTALE DE LA CORSE

L'ancien toscan, ou toscan médiéval, est l'ancêtre de l'italien national. Sur le continent, le toscan médiéval a connu des évolutions, mais pas en Corse, ce qui explique qu'aujourd'hui, bien que le corse ressemble à l'italien, il s'en démarque néanmoins sur de nombreux points.

La Corse a été romanisée dès le IIIe siècle avant J.-C., et forme avec la Sardaigne une province unique, jusqu'à la chute de l'Empire au Ve siècle. À partir de cette époque, le destin politique de l'île est fortement lié à celui de la Toscane, et cela se ressent sur le plan linguistique. La langue toscane d'alors (qu'on appelle « ancien toscan », ou « toscan médiéval ») donne à la langue corse ses couleurs si particulières.

Sur le plan géographique, les parlers de Corse ne sont pas homogènes. Les dialectologues s'accordent pour distinguer deux grandes aires, en fonction de critères géographiques (liées au relief de l'île), historiques et culturelles : l'aire « cismonte » au nord (« en deçà des monts ») et l'aire « pumonte » au sud (« au-delà des monts »). Sur le plan linguistique, les frontières entre les régions du nord et du sud de la Corse sont relativement variables.

FURMAGLIU OU CASGIU ?

En latin, on appelait le fromage *caseus formaticus*, soit, mot à mot « fromage fait dans une forme ». En français, la forme *caseus* n'a survécu que dans le mot savant *caséine* (« substance protéique contenue dans le lait, en partie en suspension, en partie en dissolution, qui constitue l'essentiel des fromages »). C'est *formaticus* qui est à l'origine de *fromage* et de ses nombreux équivalents dialectaux (*aligot*→). À l'inverse, c'est *caseus* qui a donné les formes *queso*, en espagnol, et *queijo*, en portugais, pour désigner du fromage. En italien standard, si les dictionnaires indiquent la variante *formaggio* (de *formaticus*), dans certains dialectes du centre de l'Italie, dont la Toscane, c'est plutôt la forme *caccio* (de *caseus*) qui est utilisée. ■

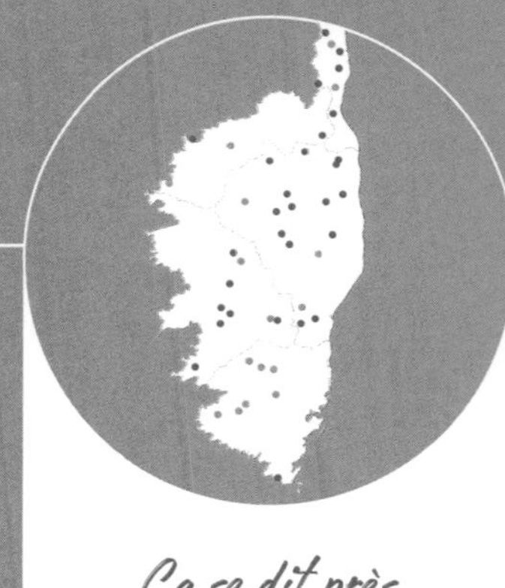

Ça se dit près de chez nous !

Dans les parlers de la Corse, on retrouve les traces de cette variation. Les variantes *furmagliu* (de *formaticus*) sont plutôt utilisées au nord de l'île, alors que les variantes *casgiu* (de *caseus*) sont plutôt utilisées au sud de l'île. Comme on peut le voir sur la carte, la répartition entre les deux formes n'est pas si nette géographiquement.

● *furmagliu* ● *casgiu*

D'après NALC.

ZUCCHETTA OU ZUCCHINU ?

D'après NALC.

Ça se dit près de chez nous !

En Corse, le légume que l'on appelle « courgette » sur le continent n'a pas le même nom au sud et au nord de l'île. Dans la partie septentrionale de la Corse, le mot est masculin ; dans la partie méridionale, il est féminin.

En Corse, le légume que l'on appelle « courgette » sur le continent est exprimé par des formes dérivées sur *zucca* (« courge ») au moyen de deux suffixes diminutifs différents.

- **Au nord, le suffixe *-inu* (qui correspond au français *-in*, qu'on retrouve dans *enfantin*, *oursin*), qui donne la variante *zucchinu* au masculin.**
- **Au sud, le suffixe *-etta* (qui correspond au français *-ette*, qu'on retrouve dans *fillette*, *courgette*), qui donne la variante *zucchetta* au féminin.**

Dans le français régional, ces formes ont été francisées en *zucchinu* (le *u* final est à peine prononcé) et *zucchetta* (le *a* final est à peine prononcé). ■

SALSICCIA OU SALAMU ?

D'après NALC.

Sur l'île de Beauté, il y a *grosso modo* deux façons de dénommer le saucisson. Soit au moyen de la forme *salsiccia*, reliée au latin tardif *salsicia* (du latin classique *salsus*, « salé »), qui a donné le français *saucisse*. Cette forme est employée dans la partie septentrionale de l'île, où elle alterne sporadiquement avec la variante *salticcia*. En France, on utilise aussi le mot *saucisse* pour désigner le saucisson, mais on l'assortit de l'adjectif *sèche* : « saucisse sèche ». *Salamu*, équivalent corse de l'italien *salame*, qui désigne quelque chose de salé (dérivé de l'italien *sale*, du latin *sal, salis*). Le correspondant français est *salami* (il s'agit d'un emprunt à l'italien *salami*, pluriel de *salame*). ■

LA CORSE DIVISÉE

Ça se dit près de chez nous !

Les dénominations de la grand-mère se répartissent en trois zones bien distinctes. Il en va de même pour les dénominations du grand-père. Dans la région de Bastia, tout au nord, on trouve la forme *caccàra*. Dans la région qui recouvre peu ou prou l'aire des dialectes cismontes (« en deçà des monts »), c'est la forme *mammone* qui prédomine. Dans la moitié méridionale de l'île, la forme *minnana* est la plus fréquente.

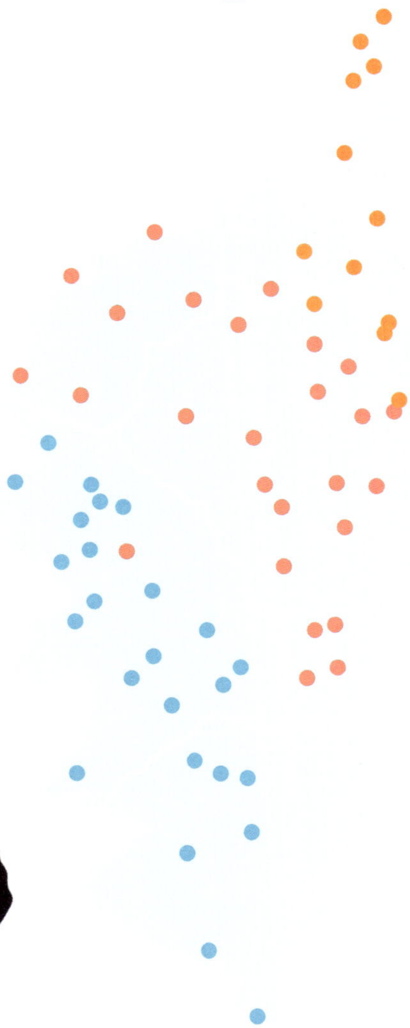

D'après NALC.

La Corse est une toute petite île (8 722 km²), presque aussi grande que la Suisse romande (9 508 km²) et que les Pays de Savoie (10 416 km²), mais deux fois plus petite que la Calabre (15 222 km²) et trois fois plus petite que la Sicile (25 711 km²). On croit souvent, en raison de la petite taille de ce territoire, que le français qu'on y parle est homogène. Or, s'il est vrai qu'il existe des régionalismes employés par tous les Corses, il en existe d'autres qui ne sont connus que dans une petite partie de la Corse. Ces différences s'expliquent par le substrat dialectal. En effet, les parlers corses diffèrent d'un bout à l'autre du territoire, et cela se fait également sentir en français.

LES DÉNOMINATIONS DES GRANDS-PARENTS

Dans les parlers corses, il existe au moins trois façons de dénommer la grand-mère : *minnana*, *caccàra* et *mammone*. Et trois mots masculins qui désignent le grand-père : *missiàvu*, *caccaru* et *babbone*.

MAMMONE ET *BABBONE*

Mammone se prononce [mammoné], en accentuant la deuxième syllabe et en prononçant bien la voyelle finale. Le mot est dérivé sur le corse *mamma*, « mère », au moyen du suffixe *-one* qui correspond au français *-on*. Ce suffixe a, dans toutes les langues romanes, tantôt une valeur diminutive : *chat* ↣ *chaton*, tantôt une valeur augmentative : *balle* ↣ *ballon*. La mammone, c'est donc la « grande » maman.
Le pendant masculin de *mammone*, c'est-à-dire « grand-père », est *babbone* (prononcé [babboné], en accentuant la deuxième syllabe et en prononçant bien la voyelle finale). C'est la même formation que pour *mammone*, à partir de la base *babbo*.

DU PAPA AU BABBU

Dans les dialectes d'Italie, les dénominations du père viennent soient du latin *pater*, qui a donné le français *père*, soit du latin *pappus*, qui a donné le français *papa*. Dans les dialectes de Toscane, famille à laquelle se rattache le corse, les consonnes *p* de *pappus* ont évolué vers *b*, ce qui a donné la forme *babbo* : *babbu* en corse.

MINNANA ET *MISSIÀVU*

La forme *minnana* se prononce [minnana], en accentuant la deuxième syllabe et en prononçant bien la voyelle finale. Elle provient selon toute vraisemblance d'une fusion entre une forme continuant le latin *nonna*, « religieuse, nourrice » (« grand-mère » en italien), et un déterminant possessif (« ma » en français). C'est sans doute le même processus qui est à l'origine de *missiàvu* – aussi prononcé *missialu* – dans lequel on reconnaît le latin *avus*, « aïeul, grand-père ».

CACCÀRA ET *CACCÀRU*

L'étymologie de *caccàra* et de *caccàru* demeure mystérieuse. On pourrait y voir des créations lexicales sur la base des mots *cara* et *caro* qui signifient « chère » et « cher », étant donné que le substantif *babbucaru*, « père chéri », est attesté avec le sens de « grand-père » dans quelques localités du sud de la Corse.

ET LES AUTRES

Les dénominations des autres membres de la famille ne changent pas significativement de forme d'un bout à l'autre de la Corse. La mère se dit *mamma*, le père se dit *babbu*, l'oncle et la tante se disent *ziu* et *zia* ; quant au cousin et à la cousine, ce sont le *cucinu* et la *cucina*. Pour le frère et la sœur, on peut dire *fraté*·· et *suré*··.

EN ITALIE, COUP DE JEUNE POUR LE MAMMONE

Notons que le mot *mammone* est également en usage en Italie, cette fois au masculin et avec un sens différent. En italien, un *mammone* désigne en effet un « fils à maman », c'est-à-dire un petit garçon qui est toujours fourré dans les jupes de sa mère. Déjà grand, c'est encore un gros bébé, d'où l'emploi du suffixe augmentatif *-one*.

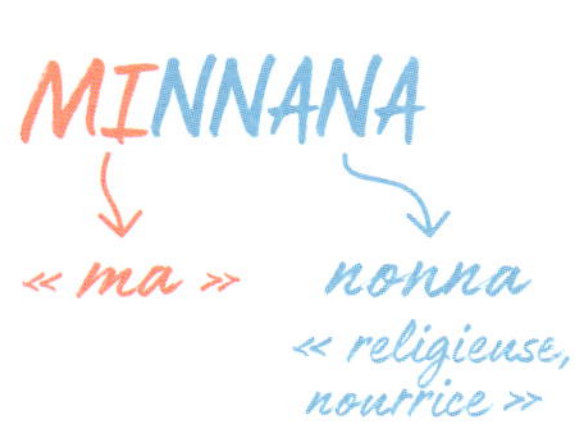

MADONNA !

Le processus d'agglutination entre un déterminant et un nom de parenté ou de personne est assez fréquent dans les langues romanes. En italien, *madonna* résulte de la composition de *m(i)a* et de *donna* = *ma* + *femme*. En français, *tante* vient de *ante* (du latin *amita*, « tante paternelle ») : *ta ante* → *tante*, avec élision de la voyelle *a* (*tatan*··). C'est ce même processus qui est à l'œuvre pour *minnana*, littéralement : *mi(a)* + *nonna*.

D'ailleurs, en français québécois, le mot *tante* n'est pas employé, car on utilise le mot *matante* qui résulte de la fusion entre *ma* et *tante* ; de même, *oncle* se dit… *mononcle* !

DITES-LE COMME UN CORSE !

Pour créer les appellatifs à partir de ces formes, il suffit de retrancher la dernière syllabe du mot. Ainsi, pour le grand-père, *babbone* donne *babbò*, *missiàvu* donne *missià* et *caccaro* donne *caccà*. Pour la grand-mère, *mammone* donne *mammò*, *minnana* donne *minnà* et *caccàra* donne *caccà* !

SCAPPER

Ça se dit près de chez nous !

Le verbe *scapper* est utilisé uniquement dans le français régional de Corse, sans variation à l'intérieur de l'île.

0% 50% 100%

Prendre la poudre d'escampette

D'OÙ ÇA VIENT ?

Étymologiquement, *scapper* se rattache au latin **excappare*, de même sens. Dans les dialectes de l'Hexagone, *excappare* devient *escapper* en ancien français, puis, à la suite de la palatalisation des sons [k] et [a], *eschapper*. L'évolution phonétique a entraîné la disparition du *s* (un phénomène régulier pour les mots en *es-*, p. 184), ce qui a donné le français moderne *échapper*. Dans les dialectes gallo-romans du sud de la France, l'évolution phonétique est allée moins loin, le *s* ayant résisté, le couple [k+a] n'ayant pas changé non plus. C'est ce qui explique pourquoi on peut encore entendre, dans le français des locuteurs les plus au sud de la France, le verbe *escapper*.

escapper

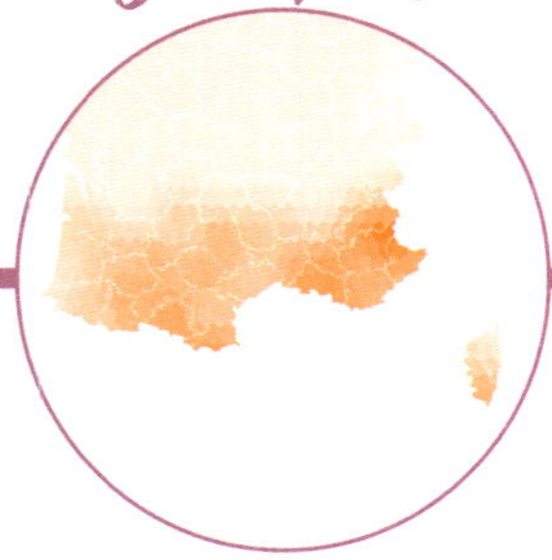

Le verbe *escapper* est encore utilisé par quelques locuteurs du midi de la France, notamment dans les Hautes-Alpes, les Bouches-du-Rhône et les Pyrénées-Orientales.

Scappà est un verbe corse qui signifie « foutre le camp, déguerpir, fuir ». Dans le français de l'île de Beauté, son usage sous la forme adaptée *scapper* est extrêmement courant. « Tout à l'heure j'étais seule en récré et y a des bolosses qui sont venus à côté de moi, j'ai scappé en courant : ils avaient l'air trop bizarre ! »

Dans le français régional de Corse, la syntaxe du verbe *scapper* est différente de celle du verbe *échapper* du français standard. En Corse, on « scappe quelque part », alors qu'en français standard comme dans le français régional du Midi on « s'échappe » ou on « s'escape de » quelque part.

FAIRE SCAPETTE

Le tour *faire scapette* de même sens est moins répandu, mais il s'emploie également en Corse. « J'avais capturé un hérisson dans mon jardin, mais il a fait scapette. » ■

MACAGNER

Ça se dit près de chez nous !

Le verbe *macagner* est employé très régulièrement dans le français régional de Corse, tout comme ses dérivés (*macagne*, *macagneur*). Sur le continent, il n'est pas impossible de l'entendre dans la bouche de locuteurs du sud de la France, mais il reste très rare.

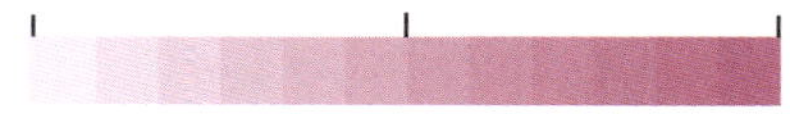

En Corse, le verbe *macagner* (prononcer le *c* comme un *g*, [magagné]) signifie « se moquer gentiment, taquiner, titiller ». Et la macagne ou magagne est presque un art de vivre en Corse, où l'on aime chambrer son prochain, surtout le pinzutu* de passage sur l'île... Dans la langue corse, une « macagna » est une blague, une moquerie ; en italien, le même mot désigne une tare, voire une infirmité ou une maladie.

Étymologiquement, le verbe *macagner* remonte à un mot germanique assez ancien, **maidanjan*, « mutiler, estropier », qui a donné *mahaignier* en ancien français et qui n'a pas survécu dans le français moderne de l'Hexagone. En occitan, le verbe *magagna* est polysémique et signifie aussi « rendre malade, incommoder, blesser ; vicier, gâter ; tracasser, vexer, inquiéter, bousiller ». ■

ET AILLEURS ? ON SE MAGAGNE...

Dans les parlers dialectaux de l'ouest de la France, *macagner* est attesté avec le sens de « abîmer ». S'il n'est plus utilisé dans le français local de cette région, il est encore bien vivant au Canada, où il a dû s'exporter avec les premiers colons partis peupler la Nouvelle-France (p. 40). Au Canada, il s'emploie d'ailleurs dans plusieurs contextes : « maltraiter quelqu'un, le malmener », mais aussi « mettre quelque chose en mauvais état, l'abîmer ».

Malgré leur ressemblance, *macagner* ne doit pas être confondu avec *mascagner*. Ce dernier est en effet un verbe typique du sud-ouest de la France, qui signifie « charcuter, manier malproprement », mais aussi « travailler péniblement, fatiguer ». *Mascagner* est formé sur le nom qui désigne un gros caillou et qui est dérivé de la forme **mattea*, « massue ».

FRATÉ

Ça se dit près de chez nous !

La forme *fraté* (« frère ») utilisée comme appellatif ou substantif est l'un des régionalismes les plus emblématiques du français régional de Corse. Il s'est exporté sur le continent et il n'est pas rare de l'entendre dans la bouche des jeunes Marseillais, où il a supplanté le terme *frère*, employé dans le même sens.

0% 50% 100%

QU'EST-CE QU'UN CORSISME ?

Pour désigner les particularités que prend le français dans une région donnée, les linguistes ont l'habitude d'ajouter le suffixe *-isme* au nom de la région. Un belgicisme, c'est un régionalisme typique de Belgique ; un alsacianisme est un régionalisme alsacien ; un sabaudisme (p. 145) est un régionalisme savoyard. Un corsisme, on l'aura compris, c'est donc une particularité linguistique du français que l'on parle sur l'île de Beauté.

Dans la langue corse, le mot *fratellu* (*fratelli* au pluriel) désigne le frère. Que ce soit dans les conversations tenues en français ou en corse, la forme apocopée* de *fratellu*, *fraté*, est fréquemment utilisée sur l'île.

Fraté s'emploie surtout comme « appellatif », c'est-à-dire pour appeler la personne à qui l'on s'adresse, avec affection : « salut fraté », « merci fraté », « ça marche fraté ». Le mot est aussi utilisé parfois comme substantif, mais c'est plus rare. Il est alors envisagé comme synonyme de « copain, ami » : « Ce mec, c'est mon fraté. »

UN CORSISME QUI S'EST EXPORTÉ !

Victime de son succès, le mot *fraté* commence à être de plus en plus employé sur le continent, notamment dans la bouche des jeunes Marseillais et des autres habitants du littoral provençal. Il est clair qu'il s'agit d'un emprunt à l'argot des jeunes Corses et non d'une survivance de l'occitan. En provençal, le latin *frater* a donné les variantes *fràiré* et *frèro*, qui sont assez éloignées phonétiquement de *fraté* !

FRATÉ OU FRADÉ ?

La forme *fraté* est de loin la plus répandue dans les conversations en français, et c'est celle-ci qui s'est exportée dans la cité phocéenne. Mais dans les variétés de corse, *fraté* connaît une variante concurrente, *fradé*. La différence entre les deux s'explique par le traitement qu'a connu le *t* du latin *frater*.

LIENS DU SANG, LIENS DU CŒUR

Il n'y a pas qu'en Corse qu'on s'adresse à un ami en l'appelant « frère ». Dans les parlers de la rue et chez les plus jeunes, c'est une pratique très courante, à l'instar de l'emploi américain de *bro* pour *brother* (« frère »). Dans ce cadre, le mot *sœur* souffre encore du sexisme et il est, de fait, moins employé que « frère ». Même les filles, entre elles, s'appellent couramment « frère » car le mot est encore considéré comme supérieur… Cela étant dit, force est de constater que c'est en train de changer !

« MOINS DE FRATÉ, PLUS DE SURÉ »

Cette phrase est inscrite sur un collage créé dans le cadre des manifestations, en 2020 contre le silence au sujet des viols de femmes en Corse. Comme le mot *sœur*, le terme *suré* prend de l'ampleur à l'aune des luttes féministes, et on s'en réjouit ! Ainsi, à l'égard d'une femme comme pour s'adresser à un groupe de filles, la forme *suré* est préférée. ■

Suré désigne également le lien de ressemblance entre des choses, notamment pour parler de la main gauche par rapport à la main droite ! Le *Gaffiot*, dictionnaire latin-français, est formel : les mains vont par deux, elles sont donc sœurs !

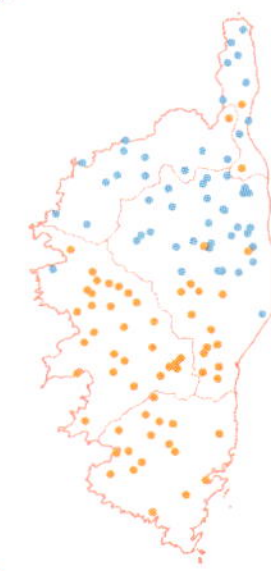

Ça se dit près de chez nous !

On peut voir que l'évolution phonétique du *t* de *frater* vers *d* a essentiellement eu lieu dans les parlers de la partie septentrionale de l'île (bien qu'il existe quelques localités où l'évolution n'a pas eu lieu, à la hauteur de Bastia notamment). Dans les parlers de la partie méridionale, il n'y a pas eu de changement.

● *fradé* ● *fraté*

D'après NALC.

Suré semble avoir été formé sur le modèle de *fraté*, c'est-à-dire par apocope* du mot corse correspondant à « sœur », *surella* – prononciation typique de la partie nord de l'île – ou *suredda*, prononciation typique du sud de l'île.

T OU D ?

Les voyelles sont toujours réalisées avec vibration des cordes vocales. Une consonne insérée entre deux voyelles (*fra-t-é*) peut devenir sonorisée, c'est-à-dire qu'on la prononce en faisant vibrer les cordes vocales.
Au nord de l'île, le *t* de *fraté* s'est sonorisé et il est devenu *d*, d'où *fradé*. Dans le reste de l'île, le *t* n'a pas changé.

* APOCOPE

Phénomène linguistique relativement fréquent en français, une **apocope** décrit la chute d'une ou plusieurs syllabes à la fin d'un mot : « ciné » au lieu de « cinéma », « métro » au lieu de « métropolitain », « photo » au lieu de « photographie », etc.

PINZUTU !

Ça se dit près de chez nous !

Pinzutu est un régionalisme emblématique de la Corse. Il n'est pas employé en dehors de l'île de Beauté.

0% 50% 100%

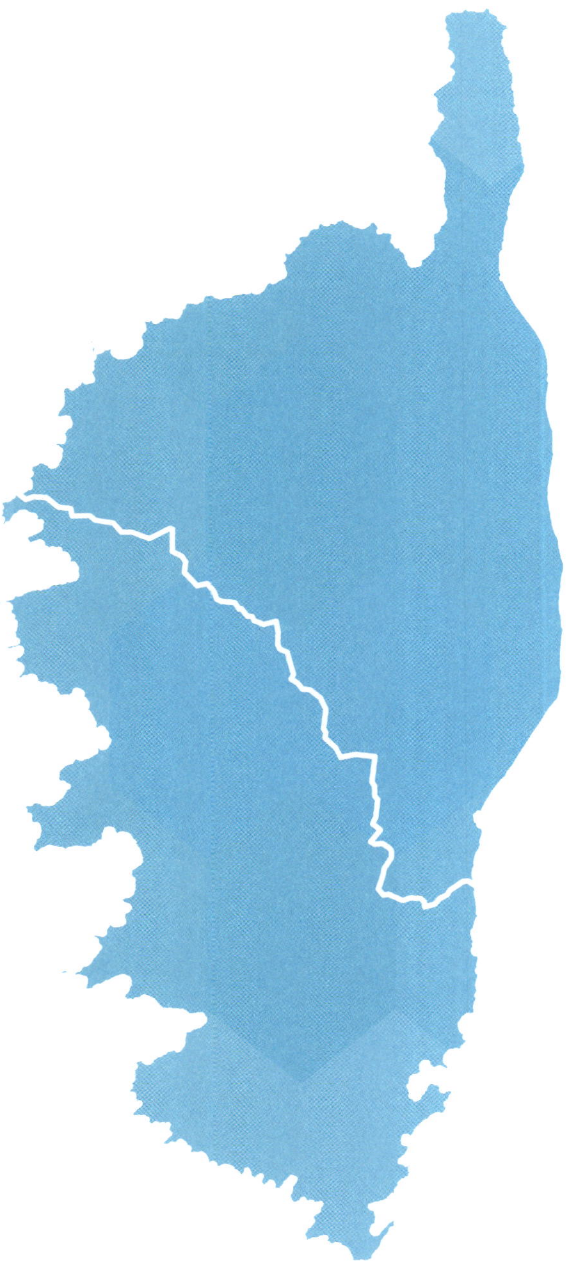

En Corse, *pinzutu* désigne celui qui vient de France continentale, autrement dit : « du continent ». Il y a ceux, aussi, qui sont montés à la capitale et qui, redescendant sur l'île de Beauté pour les vacances, se font magagner·· copieusement par leurs compatriotes restés sur l'île. Et, dans ce cas, le sobriquet *pinzutu* finit toujours par sortir.

DES ORIGINES PITTORESQUES ET CONTESTABLES

Dans la lutte pour l'indépendance, les Corses ont défini leur identité par opposition aux *lucchesi* – les lucquois, façon péjorative de désigner les Italiens – et aux *pinzuti*, d'autre part. L'étymologie de ce sobriquet péjoratif n'est pas connue. Il signifie « pointu » et on raconte souvent qu'il viendrait du tricorne pointu des soldats de Louis XV lorsqu'ils occupèrent la Corse en 1768 ou encore du béret pointu du bataillon de chasseurs envoyés par Bonaparte et placés sous l'autorité d'un général français, le général Morand. D'autres préfèrent y voir une allusion à l'accent des gens du Nord, avec la prononciation de la finale des mots qui laisse, à l'oreille, une impression de froideur et de sécheresse.

PARLER POINTU

• Les Corses n'ont pas le monopole de cette image puisqu'en provençal le « parla pounchu » désigne un langage affecté. Dans le midi de la France, on trouve en effet aux gens du Nord l'accent « pointu », soit aigu et affecté.

L'adjectif *pointu* qualifie une chose aiguë et, par métaphore, ce qui pique et provoque une sensation douloureuse. C'est sans doute de ce sens que viennent les expressions *voix pointue* et *accent pointu* que l'on emploie surtout dans le midi de la France pour qualifier les parlers du Nord (langue d'oïl), notamment l'accent parisien. Dès la fin du XVIIIe siècle, *parler pointu* signifie « affecter de ne pas parler comme les patoisants ; affecter un accent du Nord ».

On pensera aussi à la posture de la bouche et du corps dans l'affectation et le snobisme associés au parler pointu. Lorsqu'on a une patate chaude dans la bouche, on fait mine qu'il n'y paraît rien. On parle alors presque sans bouger les lèvres, la bouche en cul de poule. Ou bien, dans une attitude de mépris, les lèvres pincées ou en faisant la fine bouche. N'oublions pas que la bouche est un orifice qu'on évitera d'ouvrir en grand lorsqu'on est bien né : on ne rira pas fort, on ne baillera pas sans la dissimuler et on mâchera la bouche close. Restons fins et pointus !

**« Ô toi le pinzutu,
Toi qui débarques sur notre île,
Ô toi le pinzutu,
Toi qui arrives des grandes villes,
Et prétends tout savoir,
Et tout connaître en rien de temps [...]. »**

Georges Moustaki et Pierre Delanoë,
« Le Pinzutu », 1963.

« À peine sortie de chez sa mère, quelque part dans le Midi, elle avait bien assez de peine à dissimuler son accent en parlant pointu [...]. »

Louis Aragon,
Les Cloches de Bâle, I, VI, 1934.

Pinzutu se prononce [pinsout']. L'accent est sur le [sou], d'où la prononciation effacée ou presque effacée de la voyelle finale.

[PIN SOU T]

LE MONTA SEGA, UN AUTRE STYLE D'ARROGANCE

Les Français du continent ne sont pas les seuls personnages arrogants sur l'île. Il y a aussi, dans un tout autre style, les Corses qui fanfaronnent et font bien marrer leurs compatriotes ! Le « monta sega » est un personnage qui s'aime, se regarde et aime se regarder… Dans le style du cacou·· à Marseille, il arrive en roulant des mécaniques, arborant des vêtements de marque et roulant dans la voiture de papa. Il en fait trop et bascule souvent du côté du ridicule !

Désagréables, arrogants, vulgaires, pressés… Les Parisiens n'ont pas bonne réputation quand ils sortent de leur région. On leur donne des petits noms peu affectueux : *monchû*·· en Savoie et, en Corse, *pinzutu*.

Pourvu qu'elle bouille, LA BOUILLABAISSE

« Je suis à Marseille, la mer est bleue, je me bourre de bouillabaisse », écrivait Gustave Flaubert en 1858. Soupe de pêcheurs, soumise aux hasards du filet, la bouillabaisse se compose traditionnellement de poissons de roche invendables ou invendus. À l'origine, cuits dans l'eau de mer, les poissons sont détaillés après qu'on a versé le bouillon au safran et au fenouil sauvage sur un beau croûton de pain rassis frotté avec de l'ail. À Toulon, on y ajoute des pommes de terre et des croûtons grillés. Quant à la rouille, elle n'apparaît qu'à la fin du XIXe siècle.

AU PIED DU CABANON

Lorsque d'aucuns font mine d'ajouter quelque langouste à la marmite, Marcel Pagnol s'indigne ! La bouillabaisse est et restera un plat populaire et familial ! Mais, à partir du XVIIIe siècle, elle s'embourgeoise… La première recette écrite date de 1768, sous la plume d'une femme distinguée et lettrée. Et, de nos jours, il faut avoir les poches bien pleines pour s'offrir ce plat exceptionnel que des restaurateurs ont protégé par une charte en 1980. Attention, dans la « vraie bouillabaisse » pas de sardines ni de maquereaux. Sacrilège ! Cependant, il ne fait aucun doute que ce plat emblématique de la région marseillaise est bien un plat populaire qui, cuisiné en famille, ne se soumet à aucune charte. L'image qu'on en garde en Provence est certainement celle que véhicule Fernandel dans sa chanson : au pied du cabanon, avec ses proches, un verre de pastis dans une main et, dans l'autre, une boule de pétanque ! ■

« Pour faire une bonne bouillabaisse
Il faut se lever de bon matin
Préparer le pastis et sans cesse
Raconter des blagues avec les mains. »

Fernandel,
« La Bouillabaisse », 1950.

« Bouillon baisse » ?

?? BOUI-ABAISSO ?

« Bous et abaisse le feu ! »

LE BOUILLON BAISSE

En français, le mot est attesté pour la première fois vers le milieu du XIXe siècle, d'abord comme mot masculin, *bouille baïsse*, puis comme mot féminin, *bouille-abaisse*. Le genre féminin comme l'orthographe du mot, *une bouillabaisse*, seront fixés peu de temps après. Étymologiquement, le mot *bouillabaisse* est un emprunt au provençal moderne *boui-abaisso* (aussi graphié « *boulh-abaisso* », « *boulh-abais* »). La bouillabaisse tire donc son nom d'un ordre, à l'impératif, lié à la confection du plat : « Bous et abaisse le feu ! » Pourtant, chose étrange, il est recommandé de maintenir une ébullition violente pour cuire la soupe. Dans un tel embrasement, on serait plutôt tenté de croire que le bouillon baisse !

LA BOUILLABAISSE BORGNE

Pour les moins fortunés et les végétariens, la bouillabaisse n'est pas en reste. Jean-Baptiste Reboul, auteur du très célèbre *La Cuisinière provençale* (1897), propose une « bouillabaisse borgne » en référence au œufs pochés que l'on crève dans l'assiette et qui remplacent la rascasse et le rouget.

ET LA RATATOUILLE ?

C'est le même procédé de création linguistique qui est à l'œuvre dans la dénomination du mot *ratatouille*, un mets composé de légumes coupés en morceaux et cuits dans l'huile d'olive, typique de la région niçoise. *Ratatouille* est en effet le résultat du croisement entre *tatouiller*, « remuer, manier beaucoup ; renverser dans la boue », et *ratouiller*, « troubler (l'eau), secouer, remuer ; salir ». Ces mots sont eux-mêmes formés, comme de nombreux verbes expressifs répandus dans les parlers régionaux, à partir des équivalents dialectaux de *touiller*, qui signifie « remuer ». Qui aurait cru qu'un dessin animé mettant en scène un rat tatouilleur rendrait cette recette célèbre dans le monde entier ?

TATOUILLER
+
RATOUILLER
=
RATATOUILLE

À Marseille, on craint DÉGUN !

Ça se dit près de chez nous !

La carte montre que c'est essentiellement à l'intérieur de l'actuelle région Provence-Alpes-Côte d'Azur que le mot *dégun* est utilisé. La carte indique également qu'au nord de la Corse l'usage du régionalisme est assez répandu, ce qui n'est guère surprenant, car le français de l'île de Beauté est fortement influencé par celui de la région à laquelle elle est directement connectée.

0% 50% 100%

MON NOM EST *PERSONNE*

Emblématique de la ville de Marseille, le mot *dégun*, qui signifie « personne », est un emprunt à la langue d'oc. En provençal comme dans les dialectes de la moitié sud de l'Hexagone, le pronom indéfini signifiant « personne », au sens de « aucun être humain », était exprimé par des évolutions de la locution latine *nec unus* (qui signifie mot à mot « pas un »). Les lois de l'évolution phonétique ont fait que ladite locution a abouti à des formes différentes dans la bouche des générations de locuteurs qui se sont succédé sur le territoire de l'actuelle francophonie d'Europe au fil des siècles. Dans les langues romanes parlées hors de l'Hexagone, les équivalents du français *personne* sont restés plus proches de *nec unus* : *nessuno* (en italien), *ningun* (en espagnol), *ninguém* (en portugais), *ningú* (en catalan), etc.

QUI ÇA ?

Pour toute personne étrangère à la ville de Marseille et à la Provence, le mot *dégun*, compte tenu de sa position dans la phrase, peut être compris comme un nom propre. Les locaux, l'ayant bien compris, se sont longtemps amusés de cette confusion possible pour se jouer des touristes en visite dans la cité phocéenne. (À lire avec l'accent, en faisant bien sonner tous les *e* muets.)

> **« Hier, je monte à la gare Saint-Charles pour récupérer Xavier, un copain de Paris qui vient pour la première fois de sa vie à Marseille. Je le charge dans la bagnole et je tire jusque chez Fred au cours Julien. […] Personne. Je redescends et je dis à Xavier : Y a dégun. Je démarre et je fonce au bar de la plaine […]. Je rentre. Personne. Je rentre dans la tire et Xavier me demande :**
> **Alors, qui y a ?**
> **Y a dégun.**
> **Il a fait vite. Il est en moto ? »**
>
> **Anecdote tirée d'un roman de Georges Foveau,** citée dans le ***Dictionnaire du marseillais*** de l'Académie de Marseille.

Aujourd'hui, ce genre de blague aurait peu de chances de fonctionner, car la connaissance du mot *dégun* s'est largement répandue hors de ses frontières d'origine.

DU FOOT ET DE LA BIÈRE

En 2005, José Anigo, alors directeur sportif de l'Olympique de Marseille, propose de faire inscrire sur un grand panneau : « À Marseille, on craint dégun ! » Il demande ensuite que ce panneau soit placé au bout du tunnel emprunté par les joueurs pour accéder au stade Vélodrome. La même année, le mot *dégun* est utilisé dans le cadre d'une collaboration entre le club de foot et Adidas® qui reprend l'expression pour sa campagne publicitaire. « On craint dégun » devient ainsi « officiellement » le slogan de l'OM. Le mot *dégun* s'affiche désormais partout : autocollants, coques de smartphones, vêtements, tasses, etc. Il existe même une bière qui s'appelle la « Craint Dégun ». ■

VISIBLEMENT IL CRAINT DÉGUN, MÊME PAS LE RIDICULE…

Le samedi 1er avril 2017, Emmanuel Macron, alors en pleine campagne pour la présidentielle, avait bien compris que, pour être encore plus proche de ses potentiels électeurs, il fallait parler comme eux. De fait, en plein meeting dans la ville phocéenne, il affirme haut et fort devant la foule réunie pour venir l'entendre : « Avec vous, à vos côtés, aujourd'hui et comme on dit ici : on craint dégun ! » On ne vous cachera pas que, sur les réseaux sociaux, il a su trouver son public…

ET EN CORSE, Y A QUELQU'UN ?

Dans la langue corse, *nec unus* a abouti à des formes qui n'ont pas connu le même destin que dans les parlers d'oc : on y relève en effet les variantes *nisunu*, *nissunu*, *nesunu*, *nessunu*, *nisciunu*, *nisgiunu*, plus proches de l'italien standard *nessuno*.

DISSIMILATION

Comment expliquer le passage de *nec unus* à *dégun* ? En occitan, la transformation du premier *n* en *d* s'explique par un processus phonétique, la **dissimilation**, qui entraîne la transformation d'un son en un autre quand deux sons identiques se trouvent dans le même mot. Si les Italiens n'ont eu aucune difficulté à prononcer le premier et le second *n* du mot *nessuno*, il faut croire que les Provençaux ont préféré relancer le *d*. Bien joué !

BON BOUT D'AN !

Ça se dit près de chez nous !

Sur le plan géographique, la formule *bon bout d'an !* est surtout employée par des locuteurs originaires des Bouches-du-Rhône (arrondissements d'Aix-en-Provence, d'Arles, d'Istres et de Marseille). En dehors de cette zone, on en trouve des attestations dans les départements des Alpes-Maritimes (arrondissements de Nice et de Grasse) et du Var (principalement dans l'arrondissement Toulon).

0% 50% 100%

En Provence, quand vient la fin de l'année, on se souhaite un « bon bout d'an ! » afin de célébrer l'année passée et on accueille celle qui vient en ajoutant : « à l'an qué vèn ! », littéralement : « à l'année qui vient ! » Les connaisseurs – qui ne sont pas forcément des gens qui parlent encore le provençal à la maison – complètent par la phrase « e se sian pas mai, que siguen pas mens ! » (« et si nous ne sommes pas plus, que nous ne soyons pas moins »), en référence aux naissances et aux décès. La formule est attestée depuis au moins le début du XXe siècle, sous la plume du célèbre Frédéric Mistral.

À QUAND LE BOUT DE L'AN ?

Dans la bouche des locuteurs du sud-est de la France, la locution est très souvent précédée de la formule *bon bout d'an*, que l'on rencontre de plus en plus souvent employée de façon autonome. Quant à savoir à quel moment de l'année il faut adresser à ceux que l'on côtoie un bon bout d'an, les avis divergent. Certains diront que le « bout d'an », c'est le 31 décembre, puisque c'est le bout, et donc la fin, de l'année. D'aucuns estiment que la formule peut être employée pendant la période dite des calendes, soit du 4 décembre, jour de la Sainte-Barbe, au 6 janvier, jour de l'Épiphanie. L'usage semble pourtant démontrer que c'est une formule qui s'emploie surtout entre le 25 et le 31 décembre...

À QUEL SAINT SE VOUER ?

Pour les uns, « bout d'an » serait un calque du provençal, alors que, pour d'autres, c'est un pur gallicisme. Savoir si « bout d'an » est d'abord apparu dans des textes rédigés en provençal ou en français aiderait, sachant que, sous leur forme graphique, les mots *bout* et *d'an* ne se différencient pas en provençal et en français. En l'absence de données historiques on se gardera de trancher en faveur de l'une ou de l'autre interprétation... ■

« Alègre ! Alègre,
Mi bèus enfant, Diéu nous alègre !
Emé Calèndo tout bèn vèn...
Diéu nous fague la gràci de vèire l'an que vèn,
E se noun sian pas mai,
que noun fuguen pas mens ! »

Frédéric Mistral,
Moun espelido, Memòri e Raconte
(*Mes origines : Mémoires et récits*), 1906.

ALTERNANCE CODIQUE

En général, quand une forme dialectale est transposée en français, elle se diffuse alors sous une version légèrement adaptée. Des mots comme *dégun*••, *péguer*••, *cacagne*•• sont les versions francisées de mots occitans qui présentent des variations phonétiques plus ou moins importantes d'un village à l'autre. Plus rarement, il arrive qu'un mot en vienne à être utilisé en français sans être adapté. Ces cas de figure se présentent seulement lorsque, pour un mot donné, la ressemblance entre les deux langues le permet, ou lorsque des locuteurs se livrent à de l'**alternance codique**, autrement dit : ils passent, au sein d'une même phrase ou d'un même énoncé, d'une langue à l'autre ! Sportif !

GROS SAINTS ET PETITS SAINTS

En Provence, la période des calendes correspond à la mise en place de la crèche, et à la disposition des santons en son sein. Ces crèches à l'italienne sont importées en Provence au XVIIe siècle par les Oratoriens, d'abord dans les églises, puis chez les habitants. Les santons sont de petites figurines traditionnellement réalisées en argile ou en terre cuite, qui tirent leur nom du provençal *santoun*, « petit saint ». Les santons pouvant désigner des êtres humains costumés qui défilent en marchant lentement et de façon encombrée, *santon* peut s'appliquer à une personne lente et inutile. À quelqu'un qui encombre le chemin, on peut dire en Provence : « Ne reste pas là comme un santon, bouge-toi ! »

CAGOLE, reine de Marseille !

Ça se dit près de chez nous !

On peut voir sur la carte que *cagole* est en train de se dérégionaliser, c'est-à-dire que le mot est employé par des locuteurs du français qui ne sont pas originaires du midi de la France (rançon de la gloire ?).

0% 50% 100%

Le XIXe siècle est marqué par le développement de l'industrialisation. Jusque-là, Marseille bénéficiait de son statut de port franc, conféré par Colbert en 1669 (elle le perdra en 1817). C'était une ville où circulaient des matières premières vouées à la consommation des populations européennes. À partir du XIXe siècle, la ville passe à une logique de production et la mécanisation de l'industrie marseillaise permet aux patrons, dès le début du XXe siècle, d'embaucher de la main-d'œuvre moins qualifiée, et donc moins payée… En première ligne : les femmes, les immigrés et, pire encore, les femmes immigrées. À l'époque, on considère que le salaire d'une femme est un salaire d'appoint, venant compléter celui de l'époux. Il est fait peu de cas des célibataires. C'est dans ce contexte économique d'une grande précarité que naît la figure de la cagole marseillaise aux origines ouvrières. Ces femmes, dont le salaire ne leur permettait pas de vivre, arrondissaient les fins de mois en faisant le trottoir.

L'OUVRIÈRE

Son origine ouvrière pourrait se retrouver dans l'étymologie incertaine du terme. On sait que, dans la langue provençale, le correspondant *cagoulo* désignait un vêtement long. Selon une hypothèse largement relayée, c'est ce genre de vêtement apparenté à un tablier que portaient naguère les ouvrières qui travaillaient dans les usines ou comme domestiques. C'est donc par métonymie que le vêtement a fini par dénommer la personne qui le porte.

QUI EST-ELLE ?

Quand le mot *cagole* apparaît dans la littérature au début du XXe siècle (1906), il est synonyme de « prostituée ». C'est l'usage qu'en fait Marcel Pagnol :

> **« Va-t'en tout de suite, ou je te jette dehors à coups de bâton, petite cagole ! »**
>
> **Marcel Pagnol,** *Fanny*, 1932.

Pendant les décennies qui suivent son apparition, le mot *cagole* est employé comme une insulte, de sorte que le sens de « prostituée » se perd au point de disparaître des dictionnaires.

Aujourd'hui, la cagole est une femme haute en couleur qui se fiche bien de ce qu'on peut penser ou dire d'elle. Originaire de Marseille, on la reconnaît à son verbe cru et son vêtement outrancier. Les gens bien comme il faut la trouveront toujours trop maquillée, trop dénudée, trop bruyante, bref, trop vulgaire… Et pour cause, ce n'est pas une bourgeoise mais une figure d'une Marseille populaire, vivante et colorée. Dans l'esprit de nombreuses personnes – des cagoles elles-mêmes –, le terme n'a plus rien d'une insulte et n'est pas connoté négativement. La cagole occupe désormais dans notre société une position sociale remarquable et remarquée, renvoyant l'image d'une femme autonome qui revendique son égalité par rapport aux hommes. ■

LA *PICHE* À MONTPELLIER

À la *cagole* marseillaise, on oppose généralement la *piche* montpelliéraine. Moins célèbre que sa cousine, elle n'a pas encore gagné ses lettres de noblesse…

càcou

> **« […] à Marseille la poésie court les rues. Comment ne pas la reconnaître ? Elle porte le tablier à petits plis de la cagole, vendeuse d'oranges et d'ail : elle arbore un accroche-cœur de cheveux noirs et une papillote au milieu du front. Elle rit, elle danse, elle se débraille et montre une peau ardente et brune au son des accordéons napolitains, dans les bars… »**
>
> **Paule Malardot,** « La géographie de la Femme de France, Marseille », *La Femme de France*, 14 juin 1931.

piche

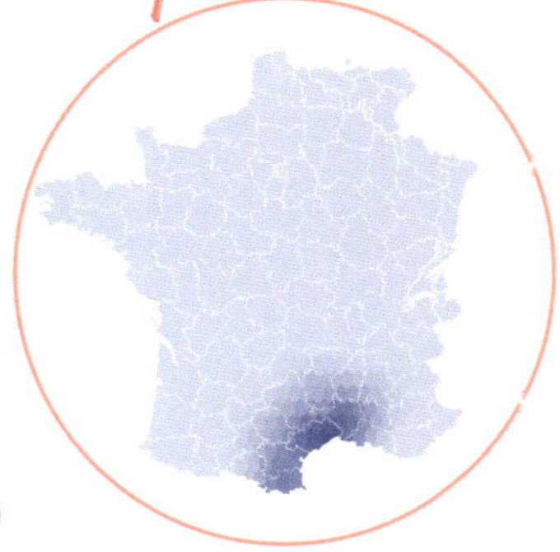

CAGOLE AU FÉMININ, *CÀCOU* AU MASCULIN

L'équivalent masculin de la *cagole* est le *càcou*, un individu qui aime frimer et qui soigne son apparence jusqu'à frôler le ridicule. Le mot entre dans la locution *faire le càcou* : « faire le fier, frimer, faire le fanfaron ».

masculin
CÀCOU
CAGOLE
féminin

UNE ÉTYMOLOGIE TROMPEUSE

Sur le plan sonore, on pourrait penser que le mot *cagole* appartient à la même famille que le mot *caque* (variante : *cague*), dérivé de l'occitan *caga*, du latin *cacare*, « déféquer, chier ». Cette origine est infondée, mais cet imaginaire de l'impur travaille l'inconscient du mot qui renvoie, au même titre que de nombreuses insultes destinées aux femmes, à une idée de souillure. *Pute* vient de *puer*, *pétasse* de *péter*, et *salope* a été formé sur *sale*…

OH ! PEUCHÈRE !

PRIEZ POUR NOUS, PAUVRES PEUCHÈRES !

Peuchère est un mot exclamatif qui exprime l'apitoiement : « La pauvre Maguelone qui se fait insulter alors que, peuchère, elle voulait juste rendre service ! » D'un point de vue historique, l'évolution de *peuchère* est singulière et permet d'illustrer l'influence du français sur les emprunts à l'occitan. D'abord attesté sous la forme *pecaïre* – « celui qui commet des péchés, pécheur », en provençal –, il est employé dans cette région dès le Moyen Âge, avec le sens qu'on lui connaît aujourd'hui en français régional. *Pécheur* et *peuchère* dérivent du verbe *pécher,* lui-même issu (1050) du latin chrétien *peccare,* « commettre une faute contre la loi divine ».

PETIT À PETIT, MARTIN PEUCHÈRE FAIT SON NID…

Les attestations que l'on trouve dans la littérature permettent de tracer la francisation graduelle qu'a connue ce terme à partir du XIXe siècle.
Dès la fin du XVIIIe siècle, le son [ka] devient [cha] : *péchaïre*. Il s'agit d'un phénomène typiquement français, qui a fait passer l'ensemble des sons latins [k] + [a] en [cha] : *castellum* donne *chastel* en ancien français, *château* en français moderne.
Puis, à la fin du XIXe siècle, la diphtongue [aï] de *péchaïre* se réduit pour aboutir à la voyelle [è] que l'on retrouve alors dans *péchère* (jusque-là, on prononçait [pécha-ir]).
La voyelle initiale [é] finit par s'arrondir, pour devenir *peuchère*, forme qui est rendue populaire par Marcel Pagnol dans *Le Temps des secrets* : « Lili, va vite le chercher ! Peuchère Pétugue ! »

pecaïre
[pe-ka-ir]
[ka] devient [cha]
péchaïre
[pé-cha-ir]
[aï] devient [è]
péchère
[pé-chère]
[pé] devient [peu]
peuchère
[peu-chère]

UN FAUX PAS

À l'origine, le sens classique et familier du verbe *peccare* renvoyait au fait de « broncher, faire un faux pas » et, moralement, « commettre une faute, une erreur, se tromper ». Il s'agirait donc littéralement d'une histoire de faux pas, à rattacher au latin *pes*, le pied !

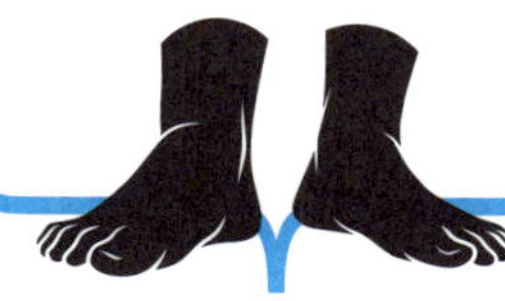

MISKINE, FRÈRE !

Peuchère a un équivalent très répandu chez les plus jeunes et qui a tissé sa toile en Méditerranée et au Moyen-Orient : il s'agit du mot *miskine*, une simple interjection qu'on balance, souvent en fin de phrase, et qui véhicule de la pitié : « Oh, le pauvre ! » Cette pitié est souvent empreinte de compassion et teintée d'humour quand elle n'est pas accusatrice. Dans ce cas, *miskine* pourrait ressembler à « pauvre type »… Le mot permet également d'affirmer son détachement. Quand on dit « miskine », on souligne qu'on n'est pas concerné par ce qui se déroule sous nos yeux et, surtout, qu'on ne cautionne pas !
Vous reconnaîtrez sans doute à l'oreille sa parenté avec le mot *mesquin*, mais *miskine* est voyageur ! Il a franchi plusieurs étapes avant de nous parvenir !
En akkadien, une langue sémitique très ancienne qui s'est éteinte au Ier siècle avant notre ère, le mot *mushkenu* désigne un être qui appartient à une classe sociale intermédiaire, ni libre ni asservie. C'est le faible, celui qui se prosterne, se soumet. Le mot passe dans un dialecte araméen, puis arrive en arabe, sous la forme *miskin*.
Il contient la racine *skn*, qui a plusieurs significations : celle que l'on peut retenir pour *miskine* renvoie à l'incapacité de se mouvoir. Pas très réjouissant… Pourtant, cette racine a aussi donné la tranquillité et la paix, *sakina*. Le mot aurait ensuite traversé la Méditerranée et, une fois arrivé en Italie, serait devenu *meschino* et en Espagne *mezquino*. Il conserve la signification empruntée à l'arabe : « pauvre, indigent ».
En italien vient s'ajouter une nuance : *Il meschino manca di generosità, di grandezza d'animo* (Le mesquin manque de générosité et de grandeur d'âme), et cela fait de lui un être… mesquin. Dernière étape avant de nous revenir sous la forme *miskine* : dans la langue de la rue et du rap, il s'agit bien d'un emprunt à l'arabe !

PAUVRE DE MOI

Il n'est pas impossible d'entendre encore utiliser en Provence les formes *pécaïre, péchaire, pichaire, péchèire*, etc. Ces formes demeurent toutefois aujourd'hui vieillies.

« À quatre-vingts balais, peuchère, Je me dis, putain, bonne mère, Que j'ai bien fait d'en profiter. »

Pierre Perret,
« Le Vieux Marin », 1998.

PANISSE, SOCCA ET CADE

Au jour des Rameaux, le dimanche qui précède celui de Pâques et marque l'entrée dans la Semaine Sainte, une tradition populaire veut qu'on mange des pois chiches. Le pois chiche étant cultivé dans les régions méditerranéennes, il n'est guère surprenant qu'on trouve tout au long de l'année des préparations à base de cette légumineuse dans de nombreuses régions tout autour de la Méditerranée.

En Provence, le pois chiche est l'ingrédient privilégié de la cuisine de rue. On dénombre au moins trois mots pour désigner des spécialités réalisées à base de farine de pois chiches, d'eau, de sel et d'huile d'olive. Bien entendu, les recettes comme les dénominations varient d'une région à l'autre.

PANISSE

Emblématique de la région de Marseille, *panisse* est un mot emprunté au provençal *panisso*, qui désigne dans la langue de Mistral une préparation à base de bouillie de farine de pois chiches, découpée en tranches rondes que l'on fait frire dans le l'huile bouillante. Alors qu'on flâne en ville ou à l'heure de l'apéro, on ne mange pas de frites mais des cornets de rondelles de panisse. Sur le plan étymologique, *panisso* est formé sur le provençal *pan* qui désigne du pain, dérivé à l'aide du suffixe *-isso* (un suffixe qui sert à marquer un lien de ressemblance ou de parenté). En français, le mot s'emploie généralement au pluriel. D'ailleurs, Mestre Panisse est le nom d'un personnage central dans l'œuvre de Pagnol.

CADE

Dans la région de Toulon, ce plat prend le nom de « cade », voire de « cade toulonnaise ». Le mot provient de l'italien *caldo*, qui signifie « chaud » (*caldu*••).

SOCCA

À Nice, mais c'est aussi le cas à Menton et à Monaco, on appelle « socca » une grande galette réalisée à base de farine de pois chiches que l'on fait cuire sur une plaque ronde huilée dans un four à bois et que l'on découpe en plus petites portions. Le terme est passé en français par l'intermédiaire du nissart, dialecte de Nice, *socca*, de même sens. Le mot comme la recette se retrouvent dans la ville de Gênes, en Italie. ■

CICÉRON, UN NOM DE POIS CHICHE

On raconte que l'orateur et homme d'État Marcus Tullius Cicéron tient son surnom « Cicero » de la verrue en forme de pois chiche qu'aurait arborée un de ses ancêtres au front ou sur le bout du nez. Si cette anecdote paraît farfelue, on notera néanmoins que « pois chiche » se dit en latin *cicer arietinum*. Cicer, Cicero...

CHICHE !

Pourquoi le pois chiche est-il chiche ? L'adjectif en question exprime l'idée de petitesse. On suppose qu'il serait dérivé de l'onomatopée *tchitch* qu'on retrouve dans le mot *chichi*. Qu'on soit chiche, « radin », ou qu'on fasse des *chichis*, « des manières », on manque de grandeur d'âme. Quant au pois chiche, comme le *petit pois*, il est tout simplement petit ! Si petit qu'on les compare souvent au cerveau lorsque ce dernier appartient à un individu peu réfléchi, autrement dit : *qui a un pois chiche dans le crâne...*

CHICHE = *petit*

QUÉ CAGNARD !

Ça se dit près de chez nous !

Sur le plan géographique, le mot *cagnard*, bien que signalé comme « régional » par les dictionnaires actuels, est en fait connu de tous les francophones de l'Hexagone, ou presque.

En plein cagnard, il fait chaud, et c'est normal, car le mot *cagnard* désigne un emplacement exposé au soleil et à l'abri du vent. Loin de l'atmosphère irrespirable à laquelle on fait référence dans un emploi généralisé du mot, c'est, avant tout, dans les parlers et les pratiques méridionaux, la désignation d'un espace en plein air, propice au repos. En revanche, *cagnard* peut endosser une connotation relativement péjorative qui le fait bondir vers des températures caniculaires. Utilisé dans les expressions *(en) plein cagnard* ou *sous le / un cagnard*, le mot signifie que la chaleur est devenue écrasante et pas forcément agréable.

UN PETIT COIN DE PARADIS

Pour Frédéric Mistral, *cagnard* serait un mot dérivé sur le provençal *cano*, « canne de Provence », qui désigne une sorte de roseaux avec lesquels on faisait naguère des barrières pour abriter les jardins du soleil. Selon une autre hypothèse, *cagnard* aurait été formé sur l'occitan *canha* (« niche, chenil ») et aurait fini par désigner, par extension, un « recoin abrité », quel qu'il soit. Le fait que le mot soit attesté depuis 1460 en français, sous la forme *caigniart*, puis *cargnart*, avec un sens proche de celui qui est attesté en occitan (« réduit, abri misérable ») n'aide pas à retracer précisément la trajectoire historique de ce mot, connu de la plupart des francophones de l'Hexagone.

DANS LA MÊME FAMILLE...

S'encagnarder : « s'exposer (trop) longuement au soleil ».
Avoir la cagne : « avoir la flemme ». L'expression est davantage localisée dans le Midi, plus particulièrement dans le Languedoc. ■

> **« La cagne est une maladie toulonnaise. Jadis, la voiture du préfet maritime contournait un cagnard endormi sur la route. La cagne, c'est la flemme, le farniente italien. »**
>
> **Jean Cocteau,**
> *Journal d'un inconnu*, 1953.

UNE CHALEUR DE CHIENNE

Le latin *cania*, qui désigne la femelle du chien, est corrélé depuis longtemps à l'idée de chaleur. Saviez-vous que le mot *canicule*, qui désigne en français une forte chaleur, vient du latin *caniculis*, qui désigne une petite chienne ? Quel rapport ? *Canicula* est une désignation ancienne de l'étoile Sirius, étoile principale de la constellation du Grand Chien (*Alpha Canis Majoris*). À l'époque romaine, cette étoile se couchait et se levait en même temps que le soleil pendant la période du solstice d'été, entre le 20 juillet et le 24 août, donc pendant les fortes chaleurs.

CAGNASSE

Dans le français régional de Provence, *cagnasse* (parfois écrit *cagnas*), formé sur l'occitan *canh*, « chien », et le suffixe péjoratif *-asse*, désigne encore péjorativement un chien, de sexe masculin ou féminin. Par extension, il est parfois employé comme insulte à l'égard des femmes. Il est alors synonyme de coureuse ou prostituée, au même titre que le français courant *chienne*.

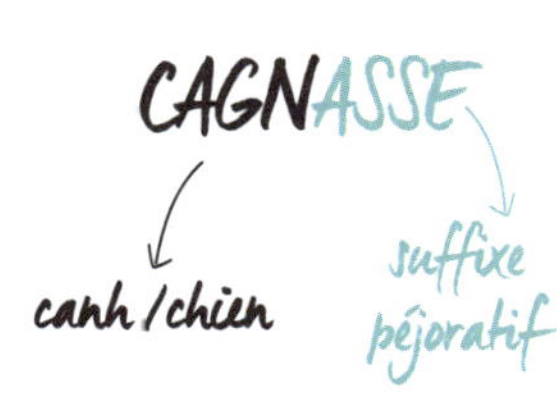

Une vraie CAGADE !

Ça se dit près de chez nous !

Dans le français régional du Midi, il existe tout un tas de mots qui appartiennent à la même famille que *cagar*, mais tous ne jouissent pas de la même vitalité et de la même répartition géographique. Ici on peut voir que *cagade* est employé par l'ensemble des locuteurs du Midi, dans une zone qui épouse plus ou moins parfaitement celle de l'aire des dialectes d'oc. Le mot est également connu en Corse.

0% 50% 100%

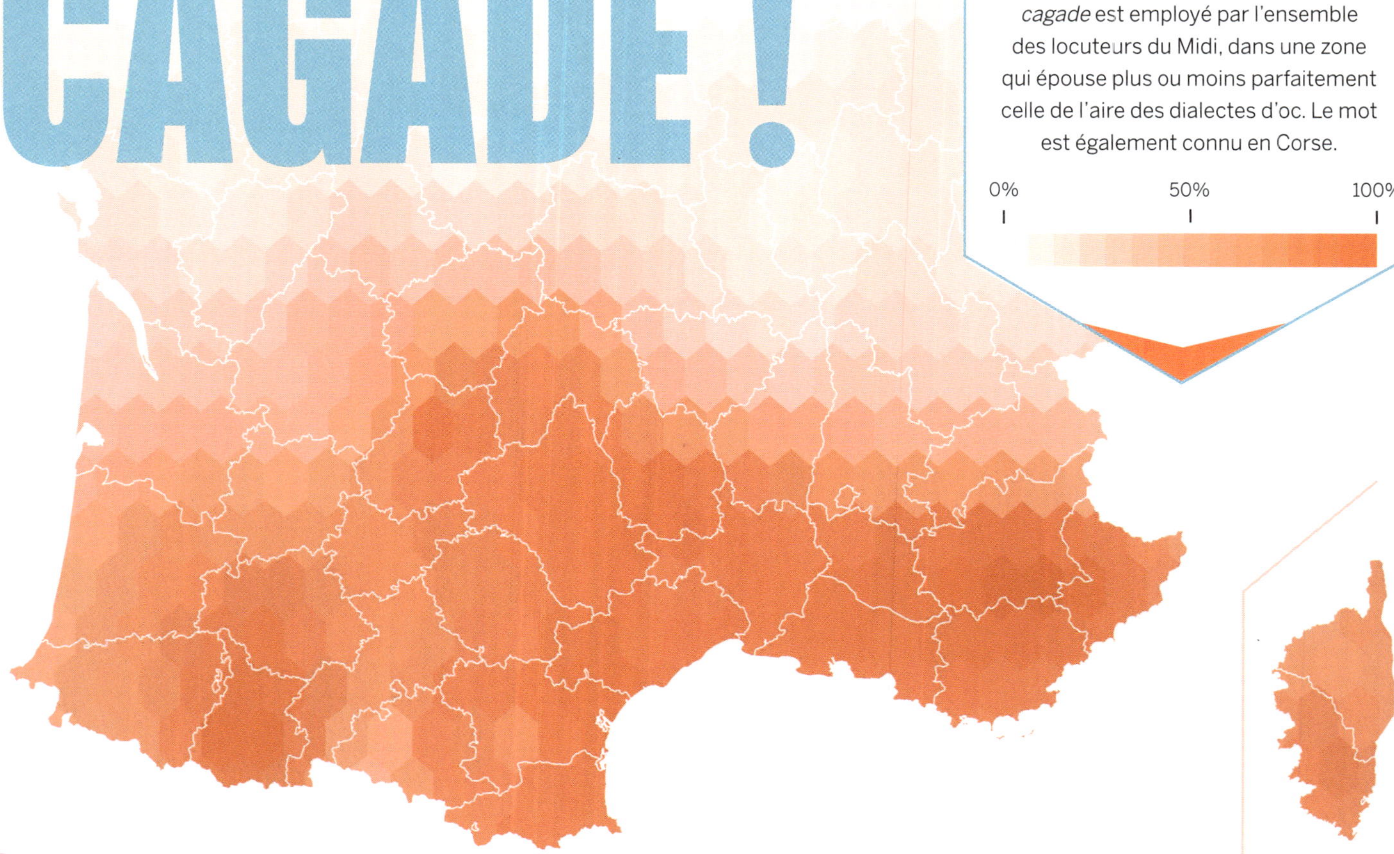

En latin, le verbe *cacare* signifie « déféquer ». Dans les variétés gallo-romanes du nord de l'Hexagone, *cacare* a donné le verbe français *chier*, très vulgairement connoté, mais aussi la forme à l'origine du mot enfantin *caca*.

Caguer est la francisation de l'occitan *caga,* anciennement *cagar*, attesté en français depuis le début du XVIe siècle. Le mot s'est donc implanté en français il y a belle lurette et ne fait de mystère pour – presque – personne puisqu'il a gardé le même sens. Aujourd'hui, même si de nombreux dictionnaires le signalent encore comme un régionalisme, *caguer* est connu et employé par l'ensemble des francophones de l'Hexagone puisqu'il est passé dès le début du XXe siècle dans l'argot parisien.

ÇA VA CHIER ! (OU DIARRHÉE VERBALE)

L'expression *fa cagà*, employée par l'ensemble des locuteurs du Midi, dans une zone qui épouse plus ou moins parfaitement celle de l'aire des dialectes d'oc, jouit néanmoins d'une certaine vitalité de part et d'autre du Languedoc. Enfin, *cacagne* est surtout connu en Provence et dans le Languedoc, alors que *cagadou* n'est guère répandu en dehors des départements du Gard, du Vaucluse et des Bouches-du-Rhône.

Cagade (variante : ***cacade***), substantif féminin : désigne un raté monumental et ridicule.

> « Ce joueur, à chaque fois qu'il touche le ballon, on est à deux doigts de la cagade... »

Escagasser, verbe issu de l'occitan *escagassa* : « affaisser, écraser, déprimer, aplatir ». Recouvre différents sens en français régional. On peut escagasser quelqu'un ou quelque chose, c'est-à-dire lui « causer un dommage physique », mais on peut aussi s'escagasser à faire quelque chose, au travail par exemple. Au figuré, « escagasser quelqu'un », c'est lui causer de l'ennui, de la fatigue.

> « Arrête de traîner dans mes pattes, tu m'escagasses ! »

Cagagne (de l'occitan : *cagagno*), variantes ***cacagne*** ou ***gagagne,*** substantif féminin : synonyme de « diarrhée ». On peut également « se cacagner » de trouille. S'emploie surtout dans le Languedoc et en Provence.

> « J'ai mangé trop de bouillabaisse hier soir ; j'ai une cagagne d'enfer. »

Fa caga, locution non francisée : « fait chier ». S'applique à différentes situations et contextes.

> « Il n'arrête pas de me téléphoner depuis quinze jours. Fa caga ! »

Cagadou, emprunt non francisé : « toilettes, lieux d'aisance ». Il existe un santon « cagadou », si, si !

> « Ce n'est pas une cabane au fond du jardin. C'est un cagadou ! »

COMMENT EMPLOYER *CAGUER* SANS SE CAGUER ?

Caguer correspond à « chier » et *chier* à « caguer ». On les emploie peu ou prou dans les mêmes tournures : « avoir envie de caguer », « va caguer », « faire caguer », « se caguer (dessus) » pour « avoir peur »...

POURQUOI INVOQUER LA MERDE QUAND ÇA NE VA PAS ?

Lorsqu'une situation ou une personne nous enquiquine, nous agace, nous exaspère, nous intégrons très spontanément la matière fécale dans notre discours : « merde ! », « ça me fait chier », « va caguer », « j'en chie », « j'ai tout foiré » (*foirer* signifie « avoir la diarrhée ! »). Ce fameux caca occupe une place particulière dans notre symbolique du corps où les parties hautes (le cœur, la tête) sont considérées spirituelles, fines, distinguées, et où les parties basses (organes sexuels et digestifs) sont vues comme lourdes et grossières. Au bas de la pyramide, les excréments sont les déchets des parties basses et n'ont, par conséquent, aucune valeur... Ainsi, rien de tel pour se débarrasser d'une émotion ou d'une sensation désagréable que de cracher un bon « merde ». Il faut dire que ça soulage !

CAGUER, CAQUER... ET LE HARENG DANS TOUT ÇA ?

Le verbe *caquer*, qui signifie aussi « déféquer » et qui ressemble phonétiquement à *caguer*, n'a pas la même origine étymologique et géographique. Le régionalisme semble avoir été formé sur le français familier *caca* (« faire caca » → « caquer »), et la forme est attestée dans de nombreux dialectes francoprovençaux et d'oïl, jusqu'en Wallonie. En français standard, il est attesté dès le XVIIIe siècle. Ah oui, le hareng ! Rien à voir... Mais un autre verbe *caquer*, qui vient du néerlandais, signifie préparer le hareng en lui ôtant les entrailles avant de le mettre « en caque », soit dans un baril pour le conserver.

* VOISEMENT

Les dialectes du sud de la France, on l'a dit, sont restés plus proches du latin, dans la mesure où l'évolution phonétique a été moins impressionnante. Dans ces variétés, le son [k] a évolué vers le son [g] (on dit qu'elle s'est « **voisée** »), et *cacare* a abouti à l'ancien occitan *cagar*, puis à l'occitan moderne *cagá*.

[K] → [G]

ÇA PÈGUE !

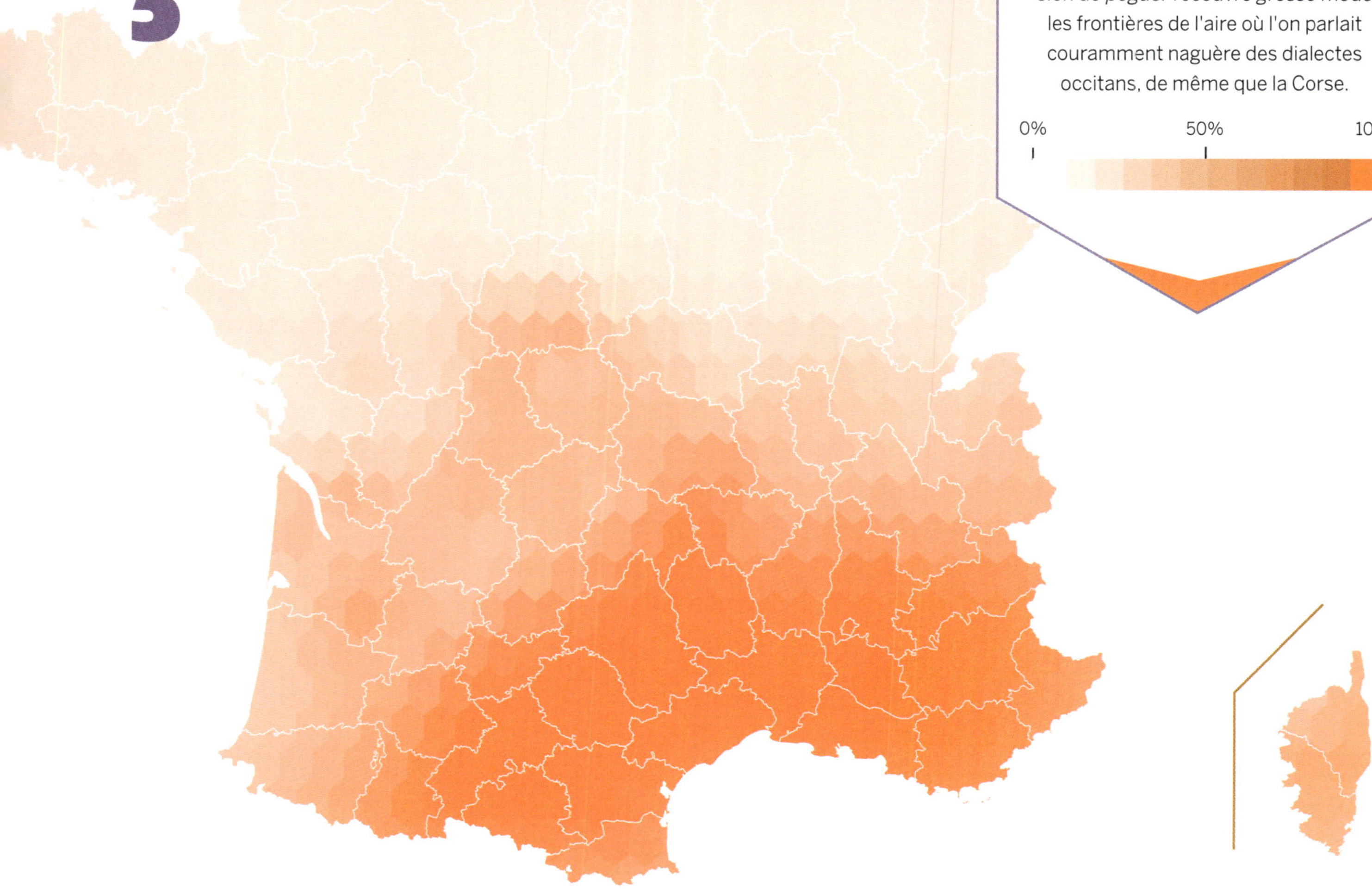

Ça se dit près de chez nous !

Sur le plan géographique, l'aire d'extension de *péguer* recouvre *grosso modo* les frontières de l'aire où l'on parlait couramment naguère des dialectes occitans, de même que la Corse.

0% 50% 100%

pega

« enduire de poix »

péguer

QUELLE POISSE !

Dans les dialectes occitans, le verbe *pega* (de l'ancien occitan *pegar*) signifie littéralement « enduire de poix ; marquer avec de la poix (un animal) ». Le mot *poix* est d'ailleurs le correspondant en langue d'oïl du provençal *pègo*. Ils viennent tous deux du latin *pix, picis* désignant cette matière collante, visqueuse, à base de résine ou de goudron végétaux. En bref, ça colle, ça attache, on s'englue au propre comme au figuré, et c'est fort désagréable…

Cet imaginaire poisseux est au cœur de l'emploi du verbe *péguer*, « coller », passé dans le français méridional où il a été légèrement adapté phonétiquement dès le début du XIXe siècle. En réalité, le verbe ne connaît pas d'équivalent direct en français standard. Les locuteurs proposent souvent la glose « coller légèrement, adhérer sans résistance ».

COMMENT NE PAS S'EMPÉGUER ?

Quant au verbe *empéguer*, il est attesté dès l'ancien occitan sous la forme *empegar*, « poisser, coller ». En provençal *s'empegar* signifie « s'enivrer ». Cette forme apparaît dans le français de Carcassonne pour la première fois à la fin du XVIe siècle, avec le sens de « enduire de poix ». Aujourd'hui, le verbe *empéguer* est fortement polysémique en français.

Empéguer peut :
Désigner l'action de couvrir ou de salir d'une substance collante.

> « Je me suis empégué les mains en rebouchant le pot de miel. »

Exprimer le fait de se débattre dans des difficultés sans nombre, qu'il s'agisse d'une personne ou d'un être inanimé.

> « Il s'est empégué avec la police. »
> « Il a empégué sa voiture contre un arbre. »

Signifier « s'enivrer ».

> « Hier, il est allé enterrer la vie de garçon d'un copain, il s'est empégué. »

PÂTEUX, PÉGUEUX ET POISSEUX

Se poisser, comme *s'empéguer*, a pris le sens populaire de « s'enivrer » (1865). C'est probablement dû au fait que l'individu ivre paraît pâteux, englué dans ses paroles et ses mouvements.

ON A BEAU FROTTER, ÇA PÈGUE ENCORE...

Péguer : « faire adhérer », « coller quelque chose quelque part ».

> « J'ai passé la nuit à péguer des affiches sur les murs de la ville. »

Péguer : « coller légèrement ».

> « Cette confiture était délicieuse mais elle a coulé partout et, maintenant, j'ai les doigts qui pèguent. »
> « Pourquoi n'as-tu pas nettoyé après avoir renversé du Coca par terre ? À chaque fois que je traverse la cuisine, ça pègue ! »

À noter l'existence, dans la même famille, d'une série de mots tous à rattacher à l'occitan *pega* :

Pègue, adjectif : « collant, collante ».

> « Elle est pègue que j'en peux plus! », que l'on peut traduire par : « Elle est tellement collante que j'en peux plus ! »

Pégon, nom masculin, qui désigne un végétal en forme de boule qui s'accroche aux vêtements et, par extension, un enfant un peu trop collant.

Pégueux, ***pégueuse***, adjectif, et sa variante non francisée *pégous* « collant, gluant comme de la poix » s'emploient au propre comme au figuré.

> « J'ai les mains pégueuses. »
> « Ce gamin, quel pégueux ! Il est sans arrêt accroché à mes basques, pas moyen d'être tranquille ! » ■

MOTS

De nombreux mots latins commençant par les sons [sp], [st] ou [sk] ont subi, lors de leur passage au français, une mutation phonétique relativement courante dans l'histoire de la langue. On a ajouté un son non étymologique, c'est-à-dire qui n'existait pas en latin, au début du mot en vue d'en faciliter la prononciation. Par exemple, le latin *scola* a évolué en *escole* en ancien français, tout comme le latin *stella* vers *esteille* et *scala* vers *eschale*. Les linguistes appellent ce phénomène « prothèse »* (parfois « prosthèse »), d'où la dénomination de « e prosthétique ».

Dès le français classique (vers le début du XVIe siècle), les formes ont encore évolué, en se simplifiant. Le *s* original est tombé, de sorte que les mots ont pris la forme qu'on leur connaît aujourd'hui : *école*, *étoile* et *échelle*.

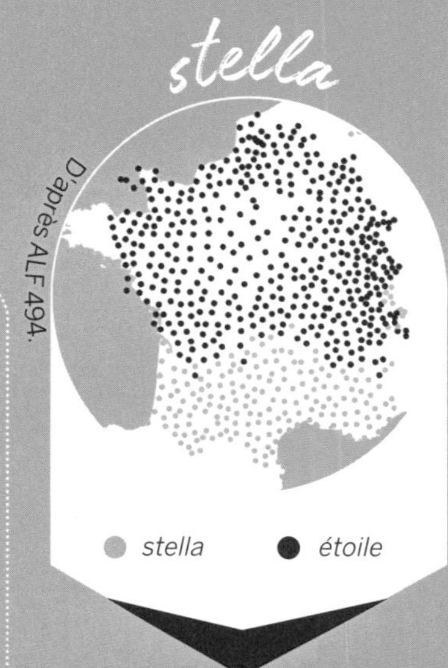

*** PROTHÈSE**

En grec, langue à laquelle le terme est emprunté, *próthesis*, signifie « mettre devant ». C'est d'ailleurs le même mot qu'on utilise dans le domaine médical pour parler du remplacement artificiel d'un organe du corps qui a été enlevé (prothèse mammaire, prothèse dentaire).

scola → escole → école

Aussi, de nombreux mots occitans aujourd'hui utilisés en français ont gardé cette structure spécifique, et n'ont pas évolué. Dans le Sud Est, c'est notamment le cas du mot *escoube* et de son dérivé *escoubette* :

Escoube : « balai », emprunté au provençal *escoubo*, du latin *scopa*, de même sens.

Escoubette : « petit balai » ou « petite brosse » pour les toilettes ou la vaisselle, avec l'ajout d'un suffixe diminutif.

Escobilles : « des ordures », issu du latin *scopiliae*, de même sens, dérivé de *scopa*. Le mot est employé dans le Languedoc (en région lyonnaise, on dit plutôt « équevilles »).

DIFFÉRENCE DE TRAITEMENT

Notons qu'il existe un certain nombre de mots qui n'ont pas subi le même sort, à l'instar des adjectifs *spécial* ou *spécifique*. C'est parce qu'ils ont été empruntés directement au latin plus tard dans l'histoire du français et qu'ils n'ont de fait pas eu le temps d'évoluer comme les autres.

Dans les parlers gallo-romans du sud de la France, l'initiale des mots en es- n'a pas été simplifiée alors qu'elle a changé dans les parlers d'oïl du nord. Sur le plan formel, c'est l'une des spécificités les plus importantes qui permet de distinguer ces deux grandes familles de dialecte.

EN ES-

ESQUICHÉS COMME DES SARDINES

Le verbe *esquicher*, francisation de l'occitan *esquicha*, s'emploie dans différents contextes, toujours avec l'idée générale de « écraser, serrer, comprimer » :

On peut être esquichés comme des sardines , dans un bus bondé ou dans une salle de concert :

> « J'espère que y'aura dégun dans le bus, parce que j'en ai marre d'être esquichée. »

On esquiche un citron pour en récolter le jus. Esquicher quelque chose, c'est l'écraser, le presser :

> « J'adore recharger mon savon liquide... dès qu'il s'agit d'esquicher la pochette de rechange. » (Twitter)

On peut être aussi esquiché dans ses vêtements :

> « J'ai pris du poids, je suis tout esquiché dans ce jean. »

***Esquicher* peut aussi avoir une connotation sexuelle. On peut s'esquicher en dansant :**

> « Té celui-là, je me l'esquicherais bien. »

Enfin, signalons pêle-mêle quelques créations lexicales se rattachant à *esquicher* :

Esquiche-burne : **slip de bain pour homme.**

Esquiche-bougnette : **personne avare, qui esquiche pour ne rien perdre.**

La rue Esquicho-Coude : **à Aix-en-Provence, cette rue est si étroite (elle fait un mètre de large) qu'on s'esquiche les coudes !** ■

> **« Tu as compris ? Ça veut dire qu'il a ce serpent dans la coucourde¨ depuis dix ans... Petit à petit, ça lui a gonflé le cerveau. Alors, ça lui esquiche la racine des yeux, et ça fait qu'il voit trop petit. »**
>
> **Marcel Pagnol,**
> *Le Temps des secrets,* 1960.

Ça se dit près de chez nous !

Le verbe *esquicher*, au sens de « serrer, être à l'étroit » est employé dans sept départements entre la Provence et le Languedoc, autour des villes de Nice, Marseille, Nîmes, Montpellier et Béziers.

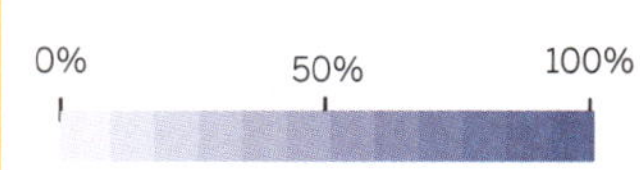

LES TOPONYMES

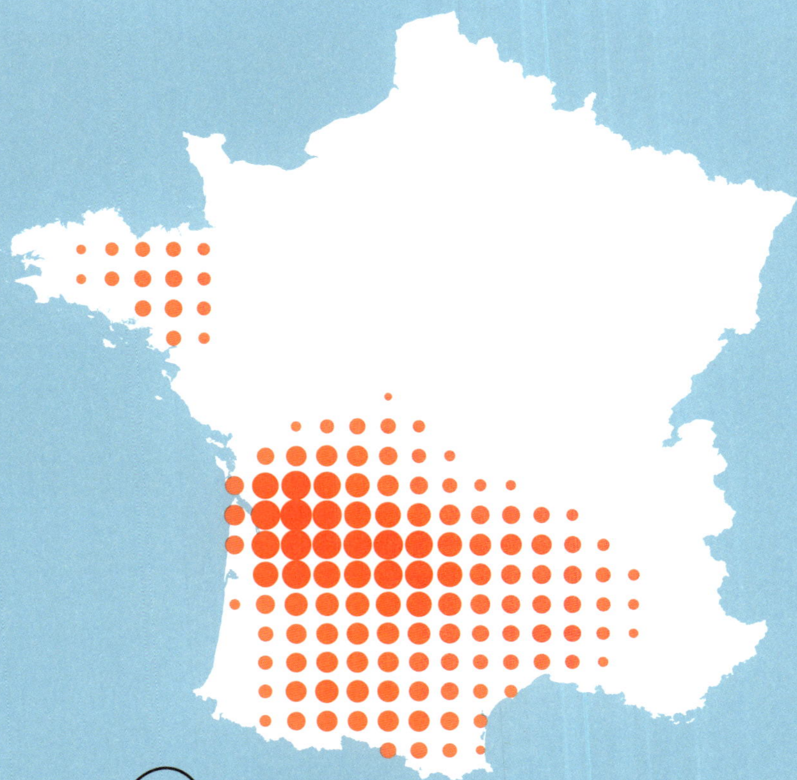

Ça se dit près de chez nous !

La carte représente la densité de toponymes se terminant par le suffixe *-ac* en France. Les valeurs les plus hautes sont atteintes dans le Cantal, le Limousin, en Angoumois et en Saintonge. Une quantité non négligeable de toponymes en *-ac* sont toutefois répandus dans tout le sud-ouest de la France, ainsi que dans la région celtisante de la Bretagne.

En France, de nombreux toponymes* présentent une finale en *-ac*. Il s'agit d'une formation assez ancienne puisqu'elle remonte à l'époque gallo-romaine. Associé à un patronyme*, le suffixe *-ac(um)* servait à désigner le domaine ou la propriété de la personne porteuse de ce patronyme :

***Campaniac(um)* = le domaine de Campanius » Campagnac / Champagnac.**
***Domitiac(um)* = le domaine de Domitius » Doumazac.**
***Flaviniac(um)* = le domaine de Flavinius » Flavignac.**

Au XXIe siècle, ces toponymes en *-ac* sont relativement nombreux dans le midi de la France. On pense à Aurillac, Quézac, Poussignac, Jarnac, etc. Mais on en trouve aussi un nombre non négligeable en Haute-Bretagne : Milizac, Merdrignac, Radenac, etc.
En dehors des régions représentées sur la carte, le suffixe *-ac* a subi diverses évolutions phonétiques :
Dans la partie nord de la France, il est devenu *-y*. C'est ainsi qu'Aureliac(um) est devenu Orly.
Tout comme en Savoie : *cambarios* + *-acum* ont donné Chambéry.
À l'ouest, il est devenu *-é* : Paizé, etc. Ou *-ec* : Siecq, Ruffec, etc.
Dans l'est, il est devenu *-ey* : Essegney et Beittegney dans les Vosges, par exemple.

EN -AC

AURILLAC

Aurillac est la préfecture du Cantal, département situé au cœur du Massif central. Outre le fait qu'elle est la ville natale de Paul Doumer (président de la République dans les années 1930), elle a la réputation d'être la ville la plus froide de France...

ÇA CAILLE À AURILLAC

Dans les bulletins météorologiques télévisés, Aurillac affiche souvent les températures les plus basses de France. Pourtant, cette capitale historique de la Haute-Auvergne jouit d'un ensoleillement plus important que d'autres villes du Midi. L'explication de cet étrange phénomène est simple : dans le réseau de Météo-France, Aurillac est le seul point de la carte météo qu'on voit à la télé où la station météo est située à 630 mètres d'altitude...

AURILLAC, D'OÙ VIENT TON NOM AURÉOLÉ ?

En auvergnat, c'est-à-dire dans la variété de langue d'oc parlé dans cette région, Aurillac s'écrit et se prononce *Orlhac*. (La succession des lettres *l* et *h* se prononce comme *ll* en espagnol, [ʎ], ce qui est proche du son français [Aurillac].) De ce fait, certains ont avancé l'hypothèse selon laquelle le nom de la ville serait lié au fait qu'on ait récolté de la poussière d'or dans les eaux de la Jordanne, une rivière qui la traverse.

L'étymologie de *Orlhac* est en fait beaucoup plus ancienne. Elle remonte à la période gallo-romaine, lorsque la ville s'appelait « Aureliacum », c'est-à-dire « domaine (ou villa) d'Aurélius », le suffixe *-ac(um)* signalant la propriété ou le domaine d'Aurelius, du nom d'un hypothétique gouverneur romain. ■

D'AURILLAC À ORLY EN PASSANT PAR ORLÉANS

En région parisienne, Aureliac(um) devient Orliac(um), puis Orleio, puis Orli, et enfin Orly, le suffixe *-ac* étant devenu *-y* dans de nombreux toponymes de la partie septentrionale de la France.

TOPONYME ET PATRONYME

Le terme ***toponyme*** est construit à partir de deux mots grecs, *topos*, « lieu », et *onyma*, « nom ». C'est un terme qui sert à désigner les noms de lieux, quels qu'ils soient (lieux-dits, villes, régions, etc.). Pour les noms de cours d'eau, on parle d'*hydronymes* (*hudrios*, « d'eau, aqueux »). Quant au mot ***patronyme***, où l'on reconnaît les formes grecques *patros*, « père », et *onoma*, « nom », il sert à parler des noms propres qui s'appliquent à des personnes car c'est traditionnellement le nom du père qui se transmet.

RAPIETTE

Ça se dit près de chez nous !

Le gallo-roman *rapieta* était connu au nord du Limousin. En français régional *rapiette* est connu sur une aire beaucoup plus vaste que dans les dialectes, qui englobe le Haut-Poitou, une partie des Charentes, le Limousin et la Dordogne.

0% 50% 100%

● Attestations de *rapiette* en gallo-roman.

D'après ALF 766.

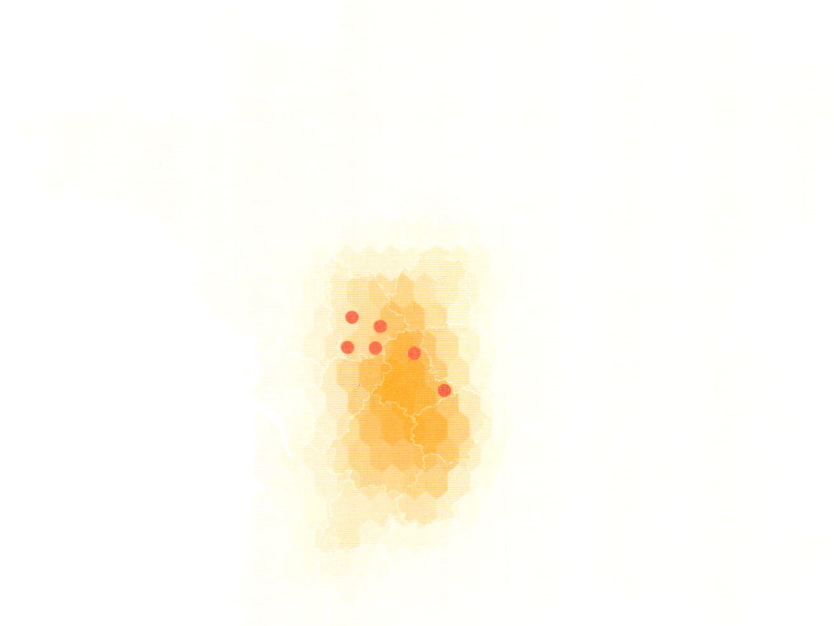

« L'âme des mètres de cailloux,
C'est la rapiette charmante
Glissant magique, sans froufrous,
Gracieux éclair qui les hante.
Ses flancs battant à petits coups,
Elle y brille et les diamante,
Les anime, les mouvemente.
Leur scintillement jaune et roux
D'un frisson lumineux s'augmente
Si peu qu'elle quitte ses trous. »

Maurice Rollinat,
« Le petit lézard gris », *Les Bêtes : poésies*, 1883.

En France, il existe deux grandes espèces de lézard. Le lézard gris, ou lézard des murailles (*podarcis muralis*), et le lézard vert (*lacerta bilineata*). Le premier est répandu dans toute l'Europe, le second ne se rencontre guère au nord de la Loire. Dans les parlers gallo-romans, certains locuteurs disposaient de deux mots différents pour nommer ces deux espèces, que l'on confond aujourd'hui en français sous l'étiquette *lézard*.

Dans les parlers occitans du limousin, on appelle « rapieta » le lézard gris, les équivalents du français *lézard* étant utilisés pour désigner le lézard vert. *Rapiette* se rattache au germanique *rapôn*, qui signifie à l'origine « saisir, enlever », et qui a pris le sens de « grimper, ramper » dans les dialectes provençaux et francoprovençaux. Quant au suffixe *-ette*, il indique l'idée de petitesse.

Au figuré, on appelle « rapiette » un enfant vif mais chétif !

LARMOUISE ET VARIANTES

Ça se dit près de chez nous !

Dans les dialectes francoprovençaux comme en français régional, les continuateurs de *lacrimusa* pour désigner le lézard gris sont employés essentiellement dans les départements de la Savoie, de l'Isère et au nord de la Drôme.

0% 50% 100%

Attestations de *larmouise* en gallo-roman.

D'après ALF 766.

Dans les parlers francoprovençaux de l'est de l'Hexagone, les formes *lermouise*, *larmouise*, *lermuse* et *lermoise* ont survécu pour désigner le « lézard », de même que dans la bouche des francophones qui font la distinction entre les lézards verts et les lézards gris. Toutes ces dénominations viennent du latin *lacrimusa* qui signifiait déjà « lézard ».

FARNIENTE

Le lézard entre dans la formation de plusieurs expressions imagées. Malgré son agilité et sa rapidité, il est souvent associé à la paresse car on le voit s'immobiliser sur la pierre chaude en plein soleil. *Faire le lézard*, ou *lézarder*, signifie « se chauffer paresseusement au soleil ».

Y A PAS DE LÉZARD

Lorsqu'on s'exclame « y a pas de lézard », il s'agit d'un emploi récent, datant des années 1980, qui ne renvoie pas à l'animal, mais à un dérivé argotique du verbe *léser*. Là, le lézard est un escroc un faux ami. Dire qu'il n'« y a pas de lézard » permet d'affirmer qu'il n'y a pas de difficulté ou d'entourloupe cachée. Il se pourrait que cet emploi fasse aussi allusion au féminin *lézarde* qui désigne une fissure. S'il n'y a ni lézard ni lézarde, il n'y a ni tromperie ni faille !

« [...] je rêvais de rester là tout le jour, comme un lézard, à boire de la lumière, en écoutant chanter les pins [...]. »

Alphonse Daudet,
« Les vieux »,
Lettres de mon moulin, 1869.

L'ALIGOT dans un buron

ALIGOT

On raconte que, quand ils avaient faim, les pèlerins sur le chemin de Saint-Jacques-de-Compostelle demandaient aux bonnes âmes « quelque chose » à manger et que, sur les plateaux de l'Aubrac, les moines leur apportaient pain et fromage. D'aucuns proposèrent donc une étymologie fantaisiste liant *aligot* au latin *aliquid,* « quelque chose ». S'il s'agissait bien de quelque chose, l'aligot n'en était pas pour autant n'importe quoi !

L'ALIGOT, UN PLAT DE HARICOTS ?

Le mot vient en réalité de l'occitan du Rouergue *aligót*, dont on prononce le *t* final. Son origine est incertaine, mais on la trouve peut-être dans le mot *haricot* signifiant « ragoût » en francique. Avant d'être la fève que l'on connaît, le haricot était un plat de viande, souvent accompagné de cette fameuse légumineuse. En effet, *haricot* vient de l'ancien verbe *harigoter* ou *haligoter*, « couper en morceaux, mettre en lambeaux ». Le *haricot de mouton* est donc bien un ragoût de viande coupée en morceaux et cuit avec des haricots blancs.

Le sens de « ragoût de viande » est resté vivant en Aveyron, où l'occitan *olicouót* désigne un plat fait avec des abattis de volaille. Mais, à Saint-Affrique et à Laguiole, on entend respectivement « aricot » et « oligot » pour désigner le ragoût local, plat composé de pommes de terre, de tome encore fraîche et de beurre. Si on a du mal à retrouver l'image de la viande « haligotée » dans l'aligot, on y verra celle d'une étoffe en lambeaux suscitée par le filage de la tome fraîche dans le buron.

BURON

Un buron est une petite bâtisse en pierre, souvent pourvue d'un toit de lauzes, typique de l'Auvergne. Longtemps, les burons ont servi de maison de berger et de fromagerie durant la période de l'estive dans les hauts pâturages où on emmenait le bétail. On y fabriquait alors la tome, la fourme et le cantal !

L'agriculture s'étant radicalement transformée au cours du XXe siècle, les « buronniers », occupants saisonniers des lieux, ont quitté leurs burons et il ne reste aujourd'hui en activité que quelques-uns de ces lieux, notamment sur le plateau de l'Aubrac et dans le Cantal. Certains ont néanmoins été convertis en habitations ou en restaurants et accueillent les visiteurs autour d'un aligot.

UNE CABANE OU UNE HUTTE

Le mot, très courant et connu dans la région, vient du moyen français *buron*, « cabane », qui remonte au XVIe siècle. On peut le rapprocher d'une racine germanique, **bur-*, « hutte », et la terminaison en *-on* serait la même que celle du mot *maison*, du latin *mansionem*.

« Au menu figuraient la soupe aux choux traditionnelle et le mets préféré des montagnards, l'aligot, qui a inspiré à un enfant de l'Auvergne tout un poème épique commençant par ces mots : L'aligot, plat exquis, la gloire des burons, Comme le doux nectar est l'honneur des vallons, L'aligot, des bergers le plus bel apanage. »

Le Matin : derniers télégrammes de la nuit, n° 4105, 27 mai 1895.

Buron est surtout employé en Auvergne, dans l'Aveyron et en Lozère, bien qu'il connaisse des ramifications dans le Tarn et le Tarn-et-Garonne.

VOUS NE DITES PAS « BURON », MAIS PLUTÔT « JASSERIE » ?

Le mot *jasserie* coexiste dans la région avec *buron*, mais il est moins employé, ou de façon plus locale et spécifique. À l'origine, il désignait un hameau constitué de plusieurs burons ou *jas*, notamment dans les monts du Forez. Le mot *jas*, employé plus largement en France, est issu du bas latin **jacium* (lieu où l'on gît, où l'on est couché) et renvoie au gîte d'un animal. Aujourd'hui, dans la région, la jasserie est, tout bonnement... un buron.

LA FOURME, UN « FORMAGE » DU COIN

Le mot *fourme*, tend à s'employer de plus en plus largement en France. En effet, si les fromages font la fierté de leur région, ils se paient le luxe de voyager aux six coins de l'Hexagone pour ravir les palais de tous les Français. La fourme d'Ambert ou encore celle du Cantal ont bien vite conquis les cœurs les plus récalcitrants !
Mais saviez-vous que les mots *fourme* et *fromage* ont la même origine. Ils viennent tous les deux du mot *forme* qui renvoie à la méthode de fabrication du fromage « fait dans une forme ». En toute logique, on aurait donc dû parler de *FORmage* et non de *FROmage*... Cependant, une métathèse est passée par là et a éloigné le fromage de sa forme initiale.

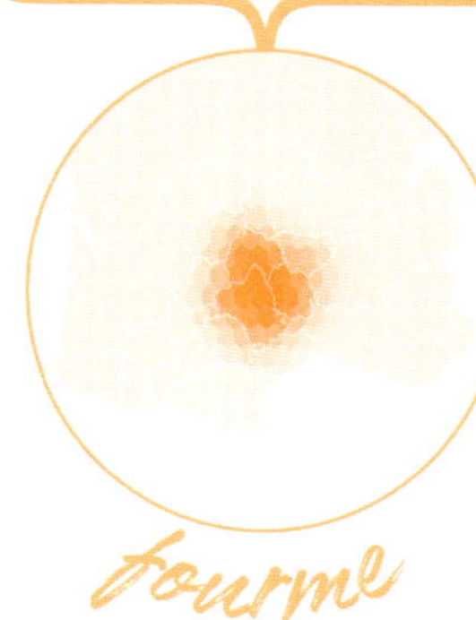

PÉTAS

D'après ALF 281.

En Auvergne et dans les régions environnantes, *pétas* désigne un morceau d'étoffe ou de tissu usagé qui peut servir pour différentes choses : soit en guise de chiffon pour nettoyer, soit comme pièce pour rapiécer un vêtement usé ou déchiré. Aujourd'hui, comme plus personne ou presque ne raccommode ses vêtements, *pétas* désigne surtout un chiffon.

Pétas remonte au latin *pittacium*, « étiquette, ticket, morceau de cuir ou de parchemin ». Le mot est relativement ancien puisqu'il est attesté dans les parlers d'Auvergne dès le XIIIᵉ siècle, avec le sens assez large de « morceau de cuir, de tissu », etc., utilisé pour réparer ou ressemeler. Dans ce sens, il est documenté dans la région de Lyon et dans le Languedoc.

Il n'a toutefois pas survécu dans ces aires en raison de l'existence des géosynonymes *patte*, dans la région lyonnaise, et *peille*, dans la région languedocienne, qui désignent aussi des morceaux de tissu.

PÉTAS SOUS TOUTES LES COUTURES

Pétas entre dans un certain nombre de locutions et connaît des sens dérivés, qui dépendent des régions :

- Par métaphore, si l'on traite une personne de « pétas » ou de « pétas-mouillé », on insinue que cette personne est molle et sans énergie. L'image existe aussi en français standard : dans « chiffe molle », *chiffe* veut dire « chiffon » (*loque*••).
- La locution *langue de pétas* est équivalente à la « langue de vipère » du français standard, « personne médisante » qu'on appelle aussi « langue de pute » dans un registre plus grossier.
- Le verbe *pétasser* signifie « raccommoder, reprendre avec des chutes de tissu », mais l'adjectif *pétassé* signifie « abîmé, déchiré ».
- À ne pas confondre avec le verbe *rapetasser* (formé sur le provençal *petassar*, dérivé à l'aide du préfixe *ra*-), de même sens que *pétasser*, mais que les dictionnaires répertorient sans indiquer d'origine régionale.
- Un « petassou » est un petit pétas. Le suffixe diminutif *-ou* est très fréquent dans les parlers occitans (*poutou*••).

LA FÊTE AU PÉTAS

Chaque année, lors du premier week-end de février, qui coïncide avec le début de la semaine qui précède le carême (bugne••), a lieu la fête du Pétassou. Cette fête se déroule à Trèves, un petit village des Cévennes, localisé dans le Gard, à la frontière avec le département de l'Aveyron. Il s'agit d'une grande manifestation carnavalesque populaire, de tradition immémoriale. Le pétassou y campe un personnage entièrement habillé de petits bouts de tissus colorés : les fameux pétas ! ■

Le mot *peille* au sens de « chiffon » est en usage dans la région de Montpellier.

LE *S* FINAL, ON LE PRONONCE ?

Il est prononcé par certains locuteurs établis le plus au sud de la région : [pétasse]. Dans la bouche des autres, il reste muet : [péta]. On trouve le mot écrit avec un *e* ou un *é*, ce qui est cohérent avec le fait que le mot se prononce [peuta] ou [péta].

> **« Elle a fait cette fois comme le pauvre peuple : elle a retourné un vieil habit, faute de pouvoir s'en procurer un neuf. Mais le vieil habit, usé déjà, troué, rapetassé, aura bientôt achevé de faire son temps. »**
>
> *Gazette du Bas-Languedoc*, n° 417, dimanche 23 avril 1837.

LANGUE DE PÉTAS

Pétas et *pétasse* : certes, à l'oreille, les deux mots se ressemblent fort. Ironie du sort : la langue de pétas est une langue dite « de pute ». Néanmoins, les deux locutions n'ont absolument pas la même origine puisque le mot *pétasse* vient du verbe *péter*, qui renvoie à la puanteur.

De son côté, la langue de pétas, comme la langue de peille, renvoie bien au chiffon. Cela dit, les ragots et les rumeurs sont souvent mis du côté des femmes, de leur cuisine, de leur sexualité et de leurs chiffons. Ne dit-on pas « parler chiffons » pour caractériser des préoccupations toutes féminines ?

PÉTAS ≠ PÉTASSE

« péter »

Faire la BUJADE

Ça se dit près de chez nous !

Ci-contre, la carte des dénominations de « faire la lessive » en gallo-roman, quatre grands types. Aujourd'hui presque sortie de l'usage, l'expression *faire la bujade* (ou *bugade*) était utilisée dans les parlers dialectaux, de même que dans le français d'un large quart sud-ouest, pour désigner l'action de faire la lessive.

- *faire la buée*
- *faire la bujade*
- *faire la bugade*
- *faire la lessive*

D'après ALF 759.

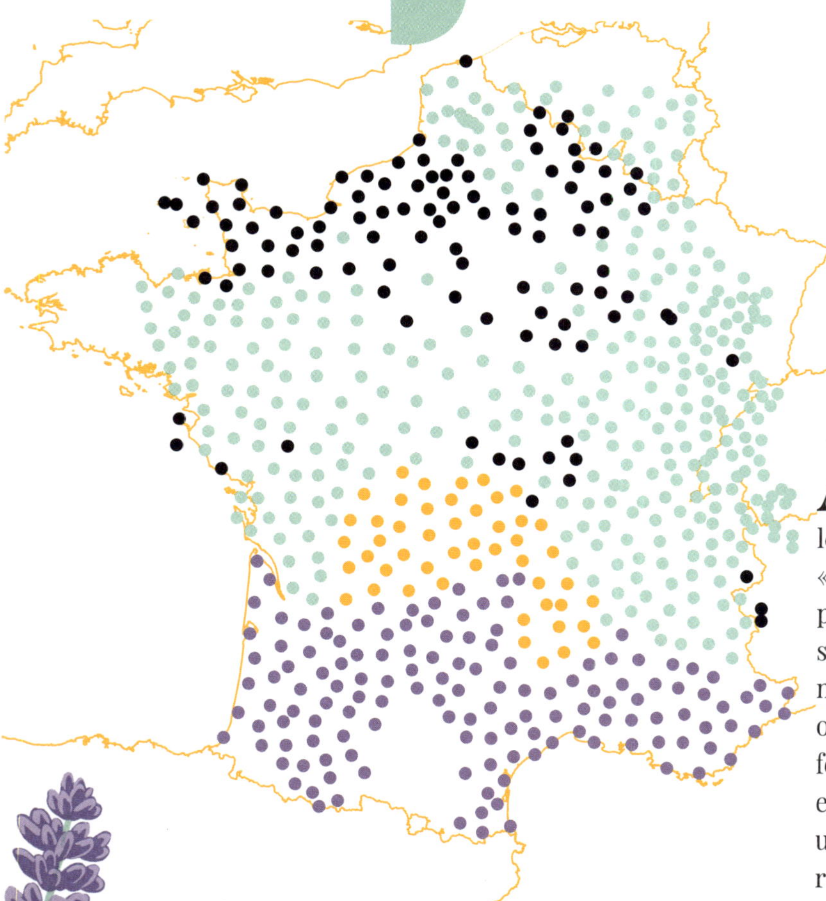

À Saint-Étienne et aux alentours, l'expression *faire la bujade* a demeuré pour désigner l'action de faire la lessive au moyen d'une technique ancienne, technique dite « du coulage ». En pratique, on prélavait le linge en le trempant dans de l'eau claire, afin d'enlever le plus gros de la saleté. Le lessivage à proprement parler pouvait alors commencer : on disposait le linge en couches entre lesquelles on glissait des lamelles de savon et des racines d'iris, du fenouil ou de la lavande, dans un grand cuvier. On ajoutait ensuite de l'eau bouillante, qui s'écoulait lentement par une goulotte reliée à une bassine disposée sur un feu. On renouvelait l'opération jusqu'à ce que le linge fût propre. Une fois lavé, le linge était apporté au lavoir ou à la rivière pour y être rincé.

Les techniques variaient d'une région à l'autre, mais aussi d'une époque à l'autre. Le processus a disparu après la Première Guerre mondiale : il a été remplacé par la lessive à la chaudière, qui a elle-même disparu dès l'arrivée des premières machines à laver électriques.

écarter son linge

Si la plupart des francophones étendent ou pendent leur linge pour le faire sécher, ce n'est pas le cas des locuteurs établis dans la région de Saint-Étienne. En effet, ces derniers « écartent » leur linge !

Sur le plan historique, le verbe *écarter*, que tout un chacun connaît avec le sens de « mettre plusieurs choses ou plusieurs parties d'une chose à une certaine distance les unes des autres », était naguère employé avec le sens de « disperser quelque chose qui est en tas, notamment pour le faire sécher ». On écartait ainsi, après la coupe ou la cueillette, du foin, des champignons, des noix, du fumier dans un champ, etc. Mais également du linge ! Au temps de la bujade, quand le temps le permettait, le linge (notamment les grandes pièces de tissu comme les draps ou les nappes), une fois rincé au lavoir, était étendu sur l'herbe pour sécher en plein air. On en écartait les coins qu'on fixait à l'aide de petits piquets.

L'usage du verbe *écarter* au sens de « faire sécher » semblait jouir naguère d'une aire plus vaste qu'aujourd'hui. On en trouve en effet des attestations sous la plume d'auteurs qui ne sont pas originaires de la région de Saint-Étienne, notamment chez Denis Diderot, originaire de la Marne et ayant passé la plus grande partie de sa vie à Paris.

FAIRE LA BUÉE

Étymologiquement, *bujade* et *bugade* se rattachent à l'ancien occitan *bugada*, qui correspond au français *buée*. Naguère, en français comme dans la plupart des parlers gallo-romans, on ne disait pas « faire la lessive », mais « faire la buée ». Pour comprendre d'où vient cette expression qui nous paraît étrange aujourd'hui – *buée* désignant la vapeur d'eau –, il faut se souvenir que **bucata*, le terme gallo-roman qui a donné l'ancien occitan *bugata*, désignait déjà de la lessive ! D'ailleurs, jusqu'au début du XXe siècle, le français *buée* s'employait encore comme synonyme de *lessive*.

BUGADA → BUJADE
"buée"

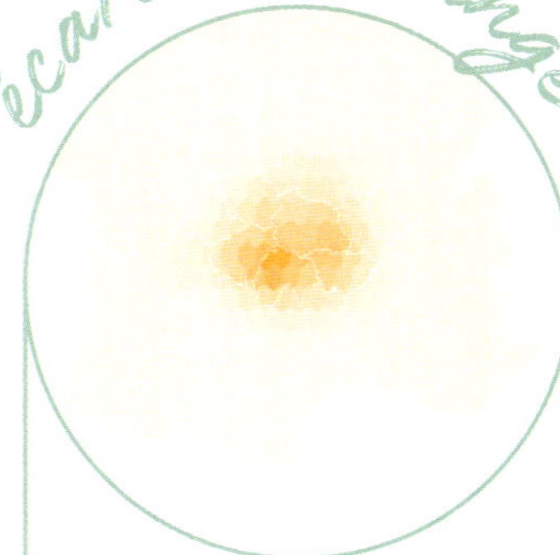

Ça se dit près de chez nous !

L'emploi du verbe *écarter* comme synonyme d'*étendre* (*du linge*) est concentré dans le département du Puy-de-Dôme, mais il s'entend également dans le Cantal, dans l'Allier et en Corrèze.

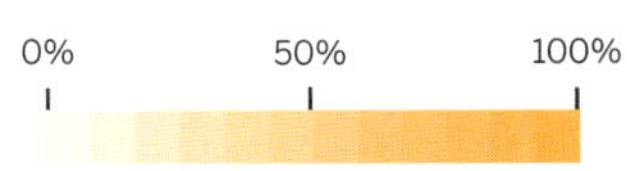

« Je m'étais retournée, elle avait écarté son linge, et j'allais écarter le mien, lorsque tout à coup on frappa deux coups violents à la porte. »

Denis Diderot, *La Religieuse*, 1784.

C'EST EN LAVANT QU'ON DEVIENT LAVANDE...

L'origine du mot *lavande* interpelle. Sa forme rappelle en effet l'italien *lavanda*, qui signifie « lavage, toilette ». Cela dit, en italien, on ne trouve la forme *lavanda* qu'à partir du XVIe siècle, à une date bien postérieure à la première attestation de la forme *lavende* en ancien français, qui remonte au XIIIe siècle. Une chose est sûre : le nom de cette plante est lié à l'utilisation qu'on en a. Elle entre en effet dans la composition de différents produits liés à la toilette – savons, eaux et huiles avec lesquels on lave et on parfume. Sur le même modèle, le mot *lavandière* désigne une femme qui faisait autrefois la lessive au lavoir, avec des cendres et de l'eau chaude.

LAVANDE ? ? ?
→ LAVANDA
« lavage, toilette » en italien

Je suis toute COUFLE !

Ça se dit près de chez nous !

L'adjectif *coufle* est surtout employé dans une aire englobant les sept départements limitrophes de l'Aveyron. Au-delà, s'il est connu, il n'est guère employé, car d'autres variantes sont en circulation (*cafi* ou *clafi* à Marseille, *couffi* à Saint-Étienne, etc.)

0% 50% 100%

Disposez-vous d'une expression spéciale pour exprimer la sensation d'avoir trop mangé à la suite d'un repas trop copieux ? Dans l'Aveyron et dans les départements alentour, on dit qu'on est « coufle » ! La forme *couffle* est attestée, mais reste beaucoup plus rare que *coufle*.

> **« Victor mit ses pieds à chauffer dans le four, sortit dans la cour, revint, le visage livide, et déclara avec forfanterie qu'il se sentait prêt à recommencer le repas et trouverait encore la force de soulever son enclume au-dessus de sa tête. Raoul traduisit le sentiment général en tâtant son ventre ballonné au-dessus de la ceinture défaite en avouant : Je suis *coufle* ! Ils rentrèrent à la nuit noire. »**
>
> **Robert Sabatier,**
> *Les Noisettes sauvages*, 1974.

Si vous êtes vraiment très *coufle*, parce que vous avez un peu forcé sur l'aligot••, vous pouvez même en être à un stade au-dessus : *coufle-bourre* – comprendre « gonflé-bourré ». *Coufle-bourre* s'emploie aussi pour qualifier un nom et signifie « étouffe-chrétien ». Un aliment ou un mets qui étouffe, qui est très farineux ou très épais pourra l'être : « C'est du coufle-bourre, ce chou farci ! »

Coufle est un adjectif formé à partir du verbe *coufler*, qui se rattache au latin *conflare* (« gonfler »). On appelle ça une forme « tronquée ». En effet, on ne dit pas [couflé] mais [coufle]. Ce n'est pas une faute ni une déformation locale, mais un processus de création lexicale qui était naguère relativement courant dans les dialectes provençaux et francoprovençaux, ainsi qu'en français standard. À témoin, l'existence de formes, plus ou moins répandues géographiquement, telles que :
Arrête (formé sur *arrêter*) : « Ma montre est arrête, elle n'a sans doute plus de pile. »
Gâte (formé sur *gâter*) : « Cette sauce a trop traîné dans le frigo, elle est gâte. »
Gonfle (formé sur *gonflé*) : « Ses chaussures lui font mal, elle a les pieds gonfles. »
Trempe (formé sur *trempé*) : « Elle s'est pris l'orage, elle est rentrée à la maison, elle était trempe. »
Use (formé sur *user*) : « Ces pantalons commencent à être vieux, ils sont tout uses. »

Le verbe *coufler* est encore relativement vivant dans cette région, surtout dans son acception métaphorique, pour exprimer le trop-plein ou le ras-le-bol :
« Cet arbitre, il me les coufle. »
« Ça me coufle de devoir aller chercher mon colis à la Poste alors que le facteur n'a pas laissé d'avis de passage. »

COUFLE

CONFLARE
« gonfler » en latin

Dans le Gard, « J'EN AI MON COUFLE » signifie « J'EN AI RAS-LE-BOL ».

être trempe

Ça se dit près de chez nous !

L'adjectif *trempe* (« trempé ») est l'une des formes tronquées les plus répandues : il est connu de la Suisse au sud-ouest et jusqu'au Canada !

0% 50% 100%

JE SUIS BOURRÉ ET ÇA ME GONFLE !

De nombreux locuteurs utilisent l'adjectif *coufle* comme synonyme de « ivre, saoul » :
« Elle était tellement coufle qu'elle ne répondait même plus quand on l'appelait ! »

« Quand j'accepte enfin son invitation, mon père m'invite à la pizzeria ou à l'Hippopotamus, comme tous les padre. Léon de Bruxelles, aussi. Le Bistro Romain, bien entendu. Où je n'ai pas à voler le carpaccio, où on m'en ressert même jusqu'à ce que je puisse plus bouger, coufle-bourre. »

Manon Troppo,
L'ennui et le jour, 2011.

FÊTE VOTIVE

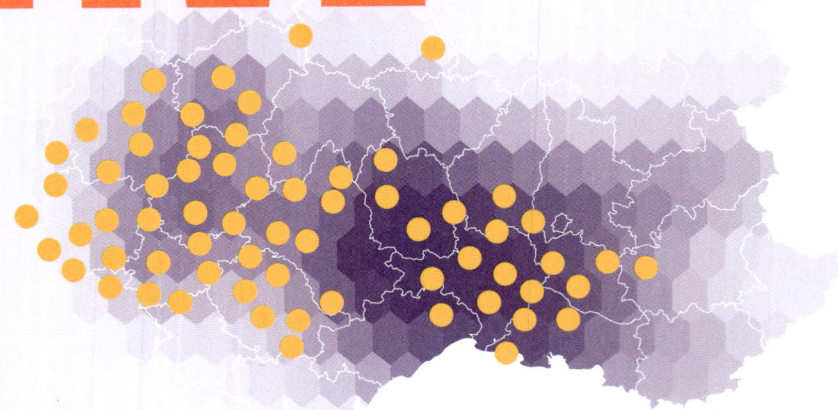

Ça se dit près de chez nous !

En français régional, le mot *vote* a quasiment disparu. Il a en effet été remplacé très tôt par l'expression *fête votive*. Malgré cette différence entre les dénominations, on peut voir que l'aire de *fête votive* en français régional est semblable à l'aire de *vote* en occitan.

0% 50% 100%

Attestations de *vote* en gallo-roman.

D'après ALF 556.

« Flageolet, hautbois, grosse caisse, rossignols, tourterelles, loriots, merles, pinsons, belle et grotesque symphonie du moment. C'est, en l'honneur de la fête votive, la bruyante musique d'Andillac qui retentit jusqu'ici et se mêle à celle des oiseaux. »

Eugénie de Guérin,
Journal (1834-1840), 1840.

D'OÙ ÇA VIENT ?

Contrairement à une opinion bien répandue, les fêtes votives ne sont pas une façon de célébrer le maire de la commune et ses élus. L'origine est religieuse : avant de désigner un suffrage ou l'expression d'une opinion à la suite d'un suffrage, *vote* désignait « un vœu, une prière » (en latin, le mot *votum* qualifiait « une promesse solennelle faite aux dieux »).

Dans le sud de la France, les anciens appelaient « vóta », « bôto », « vôto » (en occitan) ou « vote » (en français) cette fête annuelle originellement consacrée à la célébration du saint patron de la paroisse d'une localité (vogue•• dans le Centre-Est, assemblée••, frairie••, préveil•• et pardon•• dans l'Ouest, ducasse•• dans le Nord, messti•• et kilbe•• dans le Grand Est) et qui s'accompagne de diverses activités (bal, activités foraines, loto, vente de produits locaux, etc.).

Les fêtes votives s'étalent de mai à octobre, mais elles sont les plus nombreuses en juillet et en août. Parmi les plus célèbres, mentionnons celles de Pertuis (dans le Vaucluse), qui a lieu au milieu du mois d'août. Elle est jumelée avec le Grand Prix de Pertuis, un concours de jeu provençal qui regroupe plus de 500 joueurs.

TRADITION GARDOISE

Dans le Gard et dans une petite partie de l'Hérault, les « abats » (les jeunes du village), accompagnés de groupes musicaux, passent de maison en maison pendant la fête votive pour demander un petit pécule aux habitants en échange d'un peu de musique et d'une « empêgue » sur la façade de leur maison. *Empêgues* (*péguer*••, *empéguer* ••) désigne de petits dessins réalisés au moyen de pochoirs, représentant des animaux typiques du coin (taureau, flamant rose, cheval, etc.) ou des symboles traditionnels (croix camarguaise par exemple). On appelle « aubade » la période, née au début du XXe siècle, qui marquait le départ pour le service militaire des conscrits de l'année.

FESTIN

Dans le département des Alpes-Maritimes, plus précisément aux alentours de Nice et de Grasse, on appelle la fête votive un « festin ». Chaque année, le « festin des cougourdons » attire plus de 3 000 personnes pour célébrer l'arrivée du printemps. ■

D'OÙ ÇA VIENT ?

Festin est un dérivé de *festa*, qui désigne dans les parlers locaux comme en italien une fête. En français général, il a le sens de « repas de fête, au menu copieux et soigné ». Quant à la forme *cougourdon*, elle désigne une sorte de cucurbitacée en forme de poire, cultivé dans la région.

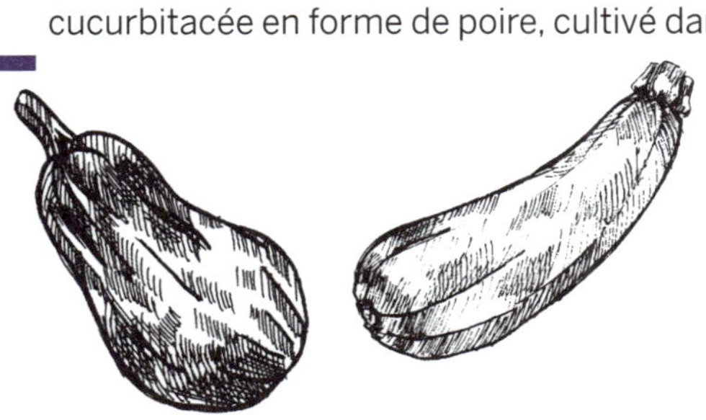

JÒC DE BOLA

Le jeu provençal (ou *jòc de bola*, voire *jo de bocho* dans la langue locale, autrement dit : « jeu de boules ») est aussi appelé « les trois pas » ou « la longue ». Il s'agit d'une variante ancienne du fameux jeu de pétanque. Il se joue sur un terrain plus grand (de 15 à 20 mètres, deux fois plus grand qu'un jeu de pétanque), avec des boules un peu plus grosses (de 90 à 110 mm, contre 70 à 80 pour la pétanque traditionnelle).

LE SAVIEZ-VOUS ?

Malgré le fait que le cougourdon ne soit pas comestible, il présente aux yeux des Niçois de nombreuses qualités. Après avoir séché au soleil, il peut être peint, gravé et décoré par des artistes qui en font des ustensiles de cuisine (assiette, louche), des décorations, voire des instruments de musique !

Dans la région de Marseille, une « coucourde » (variante de *cougourde*) désigne une courge, quelle qu'elle soit. D'où l'expression *avoir la tête comme une coucourde*, équivalente à « avoir la tête comme une citrouille », qui signifie « avoir la tête enflée, en avoir plein la tête » !

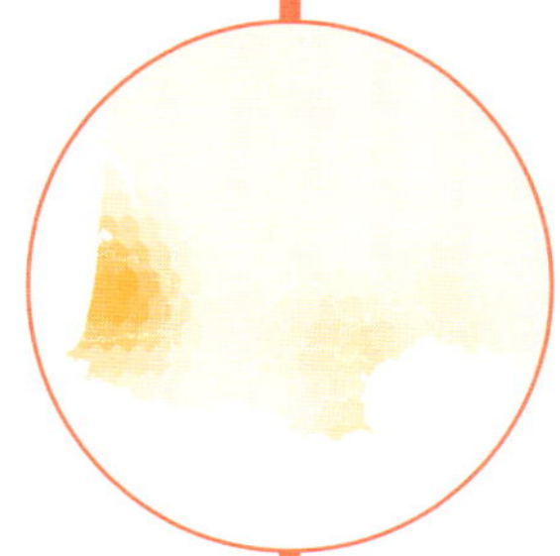

FÉRIA

En latin classique, le mot *feria* (employé au pluriel, *feriae*) désignait les « jours consacrés au repos », puis, par extension, les « jours de fête ». Le mot s'est conservé en espagnol, où il a acquis en plus le sens de « foire accompagnée de diverses festivités ». Il est passé en français, où il a fini par désigner des manifestations impliquant des taureaux. Les plus célèbres férias ont lieu dans le Gard, au Pays basque, en Gascogne et dans les Pyrénées-Orientales. Le latin *feria* a donné le mot *foire* en français. Quant au mot *forain*, il continue le latin vulgaire *foranus*, dérivé de *fris*, « dehors ».

L'ACCENT

« Mon accent ? Il faudrait l'écouter à genoux...
Il nous fait emporter la Provence avec nous,

Et fait chanter sa voix dans tous mes bavardages
Comme chante la mer au fond des coquillages !

Écoutez ! En parlant, je plante le décor
Du torride Midi dans les brumes du Nord !

Mon accent porte en soi d'adorables mélanges
D'effluves d'orangers et de parfum d'oranges ;

Il évoque à la fois les feuillages bleu-gris
De nos chers oliviers aux vieux troncs rabougris,

Et le petit village où les treilles splendides
Éclaboussent de bleu les blancheurs des bastides !

Cet accent-là, mistral, cigale et tambourin,
À toutes mes chansons donne un même refrain,

Et quand vous l'entendez chanter dans ma parole
Tous les mots que je dis dansent la farandole ! »

Miguel Zamacoïs, « L'Accent »,
La Fleur merveilleuse, II. 5, 1910.

« MON ACCENT ? IL FAUDRAIT L'ÉCOUTER À GENOUX... IL NOUS FAIT EMPORTER LA PROVENCE AVEC NOUS. »

L'accent du midi de la France est l'un des accents les plus célèbres du français. Il a été popularisé dans de nombreux films (*Marius*, *Fanny* et *César* de Marcel Pagnol ; *Manon des sources* de Claude Berri ou encore *Les Collègues*, de Philippe Dajoux) et par de nombreux groupes de musique (IAM, les Fabulous Trobadors et Zebda, entres autres). Les publicitaires aiment jouer sur son côté chaleureux et son capital de sympathie : dans l'imaginaire collectif, les sonorités des accents du Midi évoquent la qualité de vie de cette région, l'ensoleillement, le chant des cigales, le farniente, etc.

L'accent du Midi – qu'on appelle aussi « accent méridional », « accent du sud », etc. – est souvent confondu avec l'accent de Marseille ou celui de Toulouse, qui en sont les prototypes les plus célèbres à l'oreille des Parisiens. Dans les faits, toutefois, les locuteurs du Midi sont d'accord pour dire qu'il existe différents accents méridionaux et qu'on ne parle pas de la même façon à Marseille, à Toulouse ou à Montpellier.

Certains affirment même être capables de distinguer, sur la base d'indices phonétiques uniquement, des variétés de français relativement proches : Toulouse *vs.* Albi par exemple, que seulement quatre-vingts kilomètres séparent. D'autres vous diront qu'il existe des accents bien distincts à l'intérieur d'une même ville. À Marseille, on oppose ainsi l'accent des quartiers nord à celui de la bourgeoisie marseillaise, qui diffèrent tous deux de l'accent marseillais « standard ».

DU MIDI

C'EST SÛR, CELUI-LÀ IL VIENT DE TOULOUSE !

Les linguistes ont cherché à tester scientifiquement cette idée selon laquelle il existe différents accents français du Sud, en mettant en place ce qu'ils appellent des expériences dites de « perception ». Dans ces expériences, il était demandé à des auditeurs méridionaux de juger ou de deviner l'origine de locuteurs originaires du Sud-Est (Marseille) et du Sud-Ouest (Toulouse), en écoutant des extraits sonores d'une dizaine de secondes, ne contenant pas de mots ou d'expressions régionales, de sorte que l'identification se fasse uniquement sur la base des indices de prononciation.

UN ACCENT TYPIQUE CERTES, MAIS SURTOUT DES MOTS DU CRU !

De ces études, il est ressorti que les taux de bonne reconnaissance étaient très rarement supérieurs au taux de hasard, en d'autres termes que les auditeurs étaient bien en peine de distinguer l'accent de Marseille de celui de Toulouse. Ces résultats ont par ailleurs été confirmés par des études portant sur l'analyse acoustique d'enregistrements qui ont montré qu'il n'existait guère d'indices formels, sur le plan phonétique, permettant d'opposer le français de ces deux régions.

Ce décalage entre ce que les gens croient percevoir et ce qu'ils sont réellement capables de faire n'est pas surprenant. Il prend ses sources dans l'absence d'unité dialectale qu'a connue le Sud, et qui a été transposée telle quelle au français. Si l'influence du substrat peut expliquer les différences entre Marseille et Toulouse (ou d'autres régions du Sud), elles ne peuvent être invoquées quand il s'agit de la prononciation.

Par ailleurs, l'identification géographique d'un locuteur se fait rarement sur la base d'indices de prononciation uniquement : des critères lexicaux entrent en compte. Ainsi, lorsqu'on croit reconnaître un parler sur la base d'un accent, on est souvent biaisé par le lexique qu'on oublie de prendre en compte, mais qui compte néanmoins ! ■

RÔSE

Ça se dit près de chez nous !

La carte montre les zones où on prononce *beauf* et *bof* de la même façon. On peut voir que le Midi n'est pas la seule région de France où l'on respecte la loi de position. Dans le Nord-Pas-de-Calais, les locuteurs appliquent également cette règle !

0% 50% 100%

Une des particularités les plus saillantes du français méridional par rapport au français que l'on parle à Paris repose sur le timbre de certaines voyelles, notamment sur la prononciation du son [o].

Dans le Midi, les locuteurs ne font pas la différence, quand ils parlent, entre les mots des paires *pomme* et *paume*, *hotte* et *haute*, *sole* et *saule*, etc. Les deux mots de chaque paire sont prononcés avec un *o* dit « ouvert comme dans *homme* ou dans *bof*.

Ailleurs en France (à part dans le Nord-Pas-de-Calais), les deux mots de ces paires ne sont pas prononcés avec la même voyelle. Si le [o] est bien ouvert dans les mots *pomme*, *hotte* et *sole*, il est fermé dans *paume*, *haute* et *saule*, comme *dos* ou *beau*.

OU ROSE ?

DANS LE MIDI, ON RESPECTE LA LOI DE POSITION

Pore, ***bof*** **et** ***rhinocéros*** **: dans une syllabe fermée, c'est-à-dire dans une syllabe où la voyelle est suivie d'une consonne, le** ***o*** **présente un timbre ouvert.**
Beau, ***piano*** **et** ***joyau*** **: dans une syllabe ouverte, c'est-à-dire dans une syllabe où la voyelle n'est pas suivie d'une consonne, le** ***o*** **présente un timbre fermé.**

Le français que l'on parle en Île-de-France, et plus généralement dans la moitié nord de la France, comporte de nombreuses exceptions à cette règle, ce qui rend son apprentissage compliqué pour les étrangers. Dans le Midi, la loi de position est systématiquement appliquée. Cela rend le système plus cohérent, et permet de comprendre pourquoi des mots comme ***rose*** **ou** ***grosse*** **sont prononcés avec des** ***o*** **ouverts.**

QU'EN EST-IL DE LA PAIRE PEAU *VS* POT ?

Dans l'est de la France, plus précisément en Franche-Comté, mais c'est aussi le cas en Belgique et en Suisse romande, les exceptions à cette loi de position vont encore plus loin. À l'intérieur de ces régions, on oppose en effet encore des comme ***peau*** **/** ***pot***, ***sceau*** **/** ***sot*** **ou encore** ***maux*** **/** ***mots***. **Comme** ***paume***, ***haute*** **et** ***saule*** **en Île-de-France,** ***peau***, ***sceau*** **et** ***maux*** **mots sont prononcés avec un [o] fermé. En revanche,** ***pot***, ***sot*** **et** ***mots*** **sont prononcés avec un [o] ouvert, à l'instar des mots** ***pomme***, ***hotte*** **et** ***sole***.

L'opposition, à l'oral, entre les mots qui se terminent par ***ot*** **et les mots qui se terminent par** ***au(x)*** **était naguère davantage répandue en France. Il semblerait qu'au début du xxe siècle, ces prononciations étaient déjà vieillies dans les usages standard du français.** ■

Dans la scène 4 de l'acte II du ***Bourgeois Gentilhomme***, **Molière met en scène Monsieur Jourdain aux prises avec son « Maître de philosophie », qui lui enseigne « la nature des lettres, et la différente manière de les prononcer toutes ». Extrait « Ah les belles choses ! Les belles choses ! »**

« MAÎTRE DE PHILOSOPHIE.
– La voix, O, se forme en rouvrant les mâchoires, et rapprochant les lèvres par les deux coins, le haut et le bas, O.

MONSIEUR JOURDAIN.
– O, O. Il n'y a rien de plus juste. A, E, I, O, I, O. Cela est admirable ! I, O, I, O.

MAÎTRE DE PHILOSOPHIE.
– L'ouverture de la bouche fait justement comme un petit rond qui représente un O.

MONSIEUR JOURDAIN.
– O, O, O. Vous avez raison, O. Ah la belle chose, que de savoir quelque chose ! »

Molière,
Le Bourgeois gentilhomme,
1670.

D'OÙ ÇA VIENT ?

La carte montre les zones où on prononce *peau* et *pot* différemment. Les mots comme *pot*, *mot* et *sot* étaient prononcés avec un *t* final audible (en d'autres termes, *sot* rimait avec *sotte*, *mot* avec *motte*, etc.). La consonne finale a cessé d'être prononcée, mais le timbre du [o] n'a pas changé, il est resté ouvert. Cet usage s'est perdu dans le français standard, mais a continué d'être enseigné aux élèves francophones des régions de l'est, car il rend des services dans l'apprentissage de l'orthographe. En Belgique et en Suisse, on prononce avec un [o] ouvert des mots comme *piano*, *vélo* ou *euro*.

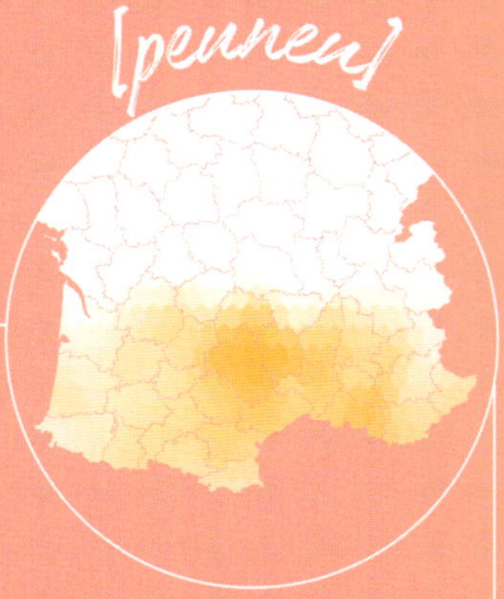

PNEU OU PEUNEU
DES *E* PAS SI MUETS QUE ÇA...

Une des premières choses qui frappent l'oreille d'un Parisien quand il entend parler pour la première fois un locuteur du Midi, c'est la propension que ce dernier présente à prononcer tous les *e* que l'on appelle classiquement « *e* muets ». Dans la bouche d'un locuteur natif du midi de la France, il est rare voire impossible d'entendre des mots comme *cheveux* ou *pelouse* prononcés sans leur *e*, alors que c'est tout à fait commun dans la partie septentrionale de la France : « Il va falloir qu'on tonde la p'louse. »

En fait, les locuteurs du Sud tolèrent difficilement la succession de deux consonnes au début d'une même syllabe. Ainsi, il n'est pas rare d'entendre le mot *pneu* prononcé avec un [e] interne [peuneu]. Bien qu'il n'existe pas dans sa forme graphique, l'ajout de ce [e] permet de garder une structure où deux consonnes n'appartiennent pas à la même syllabe.

Le phénomène touche également les *e* que l'on trouve à la fin des mots, quand ils sont prononcés devant une consonne ou devant une pause. Ainsi, les locuteurs du Sud font la différence, quand ils parlent, entre des mots comme *lac* et *laque* : à l'oral, le second comporte un [e] final audible, [lakə], alors que le premier n'en comporte pas, [lak]. ■

p[EU]neu

D'OÙ ÇA VIENT ?

Si un Limousin prononce aujourd'hui *une bonne fouasse* en faisant sonner tous les *e* muets, c'est parce ces *e* correspondent à des voyelles pleines en occitan (*uno bouno foudzassow*) et que leur maintien permet de conserver en français la structure métrique de l'occitan.

MOINS OU MOINSSE ?

PRONONCEZ TOUTES LES CONSONNES FINALES !

Enfin, une autre particularité emblématique de l'accent méridional, réside dans le fait que les locuteurs prononcent systématiquement toutes les consonnes finales, notamment celles qui sont muettes dans les variétés de français septentrional. D'un point de vue historique et géographique, le comportement des consonnes finales est un phénomène relativement instable. On sait qu'aujourd'hui plus personne ne prononce un *s* final à la fin de mots comme *eux*, *ceux*, *gens* ou *alors* : c'est un phénomène qui s'est perdu avec les derniers anciens à la fin du siècle dernier.

En revanche, dans le sud de la France, on peut encore entendre les mots *moins*, *porc*, ou *encens* prononcés avec une consonne finale audible. ■

« Ce sont des soufflages que tente Topaze : Des moutons… Des moutons… étaient en sûreté… […] Des moutons… moutonss… (L'Élève le regarde ahuri.) Voyons, mon enfant, faites un effort. Je dis moutonsse. Étaient (il reprend avec finesse) étai-eunnt. C'est-à-dire qu'il n'y avait pas qu'un moutonne. Il y avait plusieurs moutonsse. »

Marcel Pagnol,
Topaze, I, 1, 1928.

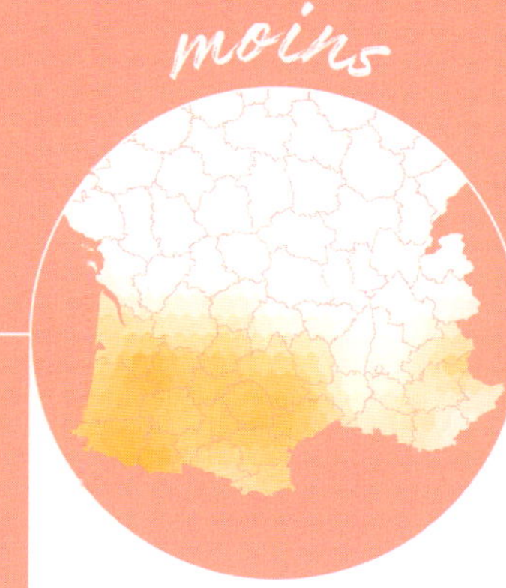

Ça se dit près de chez nous !

Comme le montre la carte, la prononciation des consonnes finales de *moins* est davantage répandue dans la partie ouest du territoire. On peut encore l'entendre sur la rive droite du Rhône bien qu'il s'agisse d'un phénomène qui tend à disparaître.

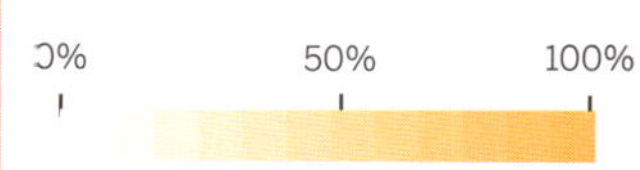

TOMBER LA CHEMISE !

Ça se dit près de chez nous !

La construction *tomber* quelque chose est surtout utilisée au centre du Languedoc, dans le département de l'Aveyron, mais déborde de part et d'autres dans la région de Toulouse et de Marseille.

0% 50% 100%

Un an après la victoire des Bleus à la Coupe du monde de football et la célébration d'une France « black, blanc, beur », le groupe toulousain Zebda atteint les sommets du top 50 de l'été 1999 avec le tube et son entêtant refrain, « Tomber la chemise ». Plus qu'un hymne à la fête, cette chanson célèbre les différences et prône la réconciliation entre les cultures. Le refrain a pourtant marqué les esprits par sa dimension festive et la lecture d'une invitation à se foutre à poil pour un oui ou pour un non...

LÂCHE LE « FAIRE », LÂCHE L'AFFAIRE !

Beaucoup de francophones ne le savent pas, mais cette façon d'utiliser le verbe *tomber* en français est relativement vivante – et ne se cantonne pas à la chemise. On peut tomber n'importe quoi que l'on peut tenir ou porter : un téléphone, une bobine de fil, une veste, un pantalon, etc.
Il ne s'agit pas d'un oubli du verbe *faire*, mais d'un tour particulier fort répandu dans l'histoire du français dans lequel *tomber* a la valeur de « jeter », « provoquer la chute de quelque chose ». On en trouve de nombreux exemples dans la littérature, jusqu'à la moitié du XVIIIe siècle au moins, période à laquelle il a été fortement pointé du doigt et stigmatisé par les grammairiens de l'époque, dont Vaugelas qui n'hésita pas à accuser les Gascons d'en être les auteurs !

Le tour a fini par sortir de l'usage dans les variétés de français de la partie septentrionale de la France, mais a continué de survivre dans le français du Midi jusqu'à nos jours. Notons que son maintien dans les variétés de français du sud-ouest de la France a sans doute été facilité par l'existence de tours parallèles en occitan (en occitan, *tombar* présente la même syntaxe). ■

« Tous les enfants de ma cité et même d'ailleurs
Et tout ce que la colère a fait de meilleur
Des faces de stalagmites et des jolies filles
Des têtes d'acné, en un mot la famille sont là

[...]

On a tombé, on a tombé la chemise
(Tomber la) oui moi j'ai tombé, j'ai tombé la chemise »

Zebda,
« Tomber la chemise », 1999.

LE SAVIEZ-VOUS ?

Ces usages remarquables de *tomber* et *échapper* sont relativement courants au Canada (p. 38).

échapper quelque chose

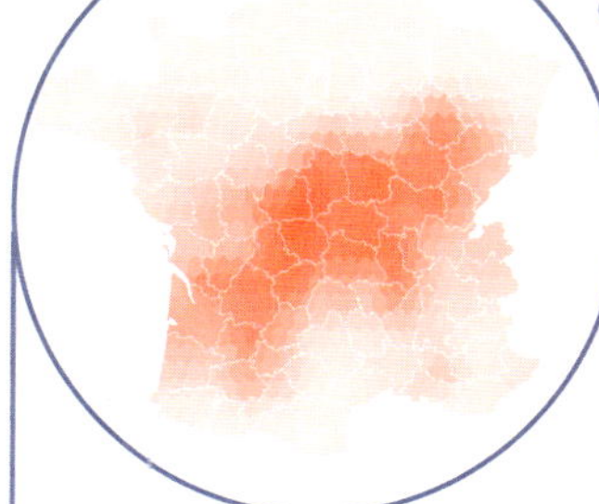

Ça se dit près de chez nous !

Malgré son caractère fortement stigmatisé par la norme, la construction *échapper quelque chose* est employée dans plus d'une vingtaine de départements, de la région de Bordeaux à la Bourgogne, bornée au nord par la région du Val-de-Loire et au sud par l'Auvergne.

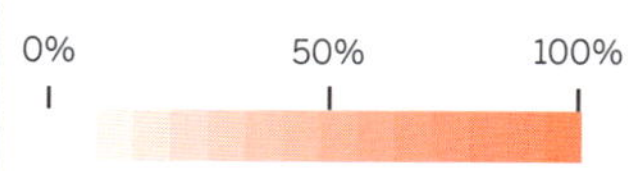

Dans la partie centrale de l'Hexagone, *échapper* présente la même syntaxe : « Il a échappé son téléphone. »

LA VESTE, ON LA RAMASSE, ON LA RETOURNE ET ON LA TOMBE

Si cet emploi spécifique du verbe *tomber* est sorti de l'usage en français général, une exception est faite quand il s'agit d'ôter non plus sa chemise, mais sa veste. L'expression *tomber la veste* pour « l'enlever » est passée en français familier vers 1929. Cet emploi perdure et n'est pas spécifiquement régional. Cette tournure propre à la veste est sans doute due au fait que cet accessoire véhicule un imaginaire populaire dans la langue. Quand on « ramasse » ou quand on « prend une veste », on subit un échec et si on « retourne sa veste », on change de camp de façon inopinée et souvent par opportunisme. Autant la tomber direct !

POUTOU, POUTOUNER

Ça se dit près de chez nous !

On peut voir que le mot *poutou*, au sens de « bisou, baiser », est employé de part et d'autre du Languedoc et s'emploie jusque dans le Limousin au nord.

0% 50% 100%

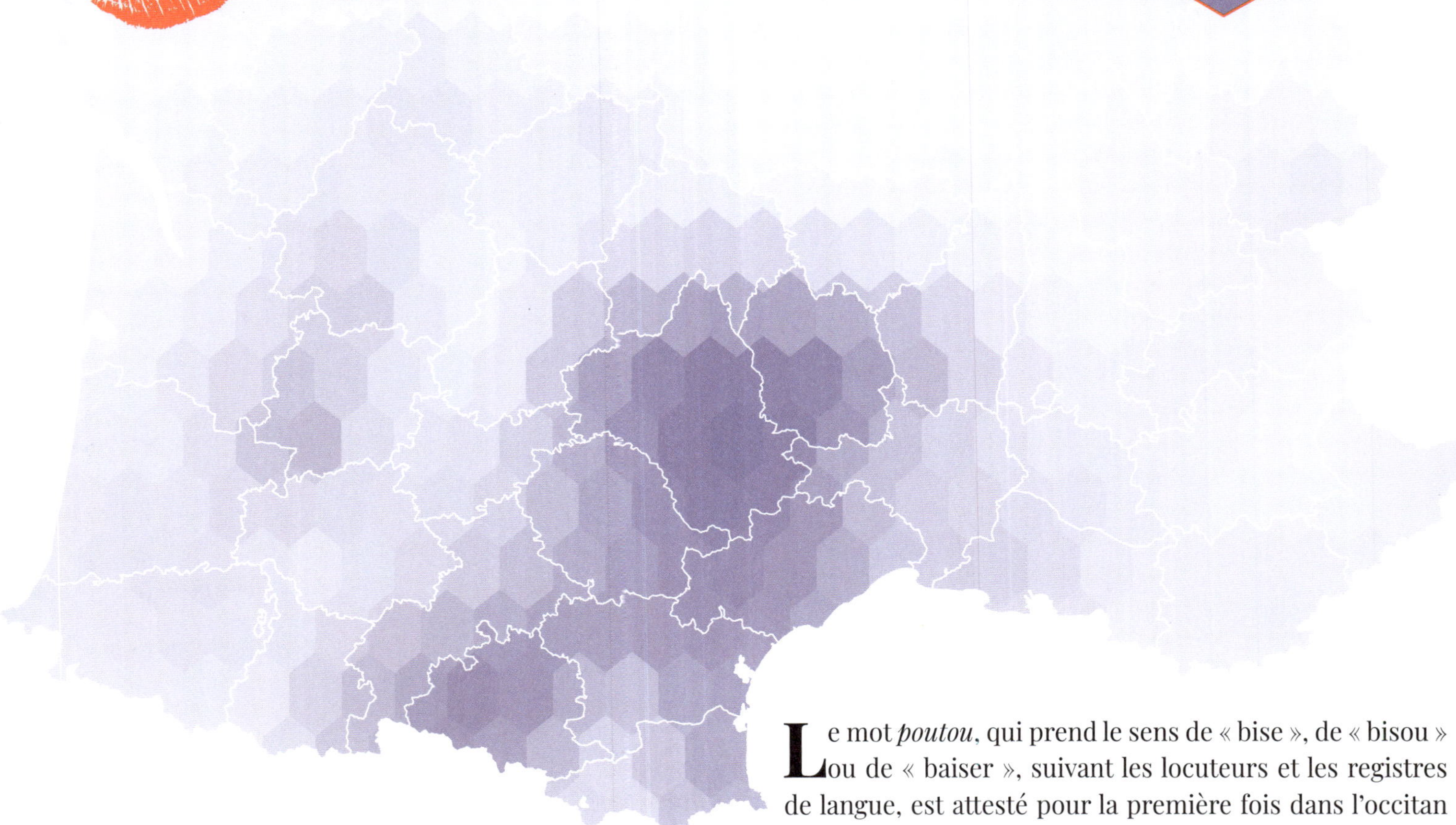

Le mot *poutou*, qui prend le sens de « bise », de « bisou » ou de « baiser », suivant les locuteurs et les registres de langue, est attesté pour la première fois dans l'occitan du Sud-Ouest aux alentours de 1578 (à Toulouse). Il faut attendre 1784 pour en trouver une attestation dans un texte français, sous la plume d'une dame dont le mari avait grandi dans l'Hérault.

En français, le substantif *poutou* connaît plusieurs variantes (notamment la forme *poutoun* dans le Sud-Est), selon le bruit que fait le poutou. Un *poutounas* (prononcer [pǫun-tounasse]) est un poutou qui fait beaucoup de bruit et qui est bien baveux. À l'inverse, le *poutounet* ne fait pas de bruit, il est donné du bout des lèvres.

VIENS QUE JE TE POUTOUNE

Si le mot *poutou* est connu en dehors du midi de la France, ce n'est pas le cas du verbe qui exprime l'action de « faire des poutous », à savoir *poutouner*, emprunt récent à l'occitan de même sens *poutouná*, « baiser, embrasser, couvrir de baisers ».

Quant à ses variantes *poutounécher* et *poutounéjer*, elles sont également d'usage local. Signalons qu'elles peuvent revêtir un caractère ironiquement érotique. On rira de jeunes amants qui ne peuvent s'empêcher de « se poutounéjer », autrement dit de s'entre-pourlécher les babines... ■

POUTOUNAS
Bruyant et baveux

POUTOUET
Silencieux et donné du bout des lèvres

POUTOUNAS

Poutounas est employé de façon plus restreinte principalement dans le centre du Languedoc, on en trouve des attestations en Gascogne.

poutounas

LE BEC, LA MOUE

La base *pout-* est à rattacher à **pott-*, qui désigne dans de nombreux parlers gallo-romans une lèvre épaisse. Ainsi, tout comme le bécot est dérivé du mot *bec*, le *poutou* vient droit de la *bouche* !
En Suisse romande, 'expression *faire la potte* signifie « faire la moue, bouder ».

En français, *pote* était employé pour désigner une main grosse et enflée. Il survit encore dans le mot *potelé* !

MOTS EN -OU

Étymologiquement, on retrouve dans *poutou* le suffixe diminutif *-ou*, qui entre dans la formation de nombreux mots d'origine occitane relatifs à l'enfance (*pissou* : « urine, pipi » ; *siétou* : « petite assiette » ; *ditou* : « doigt ») ou non (*cacagou*, *pissadou* : « toilettes » ; *fenestrou* : « petite fenêtre » ; *maladou* : « malade »).

POUTOU
suffixe « ou »
=
relatif à l'enfance

Le passé surcomposé :

JE l'ai eu

participe passé

présent

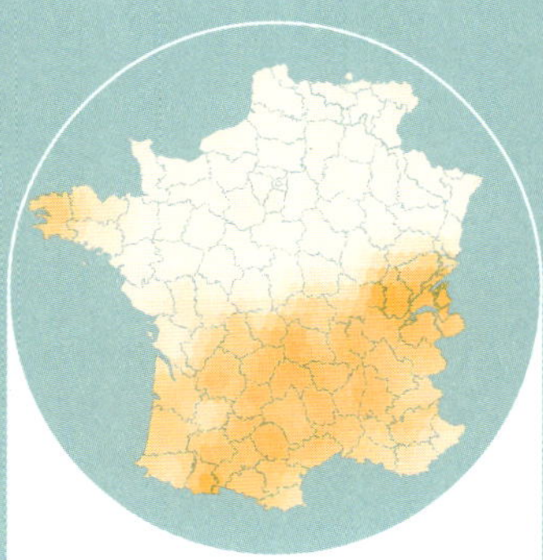

Ça se dit près de chez nous !

Sur le plan géographique, l'usage du passé surcomposé dans une phrase principale n'est connu que par les locuteurs du sud et du centre-est de la France (auxquels s'ajoutent les Suisses). Remarquons toutefois que, dans la partie septentrionale de la France, les Bretons font exception : la tache colorée sur le Finistère indique que le passé surcomposé est également employé dans cette région.

0% 50% 100%

Le passé surcomposé est un temps qui associe l'auxiliaire à un temps composé au lieu d'un temps simple. Ainsi, dans la phrase « il a eu fumé », on retrouve deux fois l'auxiliaire *avoir*, d'abord au présent (*a*) puis sous la forme d'un participe passé (*eu*). Pour les grammairiens, il existe trois types d'emploi du passé surcomposé : un emploi standard, un emploi moyennement standard et un emploi carrément pas standard.

EMPLOI 1 – OUI !

« Il est rentré chez lui quand il a eu fini son verre. »

Les grammairiens acceptent assez bien l'usage du passé surcomposé dans une proposition subordonnée. Ils parlent alors de « valeur résultative ». L'expression *a eu fini*, qui est au passé surcomposé, exprime l'action de « finir son verre » et renvoie au moment qui précède la sortie du bar.

→ En gros, il a fini son verre et, résultat, il rentre chez lui parce qu'il n'a plus rien à boire. Bah, non, il ne serait jamais parti avant ! ■

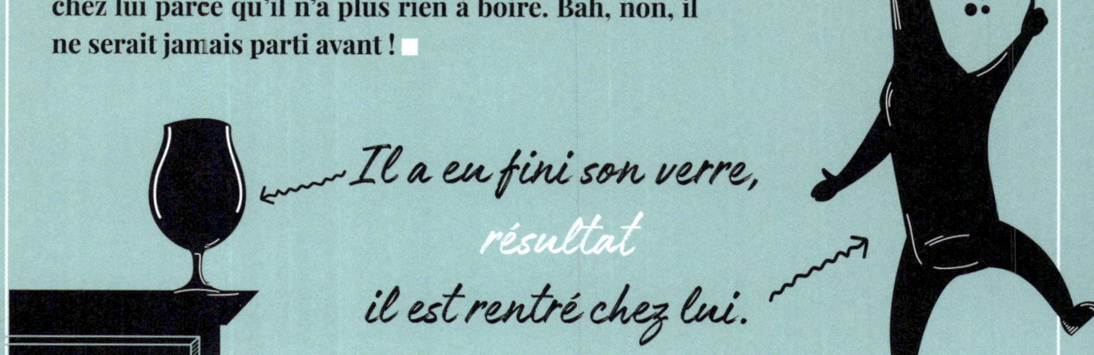

EMPLOYÉ

EMPLOI 2 - OUI, MAIS NON...

« Il a eu fumé, mais il ne fume plus. »

Son usage dans une proposition principale ou indépendante est en revanche plus stigmatisé. Il s'agit là d'un emploi dit « non standard » ou « régional ». Le passé surcomposé ajoute un sens spécifique en précisant qu'on raconte une expérience passée qui n'a plus cours aujourd'hui. C'est pour cela qu'on parle de « valeur sémantique expérientielle ».

⇝ Il fumait naguère, d'accord, mais, c'est promis-juré, il ne fume plus désormais ! ■

EMPLOI 3 - MAIS NAAAN !

« J'y suis eu allé. »

Là, on est carrément hors des clous. Certaines constructions plus rares, qu'on entend surtout en Suisse romande, se construisent avec le verbe *être* : « j'y suis eu allé », « il est eu venu ». Ces formes sont construites par un simple ajout du marqueur *eu*, qui ne joue pas ici le rôle d'auxiliaire mais un rôle « esthétique ».

⇝ Après tout, on dit bien ce qu'on veut !!! ■

SURVIVANCES DU GASCON

A BISTO DE NAS

La locution *a bisto de nas* est l'une des expressions les plus emblématiques du sud-ouest de la France, employée telle quelle en gascon comme en français. Elle permet de mettre le doigt sur une autre des caractéristiques les plus intéressantes du gascon par rapport aux autres variétés d'occitan. En gascon (mais c'est aussi le cas en languedocien), le son [v] à l'initiale de certains mots latins a évolué vers le son [b]. Aussi, dans ces régions, pour traduire le français *vue*, on ne dit pas [visto], comme en Provence, mais [bisto]. Quant à *nas*, il provient du latin *nasus* (qui a donné l'ancien français *nes*). Bref, on l'aura compris : *a bisto de nas* signifie « à vue de nez ». ■

VARIANTES

On entend aussi *a vista de nas*, plus proche des parlers occitans situés sur les contours des zones gasconne et languedocienne.

Ça se dit près de chez nous !

Le tour *a bisto de nas* s'emploie dans tout le grand sud-ouest de la France, sur une aire qui englobe le gascon et une partie du languedocien.

0% 50% 100%

ARRÊTE UN PEU DE TCHARER !

Tcharer est un verbe qui résulte de la francisation de l'occitan *chará*, et dont le sens est « parler, discuter ». Vraisemblablement issu d'une onomatopée ressemblant à [tscharr] et exprimant un bruit confus de paroles, *chará* est à rapprocher de *charabia*.
Le verbe *charrer* a été relevé dans les parlers de Normandie, avec un sens relativement proche de celui qu'il a en occitan. De là, le verbe s'est exporté outre-Atlantique. Il survit dans le français de Louisiane (« charrer américain » = « parler américain »). ■

ÇA NE VEUT RIEN DIRE

Le mot *charabia* désignait à l'origine un Auvergnat, ou, par métonymie, la façon de parler particulière des Auvergnats. De fil en aiguille, il a fini par être appliqué à toute forme de langage incompréhensible.

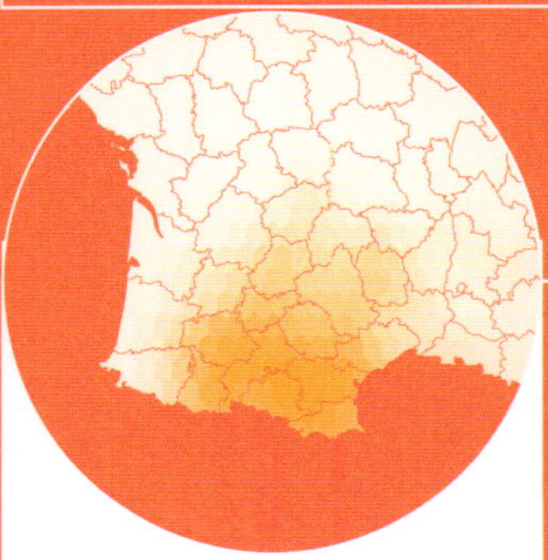

Ça se dit près de chez nous !

Dans les dialectes occitans, *chará* était connu d'est en ouest. En français régional, il s'est maintenu uniquement en Gascogne et dans l'est du Languedoc.

0% 50% 100%

Ça se dit près de chez nous !

L'interjection *boudu* (et ses variantes *boudiou*, *bondu*, etc.) sont typiques du français parlé dans tout le quart sud-ouest de l'Hexagone.

0% 50% 100%

BOU DU CON !

Tout le monde a associé le parler de Toulouse, et plus spécifiquement le parler du Sud-Ouest, aux expressions *bou du*, *bou diou*, *bou dou*, etc. éventuellement suivies de la particule *con* (prononcé [con^g], en faisant sonner légèrement le [g] à la fin) : « Tu lui dis : "tu veux une chocolatine, boudu con ?" Si elle ne bronche pas, c'est une Toulousaine ! »

« Une fois, il a crié "boudu con" si fort que Jeanine s'est même réveillée en sautant. »

Christian Galvez, *Les Mains vides et les pieds noirs*, 1999.

ÉTYMOLOGIE

Bien que la forme *bouducon* soit souvent écrite en un seul mot, il s'agit d'un calque de l'occitan local de même forme, où *bou* = « bon », et *diou* = « dieu ». Quant à la forme *con*, elle désigne à l'origine le sexe de la femme, puis une personne imbécile ou idiote. Dans le Sud-Ouest, elle a perdu son sens et s'emploie comme un appellatif ou un ponctuant oral.

Y A HÒRT DE MONDE

Sur le plan de la phonétique historique, l'une des particularités les plus marquantes du gascon par rapport aux autres dialectes occitans concerne le passage du son [f] initial en latin au son [h]. En français, ce passage n'a pas été fait. Par exemple, le latin *fortis* « fort, robuste, courageux » a donné le mot *fort* en français. En revanche, dans une partie de la Gascogne, le son [f] est devenu [h], ce qui a donné le mot *hort* (pour « fort »), prononcé [hort] ou [hor], selon que le *t* final est prononcé ou non.

Dans le français régional du Sud-Ouest, le mot *hòrt* est également employé, sous sa forme gasconne (avec un *o* ouvert, p.202) ou avec le timbre d'un [a], sous la forme [hart]. Il s'emploie comme synonyme de « fort, tellement, grave, beaucoup », dans des contextes comme : « cette montre, elle est hart chère », « y en a hòrt », « merci hòrt ! »

COMME EN ESPAGNOL

Ce phénomène a eu lieu aussi dans la plupart des variétés d'espagnol. Par exemple, *facere* (« faire ») a donné *hacer* en espagnol, *har* en gascon ; *farīna(m)* (« farine, grain ») a donné *harina* en espagnol, *hario* en gascon, etc.

Ça se dit près de chez nous !

Les formes *hòrt* ou *hart* s'emploient encore comme synonymes de « fort, beaucoup » dans le département des Pyrénées-Atlantiques et dans la région de Dax (département des Landes).

0% 50% 100%

EUSKAL

Vous dites « Pays basque » mais, au pays, on dit « Euskal Herria ». Certains ont fait l'hypothèse que la racine **eusk-*, « basque », viendrait du nom de la tribu aquitaine des Ausci, qui survit dans le nom de la ville d'Auch, dans le Gers.

La notion de « peuple basque » et l'identité basque ne sont pas simples à définir. Est-ce une question de géographie ? d'histoire ? de culture ? Difficile d'en tracer les frontières… Peut-être faut-il chercher un élément de réponse dans les critères de revendications d'autonomie. On y trouve immanquablement la langue basque : l'euskara, avec sa terminaison *ara* qui signifie « manière » (en français, on écrit aussi « euscara ») ! ■

EUSKARA

La langue basque jouissant d'une forte fragmentation sur le plan dialectal, il existe de nombreuses variantes phonétiques et orthographiques de ce mot attesté dès le VIIe siècle : « euskera », « eskuara », « uskura » ou « üskara ».

BÉRET BASQUE :

UN SUJET DE RIVALITÉ BASCO-BÉARNAISE

Les frontières de la France et de ses régions n'ont pas toujours été celles que nous connaissons. Ainsi, les langues se sont frottées les unes aux autres et parfois mélangées. En témoignent certains mots qui évoquent la culture basque, mais dont l'origine est béarnaise : la piperade, dont nous discutions plus tôt, mais aussi le fameux béret, chapeau en laine plat et sans bord que portent les hommes du sud-ouest de la France.

Tout porte à croire que le mot est passé en français par l'intermédiaire du béarnais. Il est issu de l'ancien occitan de même forme, *« berret »* (prononcez le *t* final). Toutefois, en ancien occitan, le mot *berret* désignait plus généralement un bonnet en laine, quel qu'il soit. Si on remonte un peu plus loin, on trouve à ce mot une racine latine *birretum*, elle-même dérivée du bas latin *birrus*, « capote à capuchon ». ■

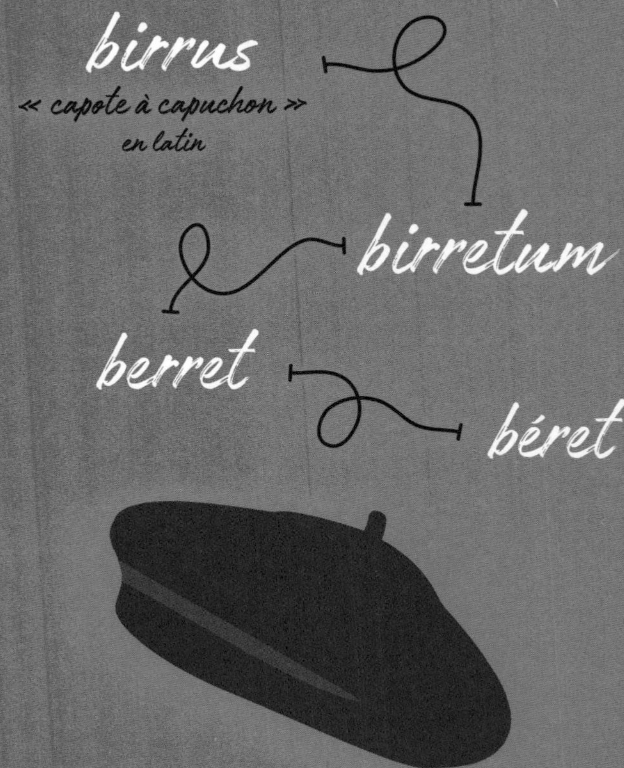

HERRIA !

PARLER COMME UNE VACHE ESPAGNOLE

OU COMME UN BASQUE ESPAGNOL ?

Certaines sources font remonter l'expression *parler français comme une vache espagnole* à la locution *parler français comme un Basque espagnol*. On imagine bien qu'un Basque du côté espagnol de la frontière ne parle pas aussi bien le français qu'un locuteur du côté français. Cette hypothèse n'a toutefois jamais pu être confirmée scientifiquement, l'expression *parler français comme un Basque espagnol* n'étant attestée dans aucun texte connu à ce jour. Même pas besoin de passer du côté ibérique pour vous trouver en difficulté puisque le basque ne parle qu'aux oreilles averties ! L'expression témoigne, avec humour – et sans doute un soupçon de condescendance française –, des difficultés à comprendre l'euskara quand on est français.

Néanmoins, le lien entre les mots *basque* et *vache* n'est pas si hasardeux que ça ! Si vous tendez l'oreille, la ressemblance phonétique entre les mots *vache* et *basque* en occitan (respectivement *vaque* et *vasque*) est manifeste. La transformation du *v* en *b* à l'oral est typique en espagnol et en béarnais, ce qui laisse penser que le mot *basque*, pourtant latin, est passé en français par l'intermédiaire de l'une de ces langues. Le mot *basque* tire en effet son origine du nom des populations dispersées qui occupaient les régions du Sud-Ouest et que les Romains de l'Antiquité appelaient *Vasconii*. Mais ça ne s'arrête pas là ! Puisqu'il s'agit de jouer avec les sons [v] et [b], pourquoi ne pas corser le match ? On fait entrer une autre joueuse : la lettre *g*. Le passage de *v* a *g* s'explique par l'évolution qu'a connue le son [w] en français (en ancien français, [w] se prononçait [g]). Le toponyme *Gascogne* tire également son origine du latin *Vasconii*. Basques, Vascons et Gascons sont de la même famille... linguistique. ■

GASTRONOMIE BASQUE

Ça se dit près de chez nous !

Le mot *chipiron*, utilisé au Pays basque pour désigner des calamars est n'est concurrencé par aucune autre forme dans cette région. Alentours, il est connu, sans être pour autant utilisé majoritairement.

La situation géographique particulière du Pays basque entre montagnes et mer a enrichi la gastronomie et la langue du cru. À tel point qu'un certain nombre de mots sont sortis de la cuisine pour s'implanter dans les dictionnaires du français. On mesure donc le rayonnement du Pays basque notamment à la richesse de sa gastronomie.

CHIPIRON

Côté mer, on trouve le chipiron (« *txipiroi* » en basque), petit mollusque céphalopode à coquille pourvu d'une poche d'encre et de tentacules que l'on appelle en français standard « calmar », « calamar » ou encore « encornet ». Dans la bouche de certains francophones âgés, on peut encore entendre la variante « chipirones », empruntée à l'espagnol sans avoir été totalement francisée. Le mot est attesté dans le français de Bayonne dès 1864, où il a été emprunté au basque.

PIPERADE

N'oublions pas la traditionnelle piperade dont le nom a été relevé une première fois dans un texte français en 1887 – il désignait alors une salade de piments. De nos jours, il s'agit plutôt d'une fondue de piments et de tomates presque toujours accompagnée d'œufs.
Sur le plan étymologique, *piperade* est une formation à l'origine occitane, basée sur le béarnais *pipèr* (« piment, piment rouge », du latin *piper*, « poivre »).
On fait rapidement la différence entre un cuisinier basque et un amateur quand ladite piperade est aux poivrons. Sacrilège ! Mais qu'il n'y ait pas d'erreur : le piment doit être doux. Il vient alors des Landes ou d'Anglet et on lui ajoute une pincée de piment d'Espelette.

SUPION

Supion est la francisation du provençal *sùpi*, qui signifie « seiche ». Le terme est employé sur tout le flanc méditerranéen de la Provence.

[PIPEURAD] OU [PIPÉRAD] ?

La prononciation du mot en français n'est pas uniforme. Dans le sud-ouest de la France, on prononce à l'occitane, [pipérad]. On peut l'entendre toutefois sous la forme francisée [pipeurad], avec le *e* prononcé [eu].

TTORO = PRONONCEZ [T(CH)IORO]

Moins connu des néophytes, sauf de ceux qui vivent dans les Pyrénées-Atlantiques, le ttoro est une soupe à base de morceaux de poisson entiers, assaisonnés de différents ingrédients selon les recettes. Le plat est originaire des villes portuaires de Saint-Jean-de-Luz, Ciboure et Socoa. Sur le plan linguistique, *ttoro* est un mot basque emprunté par le français au début du XXe siècle.

AXOA

Dans les Pyrénées-Atlantiques, plus loin de la côte, on coupe la viande de veau, de bœuf ou de porc en dés et on la fait cuire en cocotte avec des poivrons, des oignons et du piment d'Espelette. Cette préparation typique porte un nom tout aussi typique : *axoa* (prononcez [*achoa*]).

LA QUESTION QUI TUE : PAIN AU CHOCOLAT OU CHOCOLATINE ?

Ça se dit près de chez nous !

Le mot *chocolatine* est connu dans une quinzaine de départements, qui forment une aire compacte dans le sud-ouest de la France et qui recoupe les frontières de la Gascogne.

0% 50% 100%

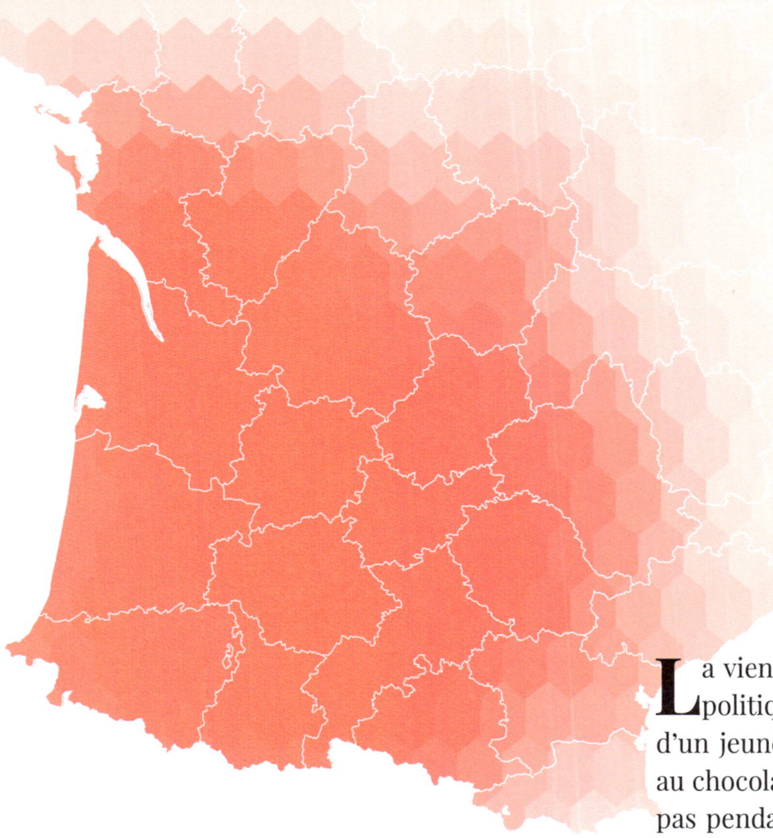

SI ON VOUS DIT QU'IL N'Y A PAS QUE LA TAILLE QUI COMPTE !

La viennoiserie est, contre toute attente, une question politique… En 2013, Jean-François Copé raconte le cas d'un jeune homme qui se serait fait « arracher son pain au chocolat par des voyous, sous prétexte qu'on ne mange pas pendant le ramadan ». Trois ans plus tard, quand un journaliste lui demande combien coûte un pain au chocolat, il lui répond : « Ça dépend des tailles, ça doit être aux alentours de 10 ou 15 centimes d'euro. Je ne vais pas en acheter très souvent, c'est calorique. »
Outre le tollé politique qu'ont soulevé ces paroles, elles ont été à l'origine d'un débat qui agite la Toile depuis et qui oppose *pain au chocolat* à *chocolatine*. Pour beaucoup, c'est la découverte d'un nouveau mot typique du sud-ouest de la France pour désigner cette viennoiserie : *chocolatine* !

DES ORIGINES CONTROVERSÉES

De nombreuses hypothèses ont été formulées pour tenter d'expliquer l'origine du mot *chocolatine*. Celle qui voudrait que *chocolatine* soit le calque de l'anglais *some bread with chocolate in*, soit « du pain avec du chocolat dedans », est fort peu probable. Tout comme l'hypothèse qui voudrait que *chocolatine* soit une déformation phonétique de l'allemand *Schokoladencroissant*, « croissant au chocolat », qu'on aurait abrégé en « *Schokoladen* » et qui aurait évolué en « chocolatine ». Divers faits laissent penser que la création du mot *chocolatine* ne résulte pas d'un emprunt à une autre langue, mais qu'il s'agit d'une formation bien française : la dérivation du mot chocolat au moyen du suffixe *-ine*, fréquent en cuisine : « gélatine », « galantine », « amandine », « grenadine », « praline ».

À CROQUER OU À SUCER ?

Cette troisième hypothèse a été formulée par André Thibault. D'après ses recherches dans diverses sources textuelles, le mot *chocolatine* apparaît pour la première fois au XIXe siècle, avec un tout autre sens que celui qu'il a aujourd'hui. Il désignait alors un bonbon se présentant sous la forme d'une dragée :

> **« CHOCOLATINES […]**
> **Ce nouveau BONBON, composé de chocolat et de fruits, présente, sous forme de dragées, un délicieux aliment et la plus délicate des friandises. Les CHOCOLATINES feront les délices des palais affriandés des douceurs et des parfums ; c'est un bonbon agréable à l'œil, facile à manger, se conservant indéfiniment, et n'ayant aucun des inconvénients qui résultent de l'usage des friandises. »**
>
> **Publicité,**
> *Journal des débats*, 15 novembre 1853.

Plus tard, ce bonbon sera utilisé comme médicament à la quinine, en prévention du paludisme. Il disparaît des usages à partir de la Seconde Guerre mondiale, pour réapparaître dans la presse toulousaine vingt ans plus tard, en 1960, sous la plume d'un journaliste du journal *Sud-Ouest*. Les attestations qu'on en trouve par la suite sont rares, et toutes localisées dans cette région. Cependant, il est possible qu'il n'y ait aucun lien entre l'ancien sens de « dragée au chocolat » et celui de « viennoiserie au chocolat ». ■

LE SUD-OUEST AU QUÉBEC !

Signalons qu'en espagnol *chocolatín* et *chocolatina* désignent des barres au chocolat, et non pas une viennoiserie. Outre-Atlantique, l'expression *pain au chocolat* n'est quasiment pas utilisée : les Québécois mangent des chocolatines, et c'est ce mot que diffusent massivement les chaînes de restauration rapide. Il est fort peu probable que le mot ait été inventé au Québec de façon indépendante. Il semblerait qu'il ait fait son apparition avec la mise en place des premières boulangeries de quartier gérées par des Gascons immigrés.

L'HISTOIRE DU FRANÇAIS

SUBSTRAT ET SUPERSTRAT* : L'ART DU MILLEFEUILLE

Linguistiquement, par rapport au latin, les parlers celtes (donc celui des Gaulois à l'origine) ont joué le rôle de **substrat** (où *sub-*, « sous, dessous », et *-strat(um)*, « couche, strate »). À l'inverse, on dit des parlers germaniques qu'ils ont joué le rôle de **superstrat** (où *super-*, « sur, dessus », et *-strat(um)*, « couche, strate ») parce qu'ils sont arrivés après.

LES PRÉMICES DU FRANÇAIS

À Strasbourg, Louis le Germanique prononce son serment en langue « romane vulgaire » pour être compris des soldats de son frère Charles le Chauve, et Charles prête serment en langue « tudesque » (germanique) pour être compris des soldats de Louis.

Dans cet ouvrage, on a parlé de « français régional » et de « dialectes », systèmes linguistiques qu'on appelle aussi péjorativement « patois » ou de façon méliorative « langues régionales ». Que veut-on dire par là ? Et quels rapports entretiennent toutes ces dénominations ? La meilleure façon de répondre à ces questions, c'est de faire un rapide parcours de l'histoire du français...

LE GALLO-ROMAN : DU LATIN À LA SAUCE GAULOISE

Quand les Romains envahissent le territoire qu'ils appellent « Gaule » (en latin *Gallia*), ils se fondent sans trop de peine aux tribus celtes installées çà et là. Au passage, ils imposent leur langue, le latin, aux populations locales. Ce latin oral s'adapte dans la bouche des différents peuples autochtones, qui le parlent avec leur accent, et qui le transmettent à leurs descendants.

AJOUTEZ UN SOUPÇON DE SEL GERMANIQUE

À partir du ve siècle, différents peuples germaniques envahissent la Gaule par vagues. Rapidement, les Francs (Clovis et sa dynastie, les Mérovingiens) dominent la partie septentrionale de la France, tandis que les Burgondes s'établissent à l'est et les Wisigoths dans le sud-ouest. Le latin parlé par les Gallo-Romains (nom qu'on a donné aux habitants de la Gaule conquise lors des invasions romaines) se modifie alors sous l'influence des envahisseurs. Quand ils s'installent, les Germains n'arrivent pas à imposer leurs langues, mais ils influencent tout de même les langues qui étaient pratiquées par les populations locales. L'empreinte germanique est restée plus forte dans la partie nord de la France, occupée plus longtemps par les Francs et colonisée plus tardivement et plus superficiellement par les Romains.

HARO SUR LE LATIN

Le terme *gallo-roman* a été choisi bien plus tard pour désigner ce latin à substrat* gaulois qui a connu de nombreuses évolutions. Il a été choisi en référence aux Gallo-Romains. Le gallo-roman est la forme prise par le latin parlé sur le territoire de cette ancienne province romaine.

Sur le plan linguistique, le IXe siècle est une période importante. En 732, Charles Martel affronte les Sarrasins à Poitiers, et acquiert du prestige pour avoir repoussé l'invasion islamique au-delà des Pyrénées. Son fils Pépin le Bref et son petit-fils, Charlemagne (dynastie des Carolingiens), étendent leur empire jusqu'aux portes des Balkans, à l'est, et de l'Italie, au sud.

Quand Charlemagne meurt, son empire est séparé entre ses petits-fils. Deux d'entre eux (Charles le Chauve et Louis le Germanique) signent alors un traité d'alliance militaire contre leur frère aîné Lothaire.

Ce document, les *Serments de Strasbourg*, signé en 842, constitue une étape importante dans l'histoire linguistique de la France. On lit souvent que ce texte marquerait la « naissance du français », comme s'il s'agissait d'un acte de création plus ou moins immédiate. Or le passage du latin au français s'est fait de façon graduelle. Par ailleurs, peu de temps avant la mort de Charlemagne, en 813, le concile de Tours avait décidé que les homélies ne devaient plus être prononcées en latin mais en « langue romane rustique ». La langue que parlait le peuple avait tellement évolué que le latin était alors inintelligible pour les fidèles. Dans ce contexte, il serait plus prudent et moins anachronique de voir dans les serments de Strasbourg la première trace écrite de ce qui est devenu par la suite du « gallo-roman ». Avec la *Cantilène de sainte Eulalie*, composée vers 880, apparaît un autre texte parvenu jusqu'à nous rédigé entièrement dans quelque chose qui n'était plus du latin. Ce n'est qu'à partir du XIIe siècle qu'une grande production de textes en langue vulgaire commence.

LANGUE D'OÏL, LANGUE D'OC ET FRANCOPROVENÇAL

Les sources écrites dont on dispose nous permettent de dire qu'à cette période le territoire gallo-roman était divisé (en gros) en trois grandes régions linguistiques, dont les frontières devaient correspondre plus ou moins à celles qu'ont pu tracer les dialectologues au XIXe siècle.

Dans la partie septentrionale, qui englobe une partie de la Belgique, mais exclut d'autres régions non romanes de la France, on parle des variétés de gallo-roman qu'on rattache à la « **langue d'oïl** ».

Autour du mont Blanc, dans les Alpes, à l'intérieur d'un territoire délimité par un quadrilatère liant les villes de Roanne et Saint-Étienne (en France), Neuchâtel (en Suisse) et Aoste (en Italie), on parle une variété de langue gallo-romane qui ne se laisse classer ni dans la zone d'oïl, ni dans la zone d'oc, et qui a reçu tardivement le nom de « **francoprovençal** ».

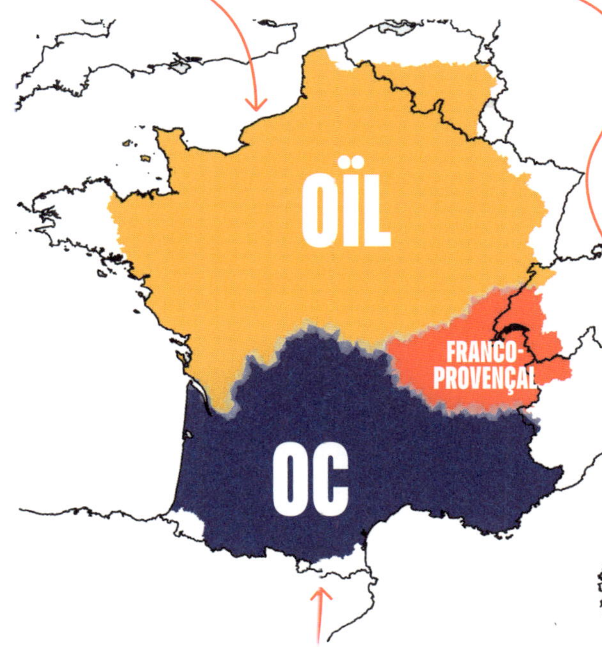

Dans la partie méridionale de la France, on parle des variétés de gallo-roman réunies sous l'intitulé de « **langue d'oc** ».

ON DIT OUI !

Au XIIIe siècle, le poète toscan Dante propose d'appeler « langue d'oïl » cette variété de langue romane vulgaire parlée dans la partie septentrionale de l'actuelle France et « langue d'oc » cette variété de langue romane vulgaire parlée dans la partie méridionale, par analogie avec la façon dont on y disait « oui ». Le terme *francoprovençal* (ou *franco-provençal*) a été choisi car le francoprovençal présente des traits linguistiques qui le rapprochent des systèmes d'oïl et d'oc (*franco* renvoie aux parlers d'oïl, qu'on appelait aussi « parlers français » ; *provençal* désignait tous les parlers occitans, pas seulement ceux de Provence). Dans certains milieux militants, on appelle le francoprovençal « arpitan » (« montagnard » en francoprovençal).

DE BOUCHE À OREILLE DE DRUIDE

Les Celtes écrivaient très peu... Tout lecteur des aventures d'*Astérix le Gaulois* le sait, les recettes des druides ne se transmettent que de bouche de druide à oreille de druide, c'est pourquoi on ne sait pas grand-chose de leur langue ! On dénombre plus ou moins 150 mots d'origine gauloise qui ont survécu dans le français contemporain, par l'intermédiaire du latin. Les plus célèbres sont *alouette* (du gaulois *alauda*), *braies* (du gaulois *braca* ; voir *brayette*), *cervoise* (du gaulois *ceruesia*), *ruche* (du gaulois **rûsko*), etc.

VOUS AVEZ DIT « VULGAIRE » ?

L'adjectif *vulgaire* vient du latin *vulgus*, qui renvoie au peuple. Il s'emploie ici pour désigner les langues courantes, qui ont émergé spontanément, dans la bouche et/ou sous la plume des locuteurs ou des scribes. Le terme *vulgaire* n'a ici rien à voir avec ce qu'on entend par vulgaire au sens de grossier aujourd'hui.

D'UNE LANGUE À L'AUTRE

Le passage de l'ancien français au moyen français ne s'est évidemment pas fait de façon abrupte. Comme toute tentative de périodisation par les historiens de la langue, ce découpage est relativement arbitraire.

LANGUE VULGAIRE. VOUS AVEZ DIT « VULGAIRE » ?

Dès que les scribes ont commencé à abandonner le latin pour rédiger dans une langue plus proche de celle que parlait le peuple, on a assisté au développement de variétés de langues vulgaires écrites dans la partie septentrionale du territoire, de même que dans la partie méridionale.

Ces variétés de langues vulgaires, qui ont été élaborées pour la communication écrite, sont ce qu'on appelle dans le jargon des « scriptae ». Ce sont des systèmes linguistiques relativement autonomes, reposant sur plusieurs dialectes, conditionnés par le besoin de se faire comprendre par le plus grand nombre et pour que les locuteurs se comprennent mutuellement.
Du côté francoprovençal, s'il existe bien une tradition littéraire au fil des siècles, aucune forme de scripta répandue sur l'ensemble du territoire n'a jamais été identifiée.

LA NAISSANCE DU FRANÇAIS

Dans la partie septentrionale de la Gallo-Romania, on parle aujourd'hui d'« ancien français » pour se référer à la langue romane vulgaire qui y était pratiquée depuis le milieu du XIIIe siècle et dont les textes les plus célèbres et les plus anciens sont rédigés en vers (la *Cantilène de sainte Eulalie*, la *Vie de saint Léger*, la *Vie de saint Alexis*, la *Chanson de Roland*). Cette langue écrite évolue au fil des siècles, comme les dialectes oraux qui la nourrissent, pour devenir, à partir du milieu du XIVe siècle, ce que les savants ont appelé le « moyen français ».

CHEZ LE ROI, ON CAUSE EN MOYEN FRANÇAIS

Porté par le prestige dont il jouit car il était la variété la plus diffusée dans ce qui était à l'époque le royaume de France, le moyen français écrit était vraisemblablement aussi la variété la plus proche de la langue orale du Roi et de sa cour. En août 1539, François Ier fait du français la langue officielle de l'administration en ratifiant l'ordonnance de Villers-Cotterêts. Il faut comprendre qu'ici le français s'impose surtout aux dépens du latin.

DES RÈGLES, ON VA VOUS DONNER DES RÈGLES !

Dix ans plus tard, la publication de la première grammaire du français est dirigée par du Bellay. En 1635, l'Académie française est créée. Les *Remarques sur la langue françoise* de Vaugelas (« utiles à ceux qui veulent bien parler et bien escrire ») sont publiées en 1647. Cette période marque le début de la standardisation du français. Les règles qui gouvernent la bonne formation de ses structures sont décidées par des élites et la langue ne peut plus évoluer librement.

L'EXPANSION DU FRANÇAIS, LANGUE DE L'ADMINISTRATION

Précisons qu'avant qu'il ne devienne la langue de l'administration, le français était aussi pratiqué dans les territoires où l'on parlait des dialectes gallo-romans. Bien entendu, si l'on commençait déjà à parler français dans les hautes sphères de la société lyonnaise ou marseillaise au XVIe siècle, cette langue n'était pas ou guère connue dans les campagnes, où les paysans n'en avaient aucun besoin. Concrètement, on parlait le patois ou le dialecte à la maison, mais on réservait le français à des contextes plus formels.

PATOIS & DIALECTE

Patois a une étymologie est peu noble : dérivé de l'ancien français *patoyer* « gesticuler, patauger », *patoi* – écrit initialement sans *s* final –, le mot a d'abord signifié « comportement grossier » puis « langage particulier ». Il est souvent critiqué en raison des nombreuses connotations négatives qui y sont attachées. Dans la bouche des locuteurs qui les parlent, comme des linguistes qui les décrivent, les patois sont des variétés dialectales particulières, en général parlées à l'intérieur d'un village, ou d'un hameau.

D'un point de vue scientifique, il n'y a entre dialecte et patois aucune différence linguistique à proprement parler. Les différences sont plutôt géographiques (on parle de « patois » ou de « dialecte » selon l'échelle que l'on adopte), stylistiques (patois relève de la langue courante alors que dialecte est un mot technique) et politiques (une langue est un dialecte qui, au regard de l'État, « a réussi »).

ARTICLES 110 ET 111

L'ordonnance de Villers-Cotterêts est l'un des plus anciens textes législatifs encore en vigueur dans l'Hexagone. Il ne comporte pas moins de 192 articles dont deux – les articles 110 et 111 – concernent l'usage de la langue française dans les textes officiels. Il est prévu que le château de Villers-Cotterêts, localisé dans le département de l'Aisne, devienne dans les années à venir la Cité internationale de la langue française. Rien de moins !

POURQUOI L'OCCITAN N'A-T-IL PAS CONNU LE MÊME DESTIN ?

Dès le XIe siècle, le même processus d'émergence de variétés écrites de prestige a eu lieu dans la partie méridionale de l'Hexagone. Lors de ses premières manifestations, l'occitan présente une assez grande unité, malgré la diversité des origines régionales des troubadours (qu'ils soient originaires du Limousin ou de la côte méditerranéenne).
Comme c'était le cas de l'ancien français, la langue occitane commune reste relativement homogène jusqu'à la croisade des Albigeois du début du XIIIe siècle, qui sonna le déclin des troubadours et de leur culture.
Privée d'une capitale unique à l'image de l'Île-de-France dans la partie septentrionale, et affaiblie par la dialectalisation grandissante du territoire – les différences entre les dialectes se creusent –, la langue occitane commune n'est plus assez forte pour résister au français qui s'impose comme langue de l'administration au XVIe siècle. Bien entendu, les variétés de langue d'oc, comme celles d'oïl, jouissent plus tard d'une littérature et d'une culture propres, mais elles restent toujours subordonnées politiquement au français.

L'ÉRADICATION DES DIALECTES ET DES PATOIS

Cette situation de « diglossie » (où la plupart des gens parlaient deux langues) prévaut pendant des siècles. Elle aurait très bien pu perdurer jusqu'à nos jours, mais la Révolution française de 1789 a eu un impact sans précédent sur la politique linguistique de la France. Avec la chute de la royauté, c'est la dissolution des provinces (qui sont alors remplacées par des départements), mais aussi le début du déclin des dialectes, dont la disparition est souhaitée sous prétexte qu'ils rappellent trop le système féodal associé à la monarchie et, surtout, à l'obscurantisme.

En 1792, une grande enquête est commanditée et administrée par l'abbé Grégoire. Les résultats de cette enquête nous permettent d'en savoir plus sur la situation sociolinguistique de la France d'alors, notamment en ce qui concerne la pratique du français par rapport aux autres langues. L'abbé Grégoire conclut qu'une personne sur cinq seulement est capable de s'exprimer couramment en français, en d'autres termes que 80 % des Français ne parlent pas la langue de la République.

Concrètement, rien n'est fait en faveur de l'éradication des dialectes jusqu'au début des années 1880, période à laquelle sont promulguées les lois Jules Ferry, qui rendent l'instruction gratuite, laïque et obligatoire. Tous les petits Français qui iront à l'école sont désormais contraints d'apprendre le français, et surtout de ne pas y parler l'idiome qu'ils ont appris sur les genoux de leurs parents. On considérait en effet les patois comme impurs et comme gênant l'apprentissage du français, qu'ils « salissaient ».

La révolution industrielle et l'exode rural, puis les deux guerres mondiales (où des milliers de Français ont été déportés et ont dû parler français pour communiquer) ont accéléré l'usage de la langue française tout comme le déclin des dialectes et des patois. L'apparition des médias de masse finit d'achever ce déclin. L'arrivée de la télévision, le travail des femmes, les regroupements communaux, le développement des transports, etc., sont tous des facteurs favorisant l'uniformisation linguistique du pays.

Aujourd'hui, on sait que les derniers locuteurs qui ont appris le patois avant d'apprendre le français sont tous très âgés et que les langues et dialectes de France sont en danger, même si des efforts sont faits pour que ces idiomes continuent d'être enseignés et valorisés.

QU'EST-CE QUE LE *RAPPORT GRÉGOIRE* ?

Le *Rapport sur la nécessité et les moyens d'anéantir les patois et d'universaliser l'usage de la langue française*, qu'on appelle aussi *Rapport Grégoire*, comportait « une série de questions relatives aux patois et aux mœurs des gens de la campagne », telles que « L'usage de la langue française est-il universel dans votre contrée ? Y parle-t-on un ou plusieurs patois ? » ou « Quelle serait l'importance religieuse et politique de détruire entièrement ce patois ? ». Ce rapport nous renseigne sur la volonté déjà glottophage* de la France, et l'idée qu'à une République une et indivisible ne peut correspondre qu'une seule langue : le français.

DES STRATÉGIES PUNITIVES

Pour empêcher les petits Français de s'exprimer dans le parler de leur village, les instituteurs avaient mis en place tout un tas de stratagèmes visant à ridiculiser les écoliers qui ne respectaient pas cette règle. Un affichage rappelait qu'il était interdit de cracher par terre et de parler le patois local ; il y avait le nettoyage des toilettes avec comme argument que, « puisque tu as de la merde dans la bouche, tu peux bien nettoyer celle des autres » (anecdote rapportée par Philippe Blanchet, la « merde » en question étant le provençal, langue pour laquelle Frédéric Mistral a pourtant obtenu le prix Nobel de littérature). Une autre stratégie consistait à donner un témoin (un bâton, un objet) au premier élève qui prononçait un mot de patois. Pour s'en débarrasser, l'élève était sommé de dénoncer ses camarades s'ils parlaient patois. L'enfant qui avait le témoin dans les mains à la fin de la journée recevait la punition.

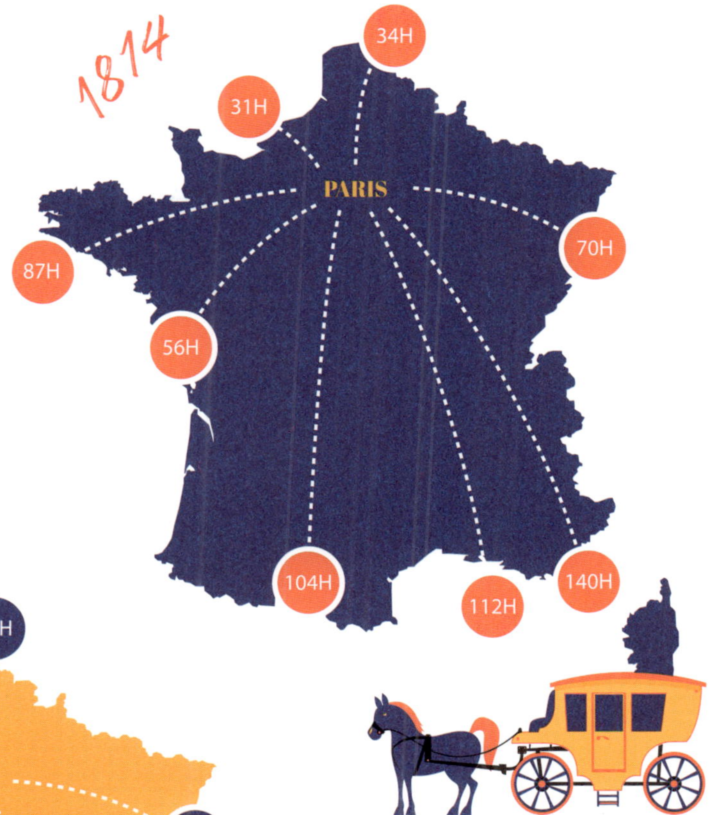

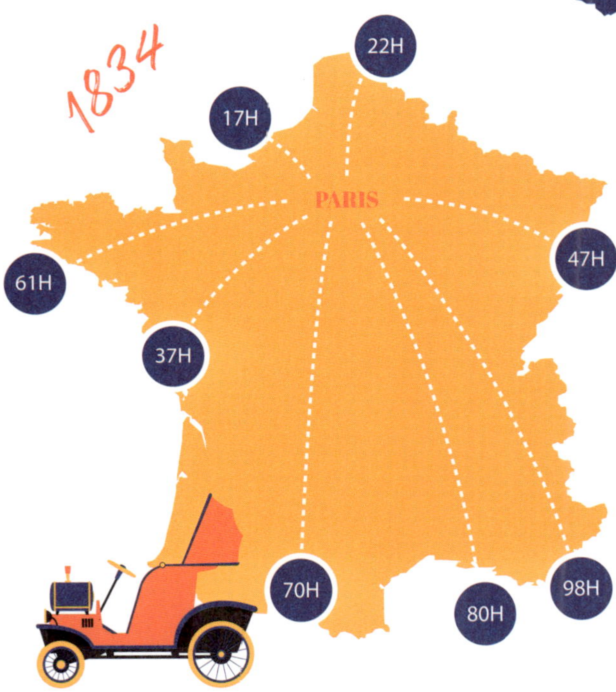

LE FRANÇAIS, LANGUE DE LA RÉPUBLIQUE

Sur le plan politique, le statut des langues régionales en France n'est toujours pas très clair : la Constitution (article 75-1) précise que « les langues régionales appartiennent au patrimoine de la France », ce qui explique pourquoi de nombreux collèges et lycées proposent des enseignements facultatifs en langues régionales, lesquelles peuvent être présentées en option au baccalauréat. Dans les faits, cependant, seule la langue française jouit aujourd'hui du statut de langue officielle (article 2 de la Constitution : « La langue de la République est le français »).

* GLOTTOPHAGIE

La **glottophagie** est la tendance à faire d'un idiome la langue dominante tout en veillant à faire disparaître les autres...

LES DIALECTES

D'OÙ VIENNENT LES DIALECTES ?

Remontons un peu le temps. Nous voilà au XIIIe siècle, période à laquelle la Gallo-Romania est divisée en trois grandes zones linguistiques, avec la zone d'oïl au nord, la zone d'oc au sud et le francoprovençal dans les Alpes.

Ces zones n'étant pas unifiées politiquement, on observe au fil des siècles que des écarts de plus en plus importants se forment entre les langues parlées dans ces régions. En d'autres termes, qu'entre le parler d'un point A et le parler d'un point B, des différences plus ou moins grandes s'installent.
Ce processus, qu'on appelle « dialectalisation », et qui devait déjà être en germe à la fin de l'époque mérovingienne, s'intensifie à partir du XIIIe siècle, au gré des découpages en différents fiefs, comtés et duchés que modèlent les invasions et les guerres locales.

Le découpage linguistique de la Gallo-Romania en différents dialectes ou familles de dialectes dépend fondamentalement du point de vue que l'on adopte, mais aussi de l'échelle. Il est important de se rappeler que ces frontières ont changé plusieurs fois au cours de l'histoire. C'est pourquoi il faut garder en tête que les frontières d'un dialecte gardent une part d'artificialité et peuvent toujours être discutées.

LANGUES ET DIALECTES NON GALLO-ROMANS

À côté des dialectes gallo-romans, il existe en France métropolitaine d'autres langues territoriales*, qui se rattachent à des familles linguistiques distinctes.
Sans entrer dans les détails de la hiérarchie des langues et des dialectes qui les composent, on se bornera à signaler :

Trois variétés de langues germaniques

- Le **flamand** est la variété locale parlée dans l'arrondissement de Dunkerque (département du Nord). Cet espace s'inscrit dans le prolongement de la Flandre, l'une des trois grandes régions qui composent la Belgique fédérale (les deux autres étant la région de Bruxelles-Capitale et la région wallonne).
- Le **francique mosellan**, parlé *grosso modo* dans l'ex-arrondissement de Boulay-Moselle, organisé autour de la commune du même nom, voisine du Grand-Duché de Luxembourg.
- L'**alsacien**, parlé dans les départements du Bas-Rhin et du Haut-Rhin.

Deux langues romanes (des langues issues du latin)

- Le **corse** porte le nom de l'île où il est parlé. Il fait partie de l'italo-roman, un groupe au même niveau que le gallo-roman dans l'arborescence des langues romanes. Il est étroitement apparenté au toscan.
- Le **catalan** est pratiqué en France dans une bonne partie des Pyrénées-Orientales. Surtout parlé dans l'est de l'Espagne, il présente des liens de parenté assez forts avec l'occitan, mais aussi avec le castillan et le portugais.

Deux ensembles de langues non romanes

- Le **breton**, parlé dans la région qu'on appelle « Basse-Bretagne », se rattache à la famille des langues celtiques.
- Le **basque**, parlé en France dans la région de Biarritz, laquelle se prolonge du côté espagnol de la frontière, constitue ce qu'on appelle un « isolat linguistique ». Il ne se rattache à aucune famille de langue connue à ce jour.

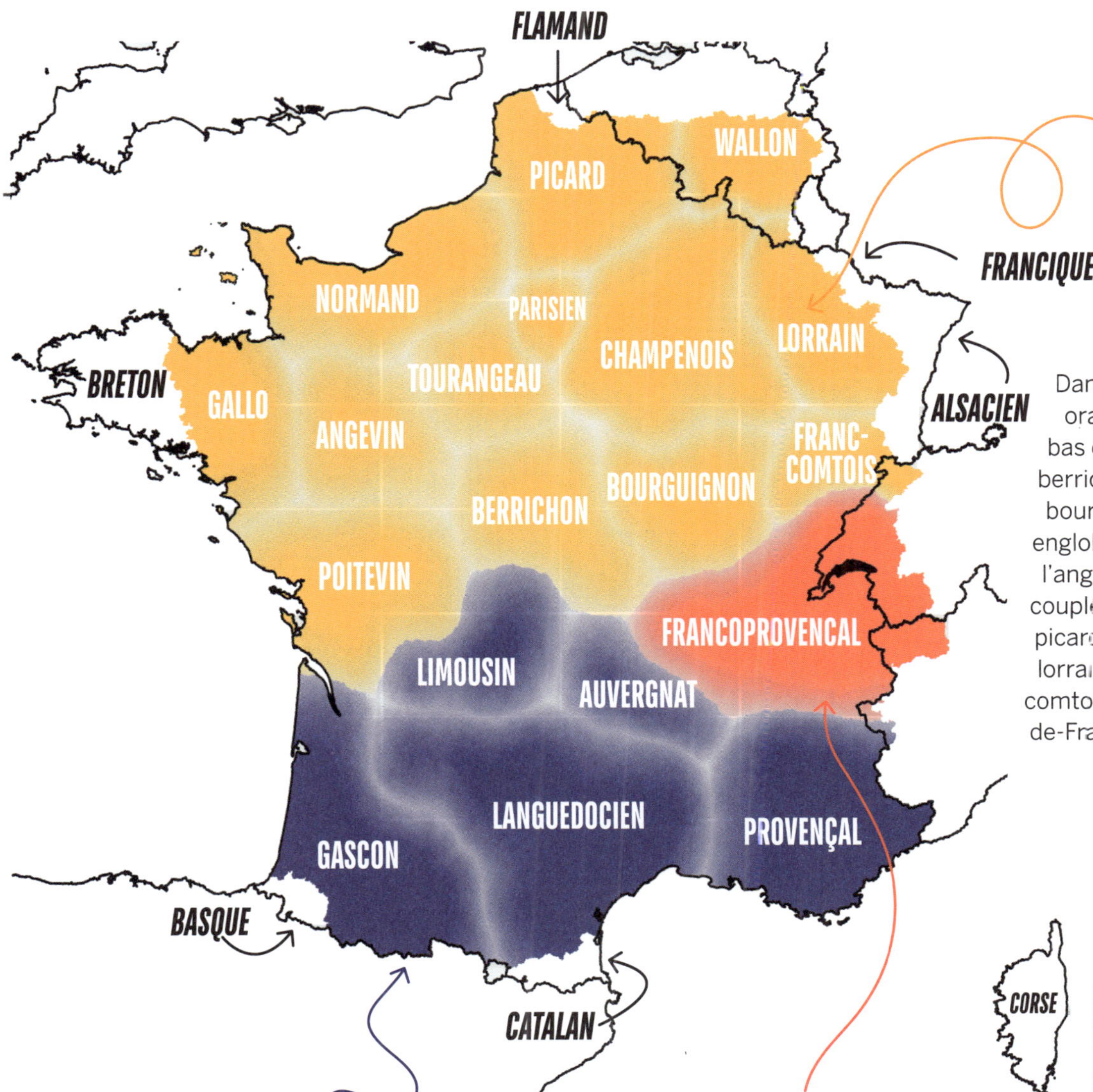

Dans le **domaine d'oïl**, en tons orangés, nous avons isolé de bas en haut, et d'ouest en est, le berrichon (souvent couplé avec le bourbonnais), le poitevin (lequel englobe le saintongeais), le gallo et l'angevin, le tourangeau (souvent couplé à l'orléanais), le normand, le picard, le wallon, le champenois, le lorrain, le bourguignon et le franc-comtois. Le français, parlé dans l'Île-de-France, est étiqueté « parisien ».

Dans le **domaine d'oc**, nous avons séparé le gascon (qui regroupe le béarnais), le languedocien et le provençal (qu'on divise parfois en provençal maritime et provençal alpin, et duquel on sépare le nissard, parlé dans la région de Nice) et le limousin de l'auvergnat.

Quant au **domaine francoprovençal**, les dialectologues ne sont jamais arrivés à y identifier des aires internes qui permettraient d'opposer, sur des critères qui ne soient pas uniquement géographiques, le savoyard au dauphinois, au romand, au lyonnais, au forézien, au valôtain, etc.

* LANGUES TERRITORIALES, QUÉSACO ?

On désigne par « **langues territoriales** » les langues ancestrales de France parlées dans des régions bien délimitées, mais dont les frontières ont pu évoluer au fil des siècles. Les langues territoriales s'opposent aux langues dites « non territoriales » comme l'arabe dialectal, l'arménien occidental, le berbère, le judéo-espagnol, le romani, le yiddish, etc. Bien que présentes en France depuis plusieurs siècles, ces langues ne sont pas implantées dans des régions particulières de l'Hexagone.

L'ATLAS LINGUISTIQUE DE LA FRANCE

L'*Atlas Linguistique de la France* (ALF) est un recueil de cartes permettant de visualiser les différents mots et expressions qui existaient à la fin du XIXe siècle pour désigner tel ou tel objet, exprimer tel ou tel concept ou rendre compte de telle ou telle situation dans les parlers gallo-romans (parlées encore plus ou moins couramment à l'époque). À l'échelle du monde, cet atlas est le premier en son genre. Dans les milieux universitaires, on dit que sa publication coïncide avec la naissance de ce que l'on appelle la « géographie linguistique ».

Edmond Edmont, ou le fabuleux voyage d'un épicier retraité

En 1895, Jules Gilliéron, un linguiste suisse chargé de conférences à l'École Pratique des Hautes Études à Paris, prend la décision de réaliser une enquête à large échelle pour documenter scientifiquement la façon dont les parlers de France et de ses « satellites linguistiques » – la Wallonie, la Suisse romande et le Val d'Aoste – varient d'un bout à l'autre du territoire. Il engage pour ce faire un épicier à la retraite, Edmond Edmont, un passionné d'histoire locale et dialectologue amateur à ses heures perdues. Ce dernier avait déjà réalisé un remarquable lexique du parler de Saint-Pol-sur-Ternoise, son village natal du Pas-de-Calais.

À pied ou à vélo ?

Jules Gilliéron fournit à Edmond Edmont un questionnaire comportant 1400 entrées, qui consistent en des mots isolés, des mots regroupés selon leur sens ainsi que des phrases complètes. Il définit parallèlement un réseau de 639 localités, à distance plus ou moins égale les unes des autres. La tâche d'Edmont est de trouver, dans chaque localité, un informateur qui sera enclin à traduire, dans le parler de son village, l'ensemble des mots et des phrases présents dans le questionnaire.

Le périple d'Edmont commence le 1er août 1897 dans le Pas-de-Calais et se termine le 10 août 1901 dans la Bresse. On sait si peu de choses sur les conditions de cette enquête qu'on dit souvent qu'il aurait parcouru la France à vélo, ce qui est faux. Dans des lettres adressées à ses proches, il explique que ses journées durent en moyenne sept heures, qu'il se déplace en train ou en voiture, mais aussi à pied.

La postérité de l'ALF

À la suite de la publication de l'ALF, des étudiants de Jules Gilliéron produiront des mini-atlas linguistiques à l'échelle de petites régions de France (les Ardennes, les Vosges). À l'étranger, des entreprises du même acabit seront ensuite effectuées dans tous les pays d'Europe, puis du monde. Quelques années plus tard en France, sous l'impulsion du linguiste Charles Dauzat, des atlas linguistiques et ethnographiques de la France par régions, dont l'élaboration est confiée à des dialectologues spécialistes des parlers locaux desdites régions, seront élaborés. Leur publication n'est toujours pas entièrement achevée.

Le choix d'enquêter sur le gallo-roman

On aura remarqué que le territoire parcouru par Edmond Edmont ne s'aligne pas vraiment sur les frontières de la France, malgré ce que le nom de l'ouvrage laisse penser. La surface couverte résulte d'un compromis entre plusieurs critères : l'enquête doit porter sur les parlers qu'on appelait alors les « langues romanes » de France et ses « colonies linguistiques limitrophes », ce qui exclut la Bretagne, l'Alsace, le Pays basque et quelques localités germaniques de la Lorraine (certains villages romans de la Moselle sont également laissés de côté, mais c'est parce que, à cette époque, ils sont sous administration allemande). À l'inverse, le territoire inclut la Wallonie et la Suisse romande, ainsi que le Val d'Aoste et certaines vallées des Alpes de la partie occidentale du Piémont.

735 témoins interrogés

(parfois plus d'un témoin par localité)

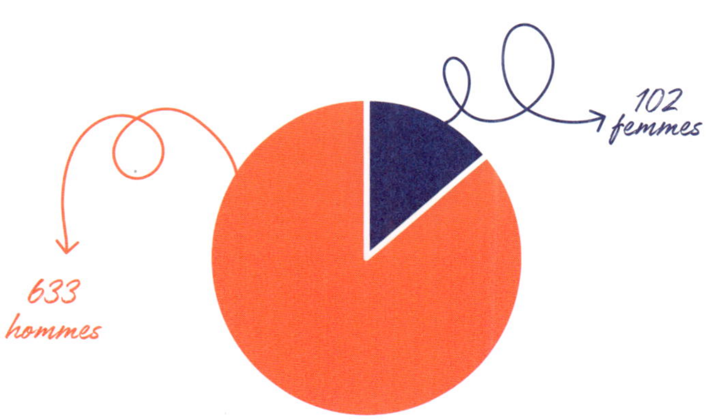

Public interrogé : témoins issus du secteur primaire, instituteurs, secrétaires de mairie.

Moyenne d'âge : 35 ans dans la partie méridionale de la France. Les témoins de la partie septentrionale sont un peu plus âgés.

BIZARRERIE

Les points sont numérotés de 1 à 992, mais le réseau de l'ALF ne comporte que 639 localités. Si l'on peut voir qu'elles sont en général toutes à distance plus ou moins égale les unes des autres, deux régions ne respectent pas ce principe. Dans l'Île-de-France, où les dialectes étaient déjà en déclin à la fin du XIXe siècle, le réseau est beaucoup moins dense. Dans le Pas-de-Calais en revanche, quelques localités sont très proches les unes des autres : c'est de ce coin qu'était originaire Edmond Edmont !

QUELQUES QUESTIONS QU'ON SE POSE

Pourquoi ce qu'on voit sur la carte ne correspond-il pas à mon usage ?
Les cartes reposant sur des sondages, les résultats affichés révèlent des tendances. En conséquence, il n'est pas surprenant qu'une personne ne se comporte pas de la même façon que le groupe interrogé et pense donc que la carte est fausse.

Est-ce que les données ont été échantillonnées ?
Non. Nous n'avons pas calculé de ratios (comme contrôler le nombre de participants en fonction de leur âge, de leur sexe et/ou de leur profil socioéconomique) car, en (socio)linguistique, les paramètres à contrôler sont si nombreux que la notion d'échantillon représentatif est impossible à satisfaire.

Combien de gens ont répondu aux sondages ?
Depuis la naissance du projet « Français de nos régions » en 2015, plus d'une quinzaine d'enquêtes impliquant la France métropolitaine ont été conduites. D'un sondage à l'autre, le nombre d'internautes ayant pris part aux enquêtes varie de 7 500 à 16 000. En moyenne, les cartes ont été établies à partir des réponses d'un peu plus de 10 000 participants.

Qui a répondu aux sondages ?
On croit souvent que les participants aux sondages sont tous des jeunes urbains branchés car on imagine que ce sont eux qui passent leur temps sur les réseaux sociaux. Or les statistiques que nous avons pu extraire de nos sondages indiquent que les participants présentent des tranches d'âge relativement variées.

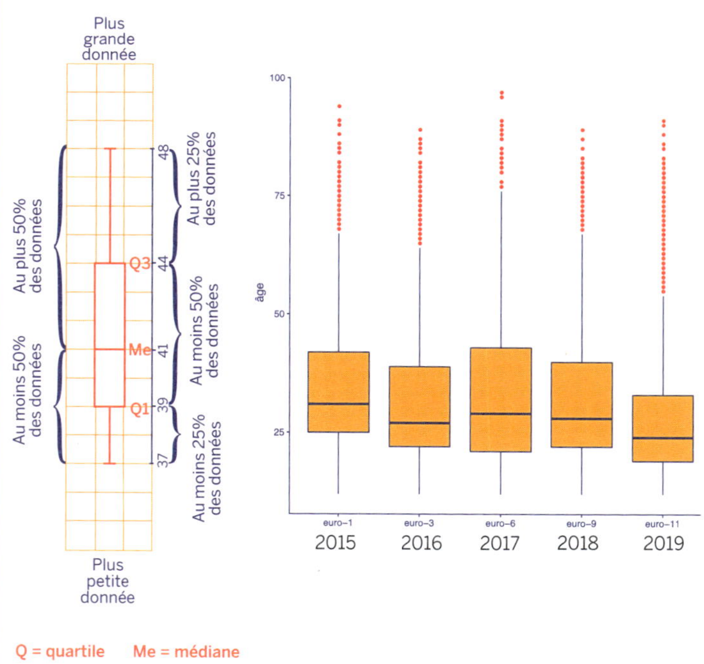

Lecture du graphique

Graphique dit « en boîte à moustaches », qui permet de visualiser la répartition des participants en fonction de leur âge (en années) et de l'année de l'enquête à laquelle ils ont participé. Concrètement, on peut voir que si les participants sont plus jeunes d'une enquête à l'autre et si l'âge moyen des participants oscille autour de 25 ans, toutes les tranches d'âge sont bien couvertes.

La ligne du milieu des boîtes indique la médiane, c'est-à-dire la moyenne d'âge globale des participants. Chaque boîte représente 50 % des effectifs, les barres verticales supérieures et inférieures représentent chacune 25 % des données. Les points indiquent les participants qui se détachent de la majorité.

SOUVENT EN VOYANT LES CARTES...

Peut-on faire confiance aux gens qui répondent à ce genre de questions ?

Il est vrai qu'une enquête auto-administrée sur le Web peut attirer ce qu'on appelle des « trolls », c'est-à-dire des personnes malveillantes. Cependant, l'expérience nous a montré que les personnes qui ne répondaient pas sérieusement étaient peu nombreuses (heureusement) et que le grand nombre de réponses sérieuses que nous obtenons permet de noyer dans la masse ces internautes peu scrupuleux.

Comment peut-on être sûr que les résultats sont valides ?

La seule façon de vérifier si les résultats d'une carte sont valides, ce serait de faire une enquête concurrente. Au fil des années, nous avons pu éprouver la robustesse de notre méthode. D'une enquête à l'autre, il arrive que l'on pose des questions similaires pour vérifier que l'on obtient la même chose avec d'autres panels de répondants (ce ne sont jamais vraiment les mêmes gens qui participent).

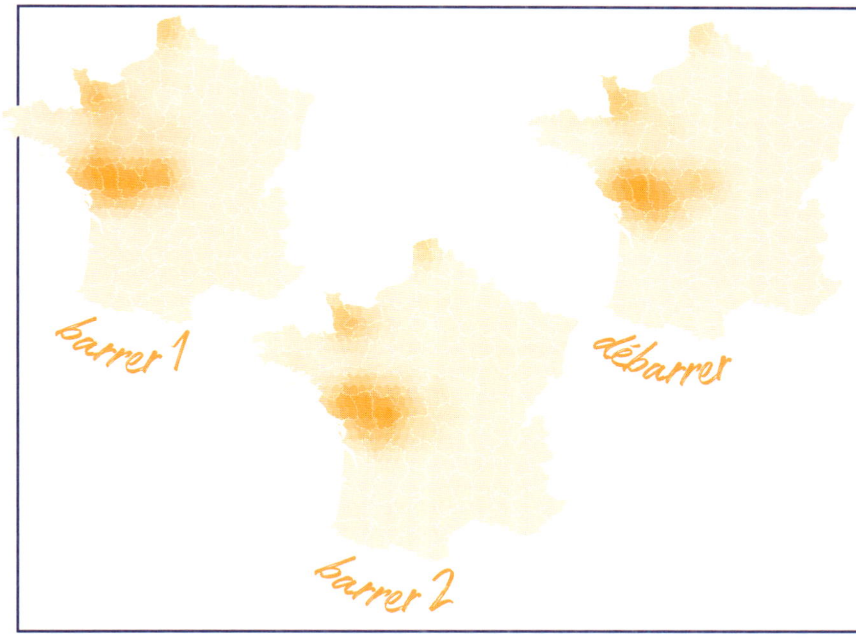

La carte « barrer 1 » a été générée à la suite d'une enquête conduite en 2015 (10 617 participants), la carte « barrer 2 » à partir d'une enquête conduite en 2017 (7 390 participants), la carte « débarrer » à partir d'une enquête conduite en 2019 (14 132).
Bien que les participants ne soient pas les mêmes, les cartes révèlent des aires comparables. Cela tendrait à laisser penser que, lorsqu'on approche des 10 000 participants, la question de l'échantillonnage selon les critères classiques (âge, sexe, profession, niveau d'étude, etc.) n'est plus vraiment pertinente et que les données peuvent être cartographiées sans filtre ni échantillonnage.

Quid des cartes à points ?

Les cartes sur lesquelles la taille des points est fixe rendent compte de phénomènes dialectaux, qui touchent soit aux parlers gallo-romans (p. 228), soit aux variétés de corse (les cartes ont été produites à partir des données publiées dans le *Nouvel Atlas Linguistique de la Corse* (NALC), de Dalbera-Stefanaggi *et al.*, 2007-2009). Les cartes où les tailles de points varient rendent compte de la densité de toponymes (toponymes en *-ville*, p. 50 ; toponymes en *-az*, *-oz*, p. 150 ; toponymes en *-ac*, p. 186) ou d'enseignes de restaurants (estaminets••).

GLOSSAIRE

sur la base du *Petit Robert* et du *Grand Robert* en ligne

AFFIXE
N. m. Élément susceptible d'être incorporé à un mot, avant ›› **préfixe** *(em-bugner··)* ou après ›› **suffixe** *(étend-age··)* le radical pour en modifier le sens ou la fonction.

(PROCESSUS D') AGGLUTINATION
N. f. Addition d'affixes (préfixes ou suffixes) à une base. *Le français* Madame *résulte de l'agglutination de* ma *(adjectif possessif) et de* dame *(nom commun).*

AIRE
N. f. Région occupée par certains êtres, lieu de certaines activités, certains phénomènes. *Une aire linguistique est propre à un fait ou à ensemble de faits linguistiques.*

ALTERNANCE CODIQUE
N. f. Passage d'une langue à une autre dans la même intervention d'un locuteur. *Je me demande will she come to my party ?* (ici, alternance entre le français et l'anglais).

ANGLO-SAXON, ANGLO-SAXONNE
Adj. Relatif aux peuples de civilisation britannique. *Une coutume anglo-saxonne.*

ANTONOMASE
N. f. Processus par lequel un nom propre est utilisé comme nom commun. *Le mot* tancarville·· *est à l'origine le nom d'une marque d'étendoirs à linge.*

ANTONYME
N. m. Mot ou groupe de mots qui, par le sens, s'oppose directement à un autre. Barrer·· *et* débarrer··, embaucher·· *et* débaucher·· *sont des antonymes.*

APOCOPE
N. f. Chute d'un son ou d'une ou plusieurs syllabes à la fin d'un mot. *On dit « tancar » pour « tancarville », « 2 heures du mat » pour « 2 heures du matin » par apocope.*

APPELLATIF, APPELLATIVE
N. m. / Adj. Tout mot permettant d'appeler qqn à qui l'on s'adresse. *Monsieur, maman, vieille branche.*

ASSIMILATION
N. f. Modification que subit un son sous l'influence d'un son proche, qui tend à réduire les différences entre les deux. *Par assimilation,* [b] *devient* [p] *devant* [s] *dans « absolu ».*

ATTESTÉ, ATTESTÉE
N. m./f. / Adj. Dont il existe des exemples connus. *Mot, emploi attesté par un texte. Forme non attestée, hypothétique, reconstituée.*

BASE (MOT)
N. f. (m). Radical qui est un mot de la même langue que le dérivé. Cag- *dans* escagasser··.

CALQUE
N. m. Traduction littérale d'une expression ou d'un mot dans une autre langue. Lune de miel *et* gratte-ciel *sont des calques de* honeymoon *et* skyscraper *en anglais.*
Le calque est un type d'emprunt.

DÉRÉGIONALISATION
N. f. Processus par lequel un régionalisme perd son statut de particularisme local pour faire partie du français général. *Voir* cagole··, *p. 172,* drache··, *p. 60,* schnaps··, *p. 100.*

DÉRIVÉ
N. m. Mot créé à partir d'un autre mot, le plus souvent par un processus d'affixation ›› **affixe**.
Adj. Qui est dérivé à partir d'un autre mot. Malaucœureux·· *est dérivé sur la locution* mal au cœur.

DIALECTALISATION
N. f. Processus par lequel un groupe dialectal se subdivise en aires linguistiques plus ou moins distinctes les unes des autres. ›› **dialectes.**

DIALECTES
N. m. pl. Différentes variétés d'un système linguistique non standardisé qui partagent une origine commune et qui sont proches sur le plan de la forme, mais qui varient plus ou moins à l'intérieur d'une région donnée. Le terme *dialecte* implique toujours l'existence d'un ensemble plus grand et englobant. Un dialecte est un sous-ensemble de quelque chose d'autre, à un niveau supérieur dans l'arborescence des langues. *En France, le picard est un dialecte d'oïl, le savoyard est un dialecte francoprovençal et le languedocien un dialecte d'oc.*

DIGLOSSIE
N. f. Situation linguistique d'un groupe humain qui pratique deux langues ou deux variétés d'une même langue, chacune d'elles ayant un statut et des fonctions différents. *La diglossie français-créole aux Antilles. Bilinguisme et diglossie.*

DISSIMILATION
N. f. Différenciation de deux sons identiques à l'intérieur d'un mot. *Le latin* nec unum *a donné* dégun·· *par dissimilation.*

***E* PROSTHÉTIQUE** ›› **prothèse**

EMPRUNT
N. m. Acte par lequel une langue incorpore un élément d'une autre langue ; élément (mot, tour) ainsi incorporé. *Emprunts à l'anglais, à l'occitan. Le mot* quiche *est un emprunt au lorrain.* ›› **calque.**

ÉPICÈNE
Adj.
• Qui désigne aussi bien le mâle que la femelle d'une espèce. *Nom épicène masculin : le rat ; féminin : la souris.*
• Dont la forme ne varie pas selon le genre. *Adjectif* (habile)*, pronom* (tu) *et substantif* (enfant) *épicènes.*

ÉPONYME
Adj. Qui donne son nom à (qqn, qqch.). *Athéna, déesse éponyme d'Athènes. Tenir le rôle éponyme d'une pièce, d'un film : le rôle d'Ondine dans la pièce du même nom.*

ÉTYMON
N. m. Mot attesté ou reconstitué, qui donne l'étymologie d'un autre mot. *Étymon latin, grec. Le latin* dedicatio *(« consécration, dédicace ») est l'étymon du français régional* ducasse.

(FORME) DÉVERBAL(E)
N. m./(f.) Nom formé à partir du radical d'un verbe (portage *de* porter) et, plus spécialement, nom dérivé qui est formé sans suffixe (bouffe *de* bouffer*).*

GALLO-ROMAIN, GALLO-ROMAINE
• **Adj.** Se dit de la population, de la civilisation issue du contact avec les Romains, envahisseurs, puis occupants et administrateurs, et des Gaulois après la conquête de la Gaule. *L'époque gallo-romaine. Vestiges gallo-romains. La population gallo-romaine.*
• **N. m./f.** *Les Gallo-Romains, Les Gallo-Romaines.*

GÉOSYNONYME
N. m. Mot ou expression synonyme (d'une autre) qui a le statut de régionalisme. *Les mots* loque·· *et* wassingue·· *sont des géosynonymes du français commun* serpillière.

GLOSE
N. f. Annotation entre les lignes ou en marge d'un texte, pour expliquer un mot difficile, éclaircir un passage obscur. *Glose interlinéaire, marginale.*

GLOTTOPHAGE
Adj. Qui a tendance à faire d'un idiome la langue dominante tout en veillant à faire disparaître les autres. *Une politique linguistique glottophage.*

HYPERONYME
N. m. Mot qui englobe le sens de plusieurs mots et leur sert de classificateur. Insecte *est l'hyperonyme de* puce, mouche, pou, *etc.*

IDIOLECTE
N. m. Utilisation personnelle d'une langue par un locuteur. *Tous les idiolectes sont différents. Idiolecte et sociolecte.*

IDIOME
N. m. Ensemble des moyens d'expression d'une communauté correspondant à un mode de pensée spécifique.

LANGUE
N. f. « Dialecte qui dispose d'une armée », pour reprendre une métaphore bien connue des spécialistes de l'histoire des langues de France, ensemble de parlers qui a réussi :
1. sur le plan politique : idiome qui est reconnu

comme langue officielle ;
2. culturel : idiome qui jouit d'une littérature importante ;
3. socioéducatif : idiome qui est enseigné à l'école, les règles qui gouvernent ses structures sont décrites dans des grammaires. *Le français est la langue la plus parlée en France.*

LANGUE OFFICIELLE
N. f. Langue reconnue par une autorité constituée (gouvernement, administration, État, organisation quelconque) et imposée à tous les services qui dépendent de cette autorité (administration, tribunaux, registres publics, etc.). *En France, le français est la seule langue officielle.*

LANGUE RÉGIONALE
N. f. Appellation utilisée pour désigner les systèmes linguistiques (langues, dialectes, patois) parlés en France mais qui n'ont pas le statut de langue officielle. *En France, le breton et l'alsacien ont le statut de langues régionales.*

LANGUE TERRITORIALE
N. f. Langue parlée dans une région bien délimitée, mais dont les frontières ont pu évoluer au fil des siècles. En France, une langue territoriale s'oppose à une langue « non territoriale » comme l'arabe dialectal, l'arménien occidental, le berbère, le judéo-espagnol, le romani, le yiddish, etc. Bien que présentes en France depuis plusieurs siècles, ces langues ne sont pas implantées dans des régions particulières de l'Hexagone.

LOCUTION
N. f. Groupe de mots fixé par la tradition, dont le sens est souvent métaphorique, figuré. *La formule* bon bout d'an** *est une locution employée à Marseille.*

MÉTATHÈSE
N. f. Altération d'un mot ou d'un groupe de mots par déplacement, interversion d'un son ou d'une syllabe à l'intérieur de ce mot ou de ce groupe. *En français,* fromage *résulte de la métathèse de l'ancien français* formage.

MÉTONYMIE
N. f. Figure de rhétorique, procédé de langage par lequel on exprime un concept au moyen d'un terme désignant un autre concept qui lui est uni par une relation nécessaire (la cause pour l'effet, le contenant pour le contenu, le signe pour la chose signifiée). *Boire un verre (le contenu), ameuter la ville (les habitants).*

NOM MASSIF / NOM NON COMPTABLE
N. m. Nom qui désigne une chose que l'on ne peut compter ou dénombrer avec précision. *Du riz, du sable.*

ONOMATOPÉE
N. f. Création de mot suggérant ou prétendant suggérer par imitation phonétique la chose dénommée ; le mot imitatif lui-même. *Onomatopées désignant des sons naturels (*atchoum, cocorico, miam, toc-toc*) ou artificiels (*broum, pin-pon*).*

PALATALISATION
N. f. Modification subie par un son dont l'articulation se rapproche de la région du palais dur. *Palatalisation de* [k] *en* [ch].

PARLER
N. m. Ensemble des moyens d'expression employés par un groupe à l'intérieur d'un domaine linguistique. » **dialecte, idiome, langue, patois.** *Les parlers régionaux.*

PATRONYME
N. m. Nom patronymique, nom de famille. *Voir les toponymes en* -ac, *p. 186.*

PATOIS
N. m. Parler local, dialecte particulier employé par une population généralement peu nombreuse, souvent rurale, et qui n'a pas le statut, le prestige social et culturel d'une langue. » **parler, dialecte, idiome.** *Le patois d'une région, d'un village. Le curé « l'entretenait en patois, parce que Jean, étant sans instruction aucune, ne savait même pas parler le français »* (E. Le Roy). *Parler patois, en patois.*

PONCTUANT
N. m. Signe de ponctuation graphique (point, virgule etc.) ou (ensemble de) mot(s) employé(s) au début, au milieu ou à la fin d'un énoncé à l'oral. Tu vois, genre, enfin, *etc.*

POLYGÉNÈSE
N. f. Processus par lequel un même nouveau mot est créé en deux ou plusieurs endroits différents. *Voir taxiteur**, p. 19.*

PRÉFIXE
N. m. Élément de formation de mots ; affixe qui précède le radical. *Le verbe* débarrer *est obtenu par dérivation du verbe* barrer *par l'ajout d'un préfixe* dé-, *qui lui confère le sens opposé (si* barrer** *signifie « fermer »,* débarrer** *c'est « ouvrir »).*

PROTHÈSE OU PROSTHÈSE
N. f. Adjonction, à l'initiale d'un mot, d'un élément (lettre, syllabe) non étymologique, sans modification de sens ; l'élément ainsi ajouté. *Le* l *de lendemain, le* g *de grenouille (ranunculus).*

RACINE
N. f. Élément irréductible d'un mot, obtenu par élimination de tous les éléments de formation et indices grammaticaux, qui correspond à une productivité dans l'histoire et constitue un support de signification » **radical ; base.** *La racine du verbe* escagasser *est* cag- .

RADICAL
N. m. Toute forme particulière prise par la racine d'un mot dans le discours. *Le radical du verbe* caguer *est* cagu- *(*cague, caguons, caguez*).*

ROMANI
N. f. Langue des Tsiganes, ensemble de parlers indo-européens issus du groupe indien du Nord-Ouest, influencés par des emprunts aux langues des régions d'Europe parcourues ; un des parlers tsiganes d'Europe occidentale.

SCRIPTA, SCRIPTAE
N. f. Forme de langue écrite faisant l'objet d'un processus de normalisation plus ou moins conscient. Les scriptae sont des textes qui relèvent des domaines de la religion, de l'administration ou de la littérature.

SOCIOLECTE
N. m. Usage langagier propre à un groupe social. *Le français des bobos, le français des jeunes de banlieue sont des sociolectes.* » **dialecte**. *Sociolecte et idiolecte.*

SUBSTANTIF
N. m. Unité du lexique (mot ou groupe de mots) qui peut se combiner avec diverses unités linguistiques exprimant des modalités particulières (articles ; pronoms démonstratifs, possessifs ; marques du genre et du nombre, etc.) et qui correspond sémantiquement à une substance (être ou classe d'êtres, choses, notions). Pétas**, pive** *et* cayon** *sont tous les trois des substantifs.*

SUBSTRAT
N. m. Parler supplanté par un autre parler (nettement distinct du premier) sur un territoire donné, dans des conditions telles que son influence est perceptible dans le second parler. *Le substrat gaulois en français. Étude des substrats dans les noms de lieux. Substrat et superstrat.*

SUFFIXE
N. m. Élément de formation (affixe) placé après une racine, un radical pour former un dérivé. *Le substantif* bouénoux** *est dérivé sur la base* bouén- *au moyen du suffixe* -oux.

SUPERSTRAT
N. m. Ensemble de faits propres à une langue qui, s'étant introduite sur une nouvelle aire linguistique, peut disparaître en laissant des traces dans l'autre langue. *Le superstrat germanique en roman. Substrat et superstrat.*

TOPONYME
N. m. Nom de lieu. *Voir les toponymes en* -ville, *p. 50 ; les toponymes en* -az, *en* -oz, *p. 150 et les toponymes en* -ac, *p. 186.*

TUDESQUE
Adj. Propre aux anciens Allemands, aux Allemands.

VARIANTE
N. f.
• Moyen d'expression (mot, tour, prononciation) qui s'écarte d'une référence, d'un type (pour des raisons stylistiques, de milieu, etc.). *Variante dialectale d'un mot. Variante stylistique.*
• Forme différente d'une forme de référence, de même nature. *Variantes orthographiques d'un mot. Variante libre, contextuelle, combinatoire.*

VERLAN
N. m. Argot conventionnel consistant à inverser les syllabes de certains mots. *Laisse béton* pour *laisse tomber, féca* pour *café, tromé* pour *métro, ripou* pour *pourri.*

VOISEMENT
N. m. Résonance produite par la vibration des cordes vocales lors de l'articulation. *Le voisement permet de distinguer les sons* [b] *et* [p].

BIBLIOGRAPHIE

ASCOLI G. I., « Schizzi franco-provenzali », in *Archivio glottologico italiano*, 1877, 3: 61-120.

ATAMANIUK H., RISPAIL M., *Le Platt lorrain. Guide de conversation pour les Nuls*, Paris, First, 2012.

ATILF, *Dictionnaire du Moyen Français*.

— *Trésor de la Langue Française informatisé*.

— Base textuelle Frantext (en ligne), ATILF-CNRS et université de Lorraine, 1998-2020.

AVANZI M., *Atlas du français de nos régions*, Paris, Armand Colin, 2017.

— « Le pronom *y* accusatif en français régional et dans les dialectes gallo-romans : histoire et géographie », in *Lingvisticae Investigationes*, 2018, 41: 62–86.

— *Parlez-vous (les) français ? Atlas des expressions de nos régions*, Paris, Armand Colin, 2019.

— « Sur la géographie et la vitalité de l'antéposition de *personne* et de *ça* dans le français des Alpes et du Jura », in *L'Information grammaticale*, 2020, 166: 7-15.

AVANZI M., THIBAULT A. (éds.), « Français, dialectes gallo-romans et di(a)glossie », *Langages*, nº 215, Paris, Armand Colin, 2019.

BAUDOT M., « Géographie toponymique du suffixe gallo-romain *-acum* d'après les finales actuelles », in *Revue internationale d'onomastique*, 1953, 5: 161-72.

BEC P., *La Langue occitane*, Paris, PUF, 1978.

BEYER E., MATZEN R., BOTHOREL-WITZ A., PHILIPP M., SPINDLER S., *Atlas linguistique et ethnographique d'Alsace*, Paris, Les Éditions du CNRS, 1969-1984.

BLANCHET P., *Le parler de Marseille et de Provence*, Paris, Éditions Bonneton, 2004.

BLANCHET P., WALTER H., *Dictionnaire du français régional de Basse-Bretagne*, Paris, Éditions Bonneton, 1999.

BLOCH O., *Atlas linguistique des Vosges méridionales*, Champion, Paris, 1917.

— *La pénétration du français dans les parlers des Vosges méridionales*, Paris, Champion, 1921.

BOISGONTIER J., *Dictionnaire du français régional des Pays Aquitains*, Paris, Éditions Bonneton, 1991.

— *Dictionnaire du français régional du Midi toulousain et pyrénéen : Toulousain, Pyrénées centrales, Albigeois, Quercy, Rouergue*, Paris, Éditions Bonneton, 1992.

BOREL M., « Les formes verbales surcomposées à valeur expérientielle : une particularité des régions à substrat occitan et francoprovençal », in *L'Information grammaticale*, 2020, 166: 56-63.

BOURCELOT H., *Atlas linguistique et ethnographique de la Champagne et de la Brie*, Paris, Les Éditions du CNRS, 1966-1978.

BOUVIER J.-C., MARTEL C., *Atlas linguistique et ethnographique de la Provence*, Paris, Les Éditions du CNRS, 1975-1986.

BOUVIER R., *Le parler marseillais*, Marseille, Éditions Jeanne Laffitte, 1986.

BRASSEUR P., *Atlas linguistique et ethnographique normand*, Paris, Les Éditions du CNRS, 1980-1997.

BRUNEAU C., *Enquête linguistique sur les patois d'Ardenne*, Champion, Paris, 1914.

BRUN-TRIGAUD G., *Le Croissant : le concept et le mot. Contribution à la dialectologie française au XIXe siècle*, Centre d'études linguistiques Jacques Goudet, Lyon, 1990.

BRUN-TRIGAUD G., LE BERRE Y., LE DÛ J., *Lectures de l'ALF de Gilliéron et Edmont. Du temps dans l'espace*, Paris, CTHS Éditions, 2005.

CAMPS C., *Dictionnaire du français régional du Languedoc*, Paris, Éditions Bonneton, 1991.

— *Dictionnaire du français régional du Roussillon*, Paris, Éditions Bonneton, 1991.

CARTON F., LEBÈGUE M., *Atlas linguistique et ethnographique du picard*, Paris, Les Éditions du CNRS, 1989.

CARTON F., POULET D., *Dictionnaire du français régional du Nord-Pas-de-Calais*, Paris, Éditions Bonneton, 1991.

CHAMBON J.-P., *Méthodes de recherche en linguistique et en philologie romanes*, textes choisis et présentés par Thibaut A., Buchi É., Carles H., Rézeau P., Greub Y. (éds.), Strasbourg, ELiPhi, 2017.

CHAURAND J., *Introduction à la dialectologie française*, Bordas, Paris, 1972.

— (éd.) *Nouvelle Histoire de la langue française*, Paris, Seuil, 1999.

CONSTANTIN A., DÉSORMAUX J., *Dictionnaire savoyard*, Paris/Annecy, 1902.

DALBERA-STEFANAGGI M.-J., *Langue corse. Une approche linguistique*, Paris, Klincksieck, 1978.

— *La Langue corse*, Paris, PUF, 2002.

DALBERA-STEFANAGGI M.-J., MINICONI R., POLI M., *Nouvel Atlas linguistique de la Corse*, Paris/Ajaccio, Éditions du CTHS/Éditions Alain Piazzola, 2007-2009.

DAUZAT A., *La langue française d'aujourd'hui. Évolution, problèmes actuels*, Paris, Colin, 1908.

— *Histoire de la langue française*, Paris, Payot, 1930.

— « Les noms de lieux savoyards en *-az* et *-oz*. Une dernière mise au point », in *Revue internationale d'onomastique*, 1950, 174-76.

DÉSORMAUX J., in *Le français parlé en Savoie*, Chambéry, 1906.

— « Le français régional de Savoie. Les sabaudismes à travers l'histoire », *Le Français moderne*, 1934, 2: 155-60.

DHAUTEVILLE I., *Le français alsacien : fautes de prononciation et germanismes*, Strasbourg, Derivaux, 1852.

DONDAINE C., DONDAINE L. *Atlas linguistique et ethnographique de la Franche-Comté*, Paris, Les Éditions du CNRS, 1972-1991.

DONDAINE C., *Trésors étymologiques de la Franche*-Comté, Strasbourg, Éditions de la Société de linguistique romane, 2002.

DOPPAGNE A., *Les Régionalismes du français*, Bruxelles, Duculot, 1978.

DUBUISSON P., *Atlas linguistique et ethnographique du Centre*, Paris, Les Éditions du CNRS, 1971-1982.

DUBUISSON P., BONIN M., *Dictionnaire du français régional du Berry-Bourbonnais*, Paris, Éditions Bonneton, 1993.

DUCHET-SUCHAUX G., DUCHET-SUCHAUX M., *Dictionnaire du français régional de Franche-Comté*, Paris, Éditions Bonneton, 1999.

DURAFFOUR A., *Glossaire des patois francoprovençaux*, Paris, Les Éditions du CNRS, 1969.

ERNST G., GLESSGEN M.-D., SCHMITT C., SCHWEICKARD W. (éds.), *Histoire linguistique de la Romania*, 2003.

FRANCARD M., *Wallon, picard, gaumais, champenois. Les langues régionales de Wallonie*, Louvain-la-Neuve, De Boeck, 2013.

— « Carabistouille : Paris conquis ! », www.lesoir.be, 2017.

— « Wallon ou vallon? », plus.lesoir.be, 2017.

FRANCARD M., GÉRON G., WILMET R., WIRTH A., *Dictionnaire des belgicismes*, Bruxelles, De Boeck-Duculot, 2015.

FRÉCHET C. (dir.), *Dictionnaire des régionalismes de Rhône-Alpes*, Paris, Champion, 2015.

FRÉCHET C., MARTIN J.-B., *Dictionnaire du français régional de l'Ain*, Paris, Éditions Bonneton, 1998.

GANY A., *Dictionnaire du français régional de Savoie*, Paris, Éditions Bonneton, 1993.

GARDETTE P., *Atlas linguistique et ethnographique du Lyonnais*, Les Éditions du CNRS, Paris, 1950-1976.

GASQUET-CYRUS M., *Le marseillais. Guide de conversation pour les Nuls*, Paris, First, 2016.

GAUCHAT L., JEANJAQUET J., TAPPOLET E. (dir.), *Glossaire des patois de la Suisse romande*, Neuchâtel/Paris, 1924-

— « Tableaux phonétiques des patois suisses romands : relevés comparatifs d'environ 500 mots dans 62 patois-types », *Glossaire des patois de la Suisse romande*, Neuchâtel, 1925.

GILLIÉRON J., EDMONT E., *Atlas linguistique de la France*, Paris, Champion, 1902-1910.

GLAIN, O., JEANNOT PIÉTROY C. (éds.), *Vous avez dit gaga ? Origines, identités et enjeux du français régional stéphanois*, Publication de l'université de Saint-Étienne, Saint-Étienne, 2017.

GLESSGEN M.-D., « La genèse d'une norme en français au Moyen Âge : mythe et réalité du "francien"», in *Revue de linguistique romane*, 81: 313-98.

GLESSGEN M.-D., THIBAULT A., « La "régionalité linguistique" dans la Romania et en français », in Gleßgen M.-D., Thibault A. (éds.), *La Lexicographie différentielle du français et le dictionnaire des régionalismes de France*, Strasbourg, Presses universitaires de Strasbourg, 2005.

GODEFROY F., *Dictionnaire de l'ancienne langue française et de tous ses dialectes du IXe au XVe siècle*, Paris, Vieweg, 1888.

GOOSSE A., « L'heure du dîner », Académie royale de langue et de littérature françaises de Belgique, 1989.

GRAMMONT M., *Traité de phonétique*, Paris, Delagrave, 1933.

GUICHONNET P., « La toponymie savoyarde et les nouvelles cartes de l'Institut géographique national », in *Revue de géographie alpine*, 1951, 39: 201-11.

GUILLAUME G., CHAUVEAU J.-P., *Atlas linguistique et ethnographique de la Bretagne romane, de l'Anjou et du Maine (Atlas linguistique armoricain roman)*, Paris, Les Éditions du CNRS, 1975-1983.

GUIRAUD P., *Patois et dialectes de France*, Paris, PUF, 1971.

HANSE J., DOPPAGNE A., BOURGEOIS-GIELEN H., *Chasse aux belgicismes*, Office du bon langage de la fondation Charles Plisnier, Bruxelles, 1971.

HORIOT B. (éd.), *La Dialectologie hier et aujourd'hui*, Lyon, Centre d'études linguistiques Jacques Goudet, 2009.

JEANNEAU A., DURAND A., *Le Parler populaire en Anjou*, Cholet, Les Éditions du Choletais, 1977.

KECK B., DAUL L., *L'alsacien pour les Nuls*, Paris, First, 2010.

KREMNITZ G., *Histoire sociale des langues de France*, Rennes, Presses universitaires de Rennes, 2013.

LANHER J., LITAIZE A., *Dictionnaire du français régional de Lorraine*, Paris, Éditions Bonneton, 1990.

LANHER J., LITAIZE A., RICHARD J., *Atlas linguistique et ethnographique de la Lorraine romane*, Les Éditions du CNRS, Paris, 1979-1989.

LEPELLEY R., « Français régional et patois », in *LINX*, hors-série n° 3, 1991, 23-32.

— *Dictionnaire du français régional de Normandie*, Éditions Bonneton, Paris, 1993.

— *La Normandie dialectale*, Caen, Presses universitaires de Caen, 1999.

LODGE R. A., *Le français. Histoire d'un dialecte devenu langue*, Paris, Fayard, 1997.

LOSSEC H., *Les Bretonnismes*, Morlaix, Skol Vreizh, 2011.

— *Les Bretonnismes : le retour*, Morlaix, Skol Vreizh, 2010.

MARCHETTI P., *L'Usu Córsu : Dictionnaire des mots d'usage et des locutions du nord et du centre de la Corse avec les équivalents des langues italienne et française*, Ajaccio, Éditions Alain Piazzola, 2008.

MARSEILLE (Académie de), *Dictionnaire des marseillais*, Saint-Rémy-de-Provence, Edisud, 2006.

MARTIN J.-B., BERT M., FRÉCHET C., VURPAS A.-M., *Les Rhônalpins et leurs langues*, Lyon, Éditions Lyonnaises d'Art et d'Histoire, 2000.

MARTIN J.-B., TUAILLON G., *Atlas linguistique et ethnographique du Jura et des Alpes du Nord*, Paris, Les Éditions du CNRS, 1971-1978.

MASSIGNON G., HORIOT B., *Atlas linguistique et ethnographique de l'Ouest (Poitou, Aunis, Saintonge, Angoumois)*, Paris, Les Éditions du CNRS, 1971-1983.

MÉDÉLICE J., *Le français régional de Privas*, Université de Grenoble 3, 1981.

MEYER-LÜBKE W., *Romanisches Etymologisches Wörterbuch*, Heidelberg, Winter, 1930-1935.

MISTRAL F., *Lou tresor dóu felibrige ou Dictionnaire provençal-français*, Aix-en-Provence, Imprimerie Remondet-Aubin, 1878.

NAUTON P., *Atlas linguistique et ethnographique du Massif Central*, Paris, Les Éditions du CNRS, 1957-1963.

PAJOT S., *Petit Lexique du Nantais pur beurre*, Nantes, Éditions d'Orbestier, 2017.

PFISTER M., *Lessico Etimologico Italiano*, Wiesbaden, Reichert Verlag, 1984-.

PICOCHE J., MARCHELLO-NIZIA CH., *Histoire de la langue française*, Paris, Nathan Université, 1989.

PIERREHUMBERT W., *Dictionnaire historique du parler neuchâtelois et suisse romand*, Neuchâtel, Attinger, 1926.

POIRIER C., *Dictionnaire historique du français québécois : monographies lexicographiques de québécismes*, Sainte-Foy, Presses de l'Université Laval, 1998.

POTTE J.-C., *Atlas linguistique et ethnographique de l'Auvergne et du Limousin, Paris*, Les Éditions du CNRS, 1975-1992.

— *Le Parler auvergnat. Mots et expressions du terroir*, Paris, Rivages, 2005.

PUITSPELU N. du, *Dictionnaire étymologique du patois lyonnais*, Lyon, Henri Georg, 1888.

RAVIER X., *Atlas linguistique et ethnographique du Languedoc oriental*, Paris, Les Éditions du CNRS, 1978-1983.

REY A., *Le Dictionnaire historique de la langue française*, nouvelle édition augmentée, Paris, Le Robert, 2019.

REY A., DUVAL F., SIOUFFI G., *Mille ans de langue française*, tome 1 *: Des origines au français moderne*, tome 2 *: Nouveaux destins*, Paris, Le Robert, 2011.

RÉZEAU P., *Dictionnaire du français régional de Poitou-Charentes et de Vendée*, Paris, Éditions Bonneton, 1991.

— (dir.) *Dictionnaire des régionalismes de France*, Bruxelles, De Boeck-Duculot, 2001.

— *Dictionnaire des régionalismes du français en Alsace*, Strasbourg, Presses universitaires de Strasbourg, 2007.

ROBEZ-FERRARIS J., *Particularités du français parlé dans la région de Morez*, Grenoble, Presses universitaires de Grenoble, 1995.

ROSSILLON P. (dir.) *Atlas de la langue française*, Paris, Bordas, 1996.

SALMON G.-L., *Dictionnaire du français régional du Lyonnais*, Paris, Éditions Bonneton.

SÉGUY J., *Le français parlé à Toulouse*, Toulouse, Privat, 1995 [1950].

— *Atlas linguistique et ethnographique de la Gascogne*, Les Éditions du CNRS, 1966-1973.

— « Les atlas linguistiques de la France par régions », in *Langue française*, 1973, 18: 65-90.

SIMON J.-P., SIMONI-AUREMBOU M.-R., *Dictionnaire du français de Touraine*, Paris, Éditions Bonneton, 1995.

SIMONI-AUREMBOU M.-R., *Atlas linguistique et ethnographique de l'Île-de-France et de l'Orléanais*, Paris, Les Éditions du CNRS, 1973-1978.

SINGY P. (éd.), *Le français parlé dans le domaine francoprovençal. Une réalité plurinationale*, Peter Lang, Bern, 2002.

STÄDLER T., *Dictionnaire étymologique de l'ancien français*.

STRAKA G., GARDETTE P., *Les Dialectes romans de France à la lumière des atlas régionaux*, Paris, PUF, 1973.

TAMINE M., *Dictionnaire du français régional des Ardennes*, Paris, Éditions Bonneton, 1992.

— *Dictionnaire du français de Champagne*, Paris, Éditions Bonneton, 1993.

TAVERDET G., *Atlas linguistique et ethnographique de Bourgogne*, Paris, Les Éditions du CNRS, 1975-1980.

TAVERDET G., NAVETTE-TAVERDET D., *Dictionnaire du français régional de Bourgogne*, Paris, Éditions Bonneton, 1991.

THIBAULT A., *Dictionnaire suisse romand*, Carouge, Éditions Zoé, 1997.

— « *Chocolatine* a conquis le Québec ! », francaisdenosregions.com, 2016.

— « Le sort des consonnes finales en français, en gallo-roman et en créole : le cas de "moins" », *Revue de linguistique romane*, 2017, 81: 5-41.

TUAILLON G., « Exigences théoriques et possibilités réelles de l'enquête dialectologique », *Revue de linguistique romane*, 1958, 22.

— « Limite nord du provençal à l'est du Rhône », *Revue de linguistique romane*, 1964, 26: 127-42.

— « Principes pour distinguer français et francoprovençal », *Revue de linguistique romane*, 1967, 31: 292-96.

— « Substrat et structure : à propos d'un solécisme du français populaire de Lyon et de sa région », in *Travaux de linguistique et de littérature romanes*, 1969, 7: 169-76.

— « Réflexions sur le français régional », in Taverdet G., Straka G. (éds.), *Les français régionaux. Colloque sur le français parlé dans les villages de vignerons*, Paris, Klincksieck, 1977.

—*Matériaux pour l'étude des régionalismes du français. Les régionalismes du français parlé à Vourey, village dauphinois*, Paris, Klincksieck, 1983.

— « Régionalismes grammaticaux », in *Recherches sur le français parlé*, 1983, 5: 227-40.

— « Survivances du patois savoyard », in *Cahiers de civilisation alpine*, 1983, 1: 11-25.

— « Le français régional : formes de rencontre », in Vermès J. (éd.), *Vingt-cinq communautés linguistiques de la France*, Paris, L'Harmattan, 1988.

— « La dialectologie », in Pottier P. (éd.), *Les Sciences du langage en France au xx*[e] *siècle*, Paris, Peeters, 1991.

— *Le francoprovençal*, tome premier : *Définition et délimitation. Phénomènes remarquables*, Quart/Val d'Aoste, Musumeci, 2007.

VAVASSORI B. *À bisto de nas. Dictionnaire des mots et expressions de la langue française parlée dans le Sud-Ouest et de leurs rapprochements avec l'occitan, le catalan, l'espagnol et l'argot méridional*, Villemur-sur-Tarn, Nouvelles Éditions Loubatières, 2008.

VINCENTI A., *Les mots du bitume. De Rabelais aux rappeurs, petit dictionnaire de la langue de la rue*, Paris, Le Robert, 2017.

VURPAS A.-M., MICHEL C., *Dictionnaire du français régional du Beaujolais*, Paris, Éditions Bonneton, 1992.

WALTER H., *Le français dans tous les sens*, Paris, Robert Laffont, 1988.

WARTBURG W. VON, *Französisches Etymologisches Wörterbuch. Eine darstellung des galloromanischen sprachschatzes*, Bonn/Leipzig/Bâle, Teubner/Klopp/Zbinden, 1922-2002.

INDEX

A

B

C

Remerciements

Cet ouvrage n'aurait jamais pu voir le jour sans l'aide de toutes les personnes qui nous entourent et nous conseillent depuis des années, que ce soit dans notre vie professionnelle ou notre vie privée. Nous tenons également à remercier les internautes qui ont pris part aux sondages diffusés depuis 2015 sur le blog *Français de nos régions*, ainsi qu'à l'enquête spéciale proposée par Le Robert. Un grand merci également à l'équipe éditoriale qui nous a accompagnés tout au long de ce projet.